W0039532

Über den Herausgeber:

Hans-Christian Huf, geboren 1956 in Starnberg, ist leitender Reakteur der Fernsehserie »Sphinx – Geheimnisse der Geschichte« und Herausgeber dieses Buches. Er studierte Geschichte an der Universität München und als Stipendiat des DAAD Geschichte an der Universität Bordeaux. 1984 wurde er Mitarbeiter des ZDF und arbeitet seit 1987 in der Redaktion *Kultur und Gesellschaft.* Veröffentlichung von Beiträgen und Büchern zu kulturhistorischen Themen, u.a. »Das Land der großen Mitte«, »Sphinx – Geheimnisse der Geschichte, Band 1«.

sphinx

2

**Geheimnisse der Geschichte
Von Marco Polo bis Rasputin**

Herausgegeben von
Hans-Christian Huf

BASTEI-LÜBBE-TASCHENBUCH
Band 64158

© 1996 by Gustav Lübbe Verlag GmbH & Co.,
Bergisch Gladbach
Lizenzausgabe im Bastei-Verlag Gustav H. Lübbe GmbH & Co.,
Bergisch Gladbach
Printed in Germany, Oktober 1998
Umschlag-, Buchgestaltung und Satz:
KOMBO KommunikationsDesign GmbH, Köln
Titelillustration: Grigori Berstein, Köln
Druck und Bindung:
B.o.s.s Druck und Medien GmbH, Kleve
ISBN 3-404-64158-2

Kämpfer für die Einheit * Geburt eines Gottes * Der Schüler des Aristoteles * Der Königsmord Die Machtergreifung * Nach Asien * Der Propagandist * Organisation und Planung * Wunder und Zeichen * Entscheidungsschlacht bei Issos Die Schätze des Orients * Pharao und Sohn der Götter * König von Asien * Babylonischer Sündenfall * Persepolis in Flammen * Der Tod des Dareios * Ein Herrscher außer Kontrolle * Guerillakrieg * Verschwörer und Attentäter * Das Ende der Welt * Krieg am Indus * Entscheidung im Dschungel * Flußfahrt im Fieberwahn * Todesmarsch durch die Wüste * Hochzeit und Tod

Tapfere Helden * Kälte und Elend * Eine geniale Erfindung * Auf See * Die Erfolgsstory * Ein besseres Leben * Insel aus Feuer und Eis * Immer weiter! * Wege durch die Meerwüste * Das Rätsel um Vinland * Der große Betrug * Wikingerfieber * Glücksfund in der Einöde * Welthandelsplatz zwischen den Meeren * Die versunkene Stadt * Antworten aus dem Meer * Bruderkriege

Am Grab der Herzogin * Wer ist Lucrezia? * Was für ein Mensch ... * Im Bann Savonarolas * Lucrezias böser Bruder * Cesare, Machiavelli und die Staatsräson * Ein widersprüchliches Zeitalter * Ein Legendenmeister aus Deutschland * Der Fluch der Borgia * Der Papst – Opfer seiner Kinder? * Die treibende Kraft der Legendenbildung * Die treibende Kraft der Denunziation * Die treibende Kraft des Fremdenhasses * Die treibende Kraft des Frauenhasses * Die treibende Kraft des Neides * Epilog am Grab in Ferrara

Eine Leiche im Eis * Ein Junge aus Sibirien * Ein Junge aus St. Petersburg * Ein unsichtbares Band * Rasputin am Zarenhof * Im Zenit der Macht * Unglück über Rußland * »Wenn mir etwas zustößt ...«

ALEX

Jens-Peter
Behrend
und Eike
Schmitz

STURM ÜBER ASIEN

ANDER

DER GROSSE EROBERT DIE WELT

KÄMPFER FÜR DIE EINHEIT

Hätte es in der Antike bereits eine Tagespresse gegeben, so hätten die Schlagzeilen im Sommer 324 v. Chr. gelautet:»Meuterei in Opis – Alexander nach ergreifender Rede Herr der Situation – 13 Rädelsführer hingerichtet.«

Was war geschehen? Alexanders Feldzug ist beendet, der größte Teil der damals bekannten Welt erobert. Der König entläßt die makedonischen Veteranen nach getaner Arbeit in die Heimat. Doch die Männer, die so lange mit ihm gekämpft haben, fühlen sich abgeschoben. Eine Meuterei liegt in der Luft. Alexander beruft eine Heeresversammlung ein. Seine Rede beeindruckt die Makedonier, doch als höhnische Zwischenrufe ertönen, stürzt er sich in die Menge. Alexander ergreift einen der Schreihälse und läßt 13 Rädelsführer der Revolte augenblicklich hinrichten. Am nächsten Tag wendet er sich demonstrativ an die Perser in seiner Armee und beschließt seine Rede mit den Worten:»Die unter dem gleichen Könige leben sollen, müssen gleiches Recht haben.« Alexander, der Makedone, macht die besiegten Perser zu seinen Vertrauten.

Erst jetzt lenken die Makedonier ein. Alexander hat einmal mehr mit Worten sein Ziel erreicht. Ein Festmahl mit 9 000 Teilnehmern wird gefeiert. Griechische Priester und persische Magier bringen Opfer dar, Alexander selbst spricht das Gebet, in dem er »um alles Gute und um Eintracht und Gemeinschaft des Reiches für Makedonier und Perser« bittet.

Alle positiven wie negativen Charakterzüge Alexanders sind in dieser dramatischen Auseinandersetzung enthalten. Er ist ein großartiger Propagandist. Seine Reden bewegen das Heer zu Tränen. Er glaubt an eine Utopie der Völkerverständigung, der Einheit von Ost und West, die bis heute aktuell geblieben ist. Mit seinen Worten nimmt er die Grundsätze der Rechtsstaatlichkeit vorweg. Er beschwört das Ideal der Gerechtigkeit. Doch gleichzeitig wird er vom Zorn getrieben, duldet keinen Widerspruch. Während er vom Frieden spricht, läßt er die Anführer der Revolte töten. Er ist gerechter König und grausamer Henker, Träumer vom Frieden und blutiger Eroberer zugleich. Er ver-

1 Alexander der Große. Skulptur aus dem 1. Jh. v. Chr.

traut dem Wort wie der Waffe. Und er verkörpert die Macht mit all ihren Stärken und Schwächen. In seiner Person verschmelzen die antiken Kulturen, die Gegensätze von Okzident und Orient.

Wer war dieser Alexander von Makedonien, genannt der Große, dessen Gestalt seit über 2 000 Jahren die Phantasie der Historiker beschäftigt? War er tatsächlich der Friedensstifter und Mittler zwischen den Völkern, als der er in Opis auftrat, oder doch nur ein grausamer Feldherr, an dessen Schwert das Blut Hunderttausender klebte? Oder beides in einem, zerrissen von inneren Widersprüchen und daher bis heute heftig umstritten?

Was uns heute angesichts der ständigen Nachrichten über die Kriegsschauplätze unserer Erde mehr beschäftigt als große Schlachten und taktisches Geschick, ist die Frage, wie hat es einer mit den Mitteln der damaligen Zeit geschafft, die »Welt« zu erobern. Schon unser Filmunternehmen, das dem Alexanderzug nur etappenweise folgte, hat uns vor große Schwierigkeiten in der Bewältigung der enormen Distanzen gestellt. Um wieviel mehr müssen allein die Entfernungs- und Transportprobleme Alexander und seinem Heer zu schaffen gemacht haben. So stellt sich die Frage nach den Bedingungen des Alexanderzuges, auf die in den Geschichtsbüchern wenig oder kaum Antworten zu finden sind: nach der Logistik, dem Transport, Nachschub und Troß. Alexanders Feldzüge hatten in den 13 Jahren seiner Herrschaft die Welt in ungekanntem Maß verändert. Er revolutionierte die Kriegstechnik und schuf eine neue Heeresstruktur. Neuere Studien belegen sogar die Existenz eines Geheimdienstes.

In vielen Untersuchungen ist nachzulesen, daß sich in Alexanders Wesen romantische Leidenschaft und Beherrschtheit, Spontaneität und Überlegtheit, Phantasie und Kalkül, Jähzorn und Sinn für Gerechtigkeit vermischten. Übermenschlicher Eroberungswille und heftige Selbstzweifel bis hin zum Selbstmordgedanken wechselten sich ab – Symptome eines psychisch labilen, vielleicht kranken Menschen.

GEBURT EINES GOTTES

Beginnen wir unsere Zeitreise in Griechenland, genauer: in Makedonien. In Pella, der einstigen Hauptstadt Makedoniens, rund 40 Kilometer vom heutigen Saloniki entfernt, regierte Philipp II. Für den König ist der 20. Juli des Jahres 356 v. Chr. ein besonders glücklicher Tag: Sein

**2 (oben) Gold-
münze aus dem
4. Jh. v. Chr. mit
dem einzigen
zeitgenössischen
Porträt von
Olympias, der
Mutter Alexan-
ders. Der Legen-
de nach vererbte
sie Alexander Ir-
rationalität und
Aberglauben.**

**3 (rechts)
Philipp II. von
Makedonien, der
Vater Alexan-
ders. Von ihm
soll Alexander
politisches Ge-
schick und mili-
tärische Füh-
rungsqualitäten
geerbt haben.
Skulptur aus
dem 1. Jh. v. Chr.**

Feldherr Parmenion gewinnt die ent-
scheidende Schlacht gegen die Illyrer,
sein Rennpferd siegt bei den Olym-
pischen Spielen, und Olympias, die
Königin, gebiert ihm einen Erben. Das
Kind soll Alexander heißen.

Makedonien fühlt sich Griechenland zugehörig, die Griechen allerdings verachten die Makedonier als
Barbaren. Dies liegt einesteils an deren rauhem Dialekt, vor allem aber an
der ländlichen Rückständigkeit Makedoniens. In Griechenland hat sich die
Demokratie entwickelt. In den Stadtstaaten, den Poleis Athen, Sparta
oder Theben, regieren die Bürger. Sie sorgen nicht nur für wachsenden
Wohlstand, sie fördern auch die Entwicklung von Kunst und Philosophie. Das makedonische Volk, überwiegend Bauern und Hirten, wird
dagegen von einer adligen Oberschicht regiert, die ihre Macht mittels
Krieg und Bestechung sichert.

Auch Philipp II., Alexanders Vater, macht hier keine Ausnahme.
Allerdings ist er ein kühl kalkulierender Kopf, der militärische Stärke
ebenso einsetzt wie die Mittel der Diplomatie. Geschickt nutzt er die
ständigen Streitigkeiten unter den griechischen Städten, um sich die
Vorherrschaft zu sichern. Nach der Entscheidungsschlacht bei Chaironeia 338 v. Chr. wird er als oberster Heerführer (Hegemon) der Griechen anerkannt, ein Titel, den Alexander übernimmt.

DER SCHÜLER DES ARISTOTELES

Von Alexanders Kindheit ist wenig bekannt. Seinen ersten öffentlichen
Auftritt hat er mit etwa zehn Jahren. Als eine athenische Gesandtschaft
an Philipps Hof weilt, trägt er zur Harfe ein Lied vor. Der Athener
Demosthenes, zeitlebens Feind der Makedonier, spottet, von diesem
dümmlichen Muttersöhnchen habe Griechenland nichts zu befürchten ...

Philipp läßt seinen Sohn in griechischem Geist erziehen. Der wichtigste Einfluß kommt dabei von einem Mann, der bis heute zu den

bedeutendsten Philosophen zählt: Aristoteles (384 bis 322 v. Chr.). Der Philosoph gehörte 20 Jahre der Akademie Platons an und fiel nach dessen Tod in Athen in Ungnade. Im Jahr 343 v. Chr. wird er von Philipp als Lehrer Alexanders berufen. In Mieza, einem kleinen Ort nahe der Residenz Pella, vertieft Aristoteles Alexanders Kenntnisse der homerischen »Ilias«. Auf langen Spaziergängen bringt er seinem Schüler die Geschichte vom Kampf um Troja nahe. Für die damaligen Menschen haben diese Sagen unmittelbaren Wahrheitsgehalt. Alexander sind die mythischen Helden wie Achilles reale Vorbilder, den Göttersohn Herakles betrachtet er gar als leiblichen Vorfahren. Wie wichtig die Lektüre der »Ilias« für den Königssohn gewesen ist, zeigt sich daran, daß er zeitlebens Aristoteles' Ausgabe des Buches in einem goldenen Kästchen unter seinem Kopfkissen aufbewahrt.

Aristoteles gilt als Begründer der empirischen, auf Erfahrung aufbauenden Wissenschaften. Er schafft die Grundlagen der Zoologie, Botanik und Mineralogie. Geographie und Geschichte zählen zu seinen bevorzugten Interessengebieten. In dieser Beziehung steht Alexander ganz in der Tradition seines Lehrers: Auf seinem langen Feldzug wird er stets von Wissenschaftlern begleitet, die die vielen Entdeckungen sammeln, beschreiben und einordnen. Alexander selbst gibt die gewonnenen Erkenntnisse in ausführlichen Briefen an Aristoteles weiter. Auch wenn Schüler und Lehrer sich später entfremden, bewahrt sich Alexander seine Hochachtung vor seinem Lehrmeister. Rückblickend schreibt er: »Meinem Vater verdanke ich mein Leben, Aristoteles aber die Kunst, das Leben zu gestalten.«

Als Alexander 16 Jahre alt ist, hält Philipp die Zeit des Lernens für abgeschlossen. Er ernennt seinen Sohn zu seinem Statthalter und schickt ihn wenig später in den Krieg. Alexander erringt erste Erfolge gegen die aufständischen Maider, beweist aber auch als Diplomat großes Geschick.

Eine Episode aus seiner Kindheit charakterisiert das Verhältnis von Vater und Sohn: Philipp war ein herrlicher thessalischer Hengst zum Kauf angeboten worden, doch wegen dessen störrischen Charakters

4 Aristoteles. Der berühmte Philosoph Griechenlands wurde zu Alexanders Lehrer berufen. Griechische Marmorbüste nach dem Vorbild von Lysippos, dem Hofbildhauer Alexanders des Großen.

lehnte Philipp dankend ab. Selbst den besten Reiter des Königs hatte das Pferd abgeworfen. Als Philipp das Pferd dem Verkäufer zurückgeben wollte, rief der junge Alexander: »Laß mich das Pferd reiten, ich werde es zähmen.« Er nahm das Pferd am Zügel, drehte es so, daß es mit dem Kopf zur Sonne stand, schwang sich auf den Rücken und stob auf ihm davon. Er hatte entdeckt, daß das Pferd bis dahin vor seinem eigenen Schatten gescheut hatte. Philipp rief daraufhin: »Such dir ein Reich, mein Sohn, das deiner würdig ist. Für dich ist Makedonien nicht groß genug.« Der Hengst, den Alexander Bukephalos nennt, begleitet ihn fast sein ganzes weiteres Leben.

DER KÖNIGSMORD

Alexander ist achtzehn Jahre alt, als ihm die erste große Bewährungsprobe bevorsteht. Der Hellenenbund unter Führung Athens versucht noch einmal, die makedonische Vorherrschaft abzuschütteln. Die Entscheidungsschlacht steht bevor. Am 2. August 338 treffen die Heere der Makedonier und der verbündeten griechischen Gegner bei Chaironeia aufeinander. Die Makedonier wenden die »schiefe Schlachtordnung« an: Statt auf gerader Front vorzustoßen, verhält sich ein Flügel defensiv, während der andere den Gegner an der Flanke zu überrennen versucht, um in dessen Rücken zu gelangen. Alexander führt den makedonischen Angriffsflügel, und sein persönlicher Einsatz – er kämpft an vorderster Front – trägt maßgeblich zum Sieg der Makedonier bei.

Nachdem die Machtverhältnisse in Griechenland endgültig geklärt sind, wendet sich Philipp seinem wichtigsten Vorhaben zu, dem Krieg gegen die Perser. Dieses Volk, dessen Reich sich von Kleinasien bis nach Indien erstreckt und auch die Levante und Ägypten einschließt, ist seit Jahrhunderten mit den Griechen verfeindet. In der langen Geschichte ihrer kriegerischen Auseinandersetzungen mit den Griechen haben die Perser 150 Jahre zuvor unter Xerxes sogar die heiligen Hallen der Akropolis niedergebrannt. Außerdem waren die griechischen Siedlungen in Kleinasien den Persern tributpflichtig.

Als Makedone hätte Philipp die persisch-griechische Feindschaft eigentlich ignorieren können. Er wittert aber die Chance, als Führer gegen Persien endlich selbst als echter Grieche anerkannt zu werden. Außerdem ist die makedonische Staatskasse leer, und Feldzüge dieser

Art versprechen, die maroden Finanzen zu sanieren. Also wirbt er mit gewaltigem propagandistischem Aufwand für seine Eroberungspläne, die er als Befreiungskrieg darstellt.

Ehe Philipp seine ehrgeizigen Projekte in Angriff nehmen kann, geschieht die Katastrophe. Im Sommer 336 soll in der alten Hauptstadt Aigai Alexanders Stiefschwester Kleopatra mit dem König Alexandros von Epeiros, einem Bruder der Olympias, verheiratet werden. Philipp hofft so auf endgültigen Familienfrieden. Die Feierlichkeiten dauern Tage, der Wein fließt in Strömen. Als Höhepunkt sollen Götterstatuen im Stadion aufgestellt werden. Auch eine Büste Philipps befindet sich darunter. Der Makedonier-König unter den Göttern: Dies wird von den anwesenden Griechen als Anmaßung empfunden, als Idee eines Tyrannen. Also demonstriert Philipp, daß er nicht der Tyrann sei, für den man ihn in Griechenland hält: Unbewacht betritt er das vollbesetzte Stadion, die Menge jubelt. Da stürzt sich Pausanias, einer seiner Leibwächter, mit einem Dolch von hinten auf ihn und sticht ihn nieder. Der König fällt tödlich verwundet zu Boden. Der Mörder flieht, sofort eilen Verfolger ihm nach. Pausanias wird eingeholt und auf der Stelle getötet. Das Motiv für seine Tat bleibt im dunkeln.

Gerüchte kursieren, Pausanias habe sich rächen wollen. Er sei Philipps Gelibter gewesen – die Liebe unter Männern war damals alltägliche Sitte – und, vom König verstoßen, von dessen Gefolge vergewaltigt worden. Viel näher liegt jedoch der Verdacht, daß Pausanias im Auftrag gehandelt hat, also ein gedungener Meuchelmörder war. Wer aber hat die Tat angestiftet? Vielleicht Olympias? Immerhin läßt Alexanders Mutter ein ansehnliches Grab errichten – nicht für den ermordeten Ehemann, sondern für dessen Mörder. Dieser demonstrative, in aller Öffentlichkeit vollzogene Akt legt nahe, daß Olympias von dem Mord gewußt hat.

Auch Alexander, dem eine inzestuöse Bindung zur Mutter nachgesagt wird, gerät in den Verdacht der Mittäterschaft. Welches Geheimnis die Tat auch birgt, für Alexander ist der Weg auf den Thron plötzlich frei. Als Zwanzigjähriger übernimmt er die Macht.

5 Goldenes Kästchen aus dem Königsgrab von Vergina in Griechenland. In ihm wurde vermutlich die Asche von Philipp II. aufbewahrt. 4. Jh. v. Chr.

DIE MACHTERGREIFUNG

Alexanders Weg auf den Thron hinterläßt getreu makedonischer Tradition eine blutige Spur. Amyntas, an dessen Stelle Philipp einst als Vormund den Thron bestieg, ist das erste Opfer Alexanders. Karanos, sein Stiefbruder, muß als potentieller Rivale ebenfalls sterben. Die Gegner seiner Regentschaft läßt Alexander unter dem Vorwand, an Philipps Ermordung beteiligt gewesen zu sein, verurteilen und hinrichten. Tatsächlich übertrifft Alexanders Mordserie zur Sicherung seiner Macht alles, was es selbst im rauhen Makedonien zuvor gegeben hat.

Außenpolitisch verfolgt Alexander die Pläne des Vaters weiter. Er läßt sich als Hegemon bestätigen und hält an der Idee des Persienfeldzugs fest, der für ihn allerdings eine weit größere Bedeutung hat als für Philipp. Im Gegensatz zum Vater will Alexander tatsächlich das Gebiet befreien, das in der Mythologie Teil des griechischen Kulturkreises war.

Ehe er jedoch sein Heer gegen die Perser aufbieten kann, muß er die Grenzen des eigenen Reichs sichern. Er zieht gegen die aufständischen Thraker im Norden, besiegt diese in der sogenannten ersten Alexanderschlacht – wieder selbst mitten im Getümmel kämpfend – am Schipkapaß im heutigen Bulgarien. Anschließend erreicht Alexanders Heer die Donau. Alexander, der in kluger Voraussicht Schiffe entsandt hatte, ruht nicht eher, bis er den Fluß überschritten hat, der den Griechen als »Ende der Welt« gilt.

Dieser Wesenszug Alexanders, keine der bis dahin bekannten Grenzen zu respektieren, wird uns immer wieder begegnen. Ein Geheimnis Alexanders besteht in seiner Fähigkeit, seine Armee zum Vordringen ins Unbekannte zu motivieren. Die adligen Vasallen, vor allem aber die aus Bauern und einfachen Städtern rekrutierten Soldaten müssen diese Grenzüberschreitungen mit Angst und Schrecken erfüllt haben. Niemand weiß, was das Heer jenseits der Grenzen erwartet. In einer Welt von Göttern und Dämonen ist Alexanders Zug in die endlosen Weiten stets auch eine Herausforderung an Sinne und Geist. Es ist zu bezweifeln, ob die einfachen Truppen freiwillig die Grenzen ihrer bekannten Welt überschreiten. Doch der junge Feldherr kann sich auf seine Offiziere verlassen, die ihm bedingungslos folgen und die wiederum ihre Untergebenen mitreißen.

Alexanders Erfolge gründen sich auch darauf, daß er selbst keine Gefahr scheut, sondern sich stets im Brennpunkt des Geschehens aufhält. Die vor allem später in wichtigen Momenten eingesetzte Berufung auf seine göttlichen Vorfahren muß die einfachen Söldner ebenfalls mitgerissen haben. Wer wagt es schon, dem Sohn des Zeus die Gefolgschaft zu verweigern!

Auf dem Rückmarsch von der Donau zwingt Alexander erneut aufständische Rebellen in die Knie. Anschließend erneuert er den Korinthischen Bund mit den griechischen Stadtstaaten und sichert sich dadurch die von Philipp erworbenen Privilegien.

In Korinth soll die berühmte Begegnung mit dem Philosophen Diogenes stattgefunden haben. Alexander besuchte den Kyniker, der bekanntlich in einer Tonne lebte und so seine Verachtung für irdische Güter ausdrückte. Alexander bot Diogenes an, ihm einen Wunsch zu erfüllen, er brauche ihn nur zu äußern. Diogenes antwortete mit den geflügelten Worten: »Geh mir aus der Sonne.« Worauf Alexander nicht weniger bedeutungsvoll erwiderte: »Wäre ich nicht Alexander, ich wollte Diogenes sein.«

6 Makedoni-scher Helm aus Bronze. 4. Jh. v. Chr.

Die Verbreitung solcher Legenden bereits zu Lebzeiten ist wichtig für Alexanders Ruf. Der mächtige König, der dem bedürfnislosen und berühmten Philosophen seine Referenz erweist und sich im geschliffenen Dialog bewährt, pflegt sein Image ebenso gekonnt wie heutige Politiker, die sich im Wahlkampf mit Künstlern und Wissenschaftlern abbilden lassen oder an der Basis Stimmen sammeln, indem sie mit dem »einfachen Mann« auf offener Straße über dessen Nöte plaudern.

Während Alexander gegen die Thraker zieht, wittern einige Stadtstaaten ihre Chance, sich gegen den neuen Herrscher aufzulehnen. Zuerst proben die Illyrer, dann vor allem die Thebaner den Aufstand. Auf das Gerücht hin, Alexander sei im Kampf gegen die Illyrer gefallen, entledigen sich die Thebaner ihrer makedonischen Besatzung. Unterstützt mit Geldern des persischen Königs und vom wankelmütigen Athen mit Waffen versorgt, erklären die Thebaner ihre Freiheit: Wer zusammen mit dem Perserkönig und den Thebanern die Griechen befreien und Griechenlands Tyrannen stürzen wolle, der solle zu ihnen kommen, verkünden Herolde in ganz Hellas. Jetzt erst gibt Alexander nach langem Zögern den Angriffsbefehl. Theben, die stolze Stadt, Geburtsort von Dionysos und Herakles, Heimat von Antigone und Ödipus, wird bis auf die Grundmauern zerstört. 6 000 Thebaner sterben im

Kampf, die etwa 30 000 Überlebenden werden mit Billigung der griechischen Truppen in Alexanders Heer als Sklaven verkauft. Nur das Haus des Dichters Pindar und seine Nachkommen werden verschont.

Alexander zerstört mit beispielloser Härte einen Ort, dem er sich durch die Literatur verbunden fühlt und der überdies die Heimat seines mythischen Ahnherrn Herakles war. Die Grausamkeit Alexanders läßt sich nur mit dem Vorsatz erklären, allen Griechen ein abschreckendes Beispiel zu liefern. Doch Theben bleibt nicht der einzige Ort, der Alexanders Zorn zum Opfer fällt.

NACH ASIEN

Nun erst sind die Voraussetzungen für einen der abenteuerlichsten Feldzüge der Weltgeschichte geschaffen. Logistik und Organisation des Unternehmens erregen bis heute Bewunderung.

Zur Jahreswende 335/334 stellt Alexander ein Heer auf, das den ersten Schritt Richtung Asien wagen soll. Rund 30 000 Fußsoldaten und 5 000 Reiter bilden die erste Formation. Etwa die Hälfte der Truppen besteht aus Makedoniern, die andere aus Söldnern und Bundesgenossen. Schließlich hat Alexander als oberster griechischer Heerführer Anspruch auf Truppen der einzelnen Städte. Das Fußvolk teilt sich in Pezhetairen und Hypaspisten. Erstere sind mit Panzern geschützt, tragen Schild, Schwert und eine vier Meter lange Lanze und dienen überwiegend zur Verteidigung. Die Hypaspisten dagegen, mit einer kurzen Lanze bewaffnet, eignen sich für Sturmangriffe und zeichnen sich durch hohe Beweglichkeit aus. Herzstück der Armee freilich ist die Reiterei, die sogenannten Hetairen, »Gefährten des Königs«. Sie entstammen dem makedonischen Adel und sind unmittelbar dem Befehl des Königs unterstellt. Zu den makedonischen Hetairen gesellen sich 1 100 der berühmten thessalischen Reiter. Außerdem finden sich kretische Bogenschützen und schwer- wie leichtbewaffnete Truppen der unterworfenen Gebiete am Sammelplatz ein. Für den Kampf auf See und für Transportaufgaben stehen Alexander 160 Trieren, griechische Kriegsschiffe, zur Verfügung.

Doch dieses Aufgebot stellt nur einen Teil dieser fortan immer in Bewegung befindlichen Menschenmenge dar, die die Ausmaße einer riesigen Stadt annimmt. Begleitet wird das Heer von einem gewaltigen Troß. So ist das marschierende Heer mit all seiner Begleitung gleichzeitig Regierungssitz. Historiker, Planer, Verwaltungsbeamte, die »Staatskanzlei« sowie Ingenieure und Vermessungstechniker gehören zum Gefolge. Sogenannte Schrittmacher haben die Aufgabe, die Entfernungen jeder Marschetappe zu registrieren.

Der Geschichtsschreiber Kallisthenes, ein Verwandter des Aristoteles, ist beauftragt, der Nachwelt Alexanders Taten zu überliefern. In heutiger Terminologie würden wir ihn Pressesprecher nennen. Ein Team von Ärzten garantiert die medizinische Versorgung. Priester und Wahrsager sorgen für die kultischen Opfer und die Vorhersage der Zukunft.

DER PROPAGANDIST

Alexander verläßt sich trotz aller Organisation und Planung sehr auf die Prophezeiungen seiner Wahrsager. Tatsächlich haben die zahlreichen Orakelstätten in der antiken Welt eine herausragende Bedeutung. Sie liefern dem Befrager rätselhafte Sinnsprüche, die auf unterschiedliche Weise interpretiert werden können, deren Sinnhaftigkeit aber niemand in Zweifel stellt. Bereits Alexanders Vater Philipp hatte im Hinblick auf den geplanten Persienfeldzug in Delphi um Rat angefragt. Pythia hatte ihm geantwortet: »Siehe, der Stier ist bekränzt, nun endet's. Bereit ist der, der ihn opfert.« Philipp hielt den Perserkönig für den »bekränzten Stier«, nun wollte er das »Opfer« darbringen, d. h. Persien erobern. Tatsächlich aber kam Philipp selbst die Rolle des Stiers zu. Nur wenig später wurde er von Pausanias ermordet.

Alexander weiß sich die Orakelsprüche nutzbar zu machen. Auch er hat vor seinem Aufbruch Delphi besucht. Pythia erklärt, selbst stumm bleiben zu müssen, da der Gott Apollon im Winter fern von Delphi sei. Alexander zerrt die schweigende Pythia in den inneren Tempelraum und besteht auf einer Vorhersage, worauf die Priesterin stöhnt: »O Sohn, du glaubst, unwiderstehlich zu sein.« Es bedarf nur der richtigen Interpretation, um das Heer von Alexanders bevorstehendem Sieg zu überzeugen. Aus »unwiderstehlich« wird »unbesiegbar«. Diese Prophezeiung läßt Alexander verbreiten. Auch ohne modernes Zeitungswesen kann er sicher sein, daß man die Nachricht in ganz Griechenland hört und folglich auch die Perser davon erfahren werden. Damals wie heute gewinnt, wer den Medienapparat für sich zu nutzen versteht. Das Image ist der Schlüssel zum Erfolg.

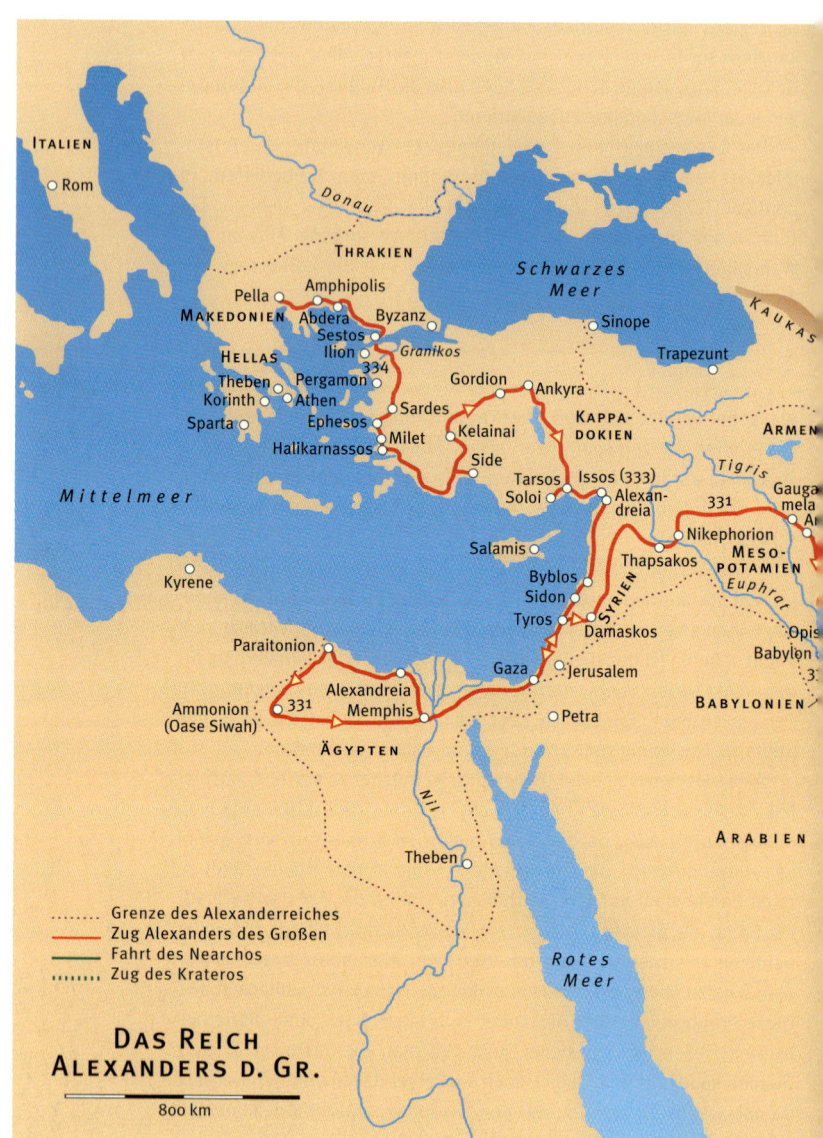

ITALIEN

○ Rom

Donau

THRAKIEN

Schwarzes Meer

KAUKASUS

Pella ○   Amphipolis
MAKEDONIEN   Abdera   Byzanz ○
    Sestos
HELLAS   Ilion ○   *Granikos*   ○ Sinope
Theben ○   Pergamon ○   334   Trapezunt ○
Korinth ○   Athen ○   Gordion   ○ Ankyra
Sparta ○   Ephesos ○   Sardes ○
    Milet ○   Kelainai ○   KAPPA-   ARMEN
Halikarnassos ○   DOKIEN
        Side ○   *Tigris*
Mittelmeer   Tarsos   Issos (333)   Gauga-
    Soloi ○   Alexan-   mela
        dreia   331   A
    Salamis ○   ○ Nikephorion   MESO-
Kyrene ○   Thapsakos   POTAMIEN
        Byblos ○   *Euphrat*
        Sidon ○   SYRIEN
        Tyros ○   Damaskos   Opis
Paraitonion ○   Babylon ○
        Gaza ○   ○ Jerusalem   3
Ammonion   Alexandreia   BABYLONIEN
(Oase Siwah)   331   Memphis
    ÄGYPTEN   ○ Petra

    Nil   ARABIEN

Theben ○

.... Grenze des Alexanderreiches
───── Zug Alexanders des Großen
───── Fahrt des Nearchos
,,,,,,,,, Zug des Krateros

Rotes Meer

DAS REICH
ALEXANDERS D. GR.

800 km

1 Hydaspes
2 Akesinos
3 Hydraotes
4 Hyphasis

Aral-see

Kaspisches Meer

Oxos

SOGDIANE

329

Alexandreia Eschate

Samarkand
Hissar

Baktra
Derbent

Alexandreia

BAKTRIEN

Drapsaka

Indus

HIMALAYA

Aornos
Alexandreia

Aornos

Taxila

327

Kabul

Peukelaotis

Nikaia

Alexandropolis

MEDIEN

Zadrakarta
Hekatompylos

Bukephala

Sangela

atana
adan)

330

Rhagai

PARTHIEN

Artakoana

Alexandreia (Herat)

Kasp. Tore

326

330

Phra

Indus

Alexandreia
Prophthasia

Alexandreia
(Kandahar)

Alexandreia

SUSIANA

INDIEN

4

Susa

an
a

331

324

Persepolis

KARMANIEN

330

325

GEDROSIEN

Sindomana

325

Pers. Tore

Alexandreia

Alexandreia

Pattala

Persischer Golf

325

Hormuz

Pura

325

Gwadur

325

Erythräisches Meer

Im Frühjahr 334 blasen die Fanfaren zum Aufbruch. Schnell erreicht das gewaltige Heer die Küste bei Sestos und wird von der dort wartenden Flotte über den Hellespont gesetzt. Während der Überfahrt läßt Alexander den Göttern opfern. Das Boot des Königs setzt sich an die Spitze der Armada. Noch vom Schiff aus schleudert Alexander seinen Speer auf asiatischen Boden. Diese von seinen Zeitgenossen bestens verstandene Geste folgt dem Brauch des »speergewonnenen Landes«. Wer seinen Speer in feindlichen Boden rammt, erhebt damit Anspruch auf die Herrschaft über das Land. Als erste Handlung auf asiatischem Boden besucht Alexander den Ort, wo sich einst Troja befunden haben soll. Alexander ehrt, nackt das Grab umspringend, sein Vorbild Achill. Er tauscht seine Rüstung und Waffen gegen die des Achill, die in einem Tempel aufbewahrt werden. Seinen Soldaten wie auch seinen Gegnern signalisiert er mit dieser Handlung, selbst die Stelle der griechischen Helden eingenommen zu haben, die Troja erobert hatten. Damit verbindet sich die Pflicht, das Werk des Achill zu Ende zu führen: die Eroberung Asiens.

7 Der blinde griechische Dichter Homer. Auf seinen Feldzügen führte Alexander stets in einem Holzkästchen ein Exemplar der »Ilias« bei sich, des Heldenepos' über den Trojanischen Krieg. Kopie einer griechischen Büste aus dem 5. Jh. v. Chr.

Alexander bringt, Stadt für Stadt, die griechischen Kolonien in Kleinasien entlang der Küstenlinie der heutigen Türkei in seine Gewalt. Von den persischen Provinzherrschern kommt kaum Gegenwehr. Tatsächlich ist Persien ein gewaltiges Reich, in dessen Mitte der König, seit 336 Dareios III. aus dem Geschlecht der Achämeniden, regiert. Das Land besteht aus Satrapien, Provinzen, wobei Verwaltung und Verteidigung allein dem jeweiligen Satrapen obliegt. Eine starke Zentralgewalt fehlt und folglich auch ein schlagkräftiges Staatsheer, das den Zug der Makedonier gestoppt hätte.

Das persische Heeresaufgebot, das im Mai 334 am Granikos, südlich der heutigen türkischen Stadt Bursa, erstmals den griechischen Invasoren gegenübertritt, ist zwar gewaltig, aber schlecht organisiert. Mit einem Täuschungsmanöver gelingt es Alexander, die erste große Schlacht für sich zu entscheiden.

Viele Städte beeilen sich nun, sich dem neuen Herrn zu ergeben. Die befreiten Griechen erhalten ihre Autonomie zurück und eine demokratische Verfassung. Tribut verlangt Alexander nur, um Tempel für die griechischen Götter zu errichten. Damit sichert sich Alexander die

Unterstützung der neuen Untertanen, was ihm den Frieden im Rücken garantiert.

Widerstand leistet nur Milet. Die Stadt hat sich von der nahenden persischen Flotte Unterstützung erhofft. Alexanders Schiffe riegeln jedoch rechtzeitig die Zufahrt ab. Landtruppen schießen mit riesigen Belagerungsmaschinen die Mauern sturmreif und erobern die Stadt. Nach der Eroberung zeigt Alexander ein anderes Gesicht als zuvor in Theben. Obwohl Milets Bürger sich schwankend verhalten haben, gesteht er ihnen die griechischen Freiheitsrechte zu. Die hellenischen Söldner in Diensten der Stadt werden begnadigt und in Alexanders Heer übernommen.

Die kleinasiatischen griechischen Kolonien sind damit gänzlich befreit, und Alexander löst seine Flotte auf, da sie immense Kosten verursacht. Das erste Ziel des Feldzugs ist erreicht. Doch seinem eigentlichen Gegner, dem Großkönig Dareios, ist Alexander nicht begegnet. Der Gedanke, die eroberten Städte langfristig zu sichern und sich mit dem Erreichten zu begnügen, liegt außerhalb Alexanders Vorstellung. Asien steht für ihn offen.

ORGANISATION UND PLANUNG

Dreh- und Angelpunkt der Erfolge Alexanders, das haben neueste Forschungen ergeben, muß die exakte Planung und Berechnung jedes einzelnen Schritts gewesen sein. Will man sich ein Bild von den enormen Leistungen auf dem Gebiet der Verwaltung und der Versorgung machen, muß man sich die Größenordnungen des Militärapparats vor Augen halten. Geht man von einer auf 48 000 Soldaten angewachsenen Heeresstärke aus, wobei auf je drei Soldaten noch ein Diener kommt, bewegen sich, ohne den Troß zu berücksichtigen, etwa 64 000 Menschen unter Alexanders Führung. Der durchschnittliche Tagesbedarf eines Menschen unter diesen Bedingungen kann mit etwa 1,4 Kilogramm Getreide angesetzt werden, dazu kommen mindestens zwei Liter Wasser am Tag. Allein für das Heer ergibt dies einen Bedarf von rund 90 000 Kilogramm Getreide und 130 000 Litern Wasser. Um diese Mengen zu transportieren, benötigt das Heer etwa 1 100 Pferde. Weitere 1 300 Pferde braucht man für die Ausrüstung wie Zelte, Decken, Gerätschaften und so weiter. Zu diesen 2 400 Tieren kommen noch die 6 100 Kavalleriepferde, so daß wir von etwa 8 500 Pferden ausgehen dürfen. Da die Tiere extremen Anstrengungen ausgesetzt sind, muß man von einem Bedarf von täglich 4,5 Kilogramm Heu oder Stroh und der gleichen Menge an Getreide ausgehen, also 38 250 Kilogramm für alle zusammen. Bei einem täglichen Wasserbedarf der Tiere von 32 Litern braucht man noch einmal 272 000 Liter am Tag. Das ergibt zusammen die beinahe astronomische Menge von grob gerechnet 400 000 Litern Wasser und 130 000 Kilogramm Getreide. Die Organisation des Nachschubs ist offensichtlich mindestens ebenso wichtig wie jeder militärische Erfolg. Man sollte sich diese Zahlen, die der Historiker Donald Engels errechnet hat, gelegentlich ins Gedächtnis rufen, wenn man dem Alexanderzug mit dem Finger auf der Landkarte folgt.

8   Hellenistische Kamee mit den Porträts von Alexander und Roxane.

Alexanders Planungstruppen müssen also Routen finden, die von möglichst vielen Wasseradern durchschnitten werden. Wo sich die Landschaft wüstenartig ausbreitet, ist die exakte Berechnung der benötigten Mengen erforderlich. Der Transport muß sichergestellt werden. Weil dies häufig eine Rechnung mit vielen Unbekannten bleibt, ist Alexander auf die Unterstützung der eroberten Städte angewiesen. Die vom König entweder bestätigten oder neu eingesetzten Machthaber haben nicht nur die Ordnung in ihrer Region aufrechtzuerhalten. Vor allem stehen sie in der Pflicht, genügend Wasser und Nahrung bereitzustellen. Wenn Alexander daher nach Eroberungen die vornehmsten Söhne einer Stadt in seine Reihen aufnimmt, signalisiert er zwar Achtung vor dem Gegner, im Grunde dienen diese aber als Geiseln, um sicherzustellen, daß der geforderte Nachschub auch tatsächlich bereitgestellt wird.

Ein enger Zusammenhang besteht zwischen der Planung des Feldzugs und den Jahreszeiten. Der Aufbruch erfolgt nicht von ungefähr im Frühjahr. Alexander erobert die Städte jenseits des Hellespont, als die Ernte reif und die Arbeit getan ist. Der tägliche Verbrauch des Heeres entspricht dabei der Nutzfläche von etwa 10 Quadratkilometern Ackerland. Das Winterquartier wird stets in Flußnähe und dicht an kultiviertem Ackerland genommen. Ist das nicht möglich, so teilt Alexander die Armee in mehrere autonome Einheiten, die selbständig in fruchtbareren Gegenden überwintern.

WUNDER UND ZEICHEN

Bei der Eroberung der kleinasiatischen Gebiete stößt Alexander auf erstaunlich wenig Gegenwehr. Nur die Festung Halikarnassos, unweit des heutigen Izmir, leistet erheblichen Widerstand. Ausgerechnet ein Grieche, Memnon, hat hier von Dareios den Oberbefehl erhalten und sich verschanzt. Die Eroberung dieser Festung scheint aussichtslos, bis Alexander die Gräben in mühevoller Arbeit zuschütten läßt, um dann die Katapulte in Reichweite der Stadtmauern aufzustellen.

Nach der Eroberung bittet die karische Fürstin Ada, die von ihrer Familie vertrieben worden ist, Alexander um Hilfe. Der Makedone nutzt die Familienstreitigkeiten des gegnerischen Herrscherhauses aus und macht Ada zur neuen Herrscherin. Im Gegenzug adoptiert die Karerin Alexander, der nun ein direktes Verwandtschaftsverhältnis mit der neuen Machthaberin aufweisen kann. Solche Familienbindungen sind sehr wichtig, denn Alexander ist nun nicht länger ein fremder Eroberer, sondern legitimer Herrscher.

Da Alexander weiß, daß Dareios irgendwo im persischen Riesenreich zur entscheidenden Schlacht rüstet, nutzt er den nahenden Winter, um auch die umliegenden Regionen zu unterwerfen. Das Heer wird geteilt und agiert selbständig in verschiedenen Gebieten. Die Wiedervereinigung der Truppen ist für das Frühjahr 333 in Gordion angesetzt.

In Gordion, wo sich das Heer wieder in Gänze formierte, spielt eine Episode, die bis heute mit Alexanders Nachruhm verknüpft ist. Hier, im Königspalast der Hauptstadt Phrygiens, befand sich in einem Tempel der alte Königswagen, dessen Deichsel und Joch mit einem unlösbaren Knoten verbunden waren. Wer diesen Knoten lösen könne, so ein bekanntes Orakel, werde ganz Asien beherrschen. Bei Alexanders Vorliebe für Prophezeiungen und Mythologie muß der »gordische Knoten« seinen Ehrgeiz wecken. Er zückt sein Schwert und schlägt das Knäuel mittendurch, womit er zwar nicht ganz den Gesetzen des Orakels gehorcht, aber das Problem auf seine Weise behebt. Kein Mensch weiß bis heute, ob diese Überlieferung wahr oder erfunden ist, doch ähnlich wie bei der Geschichte vom »Ei des Kolumbus« zählt allein der symbolische Gehalt der Tat. Alexander macht seinen Anspruch auf die Herrschaft über Asien deutlich, und Dareios muß angesichts solcher Nachrichten die Furcht ergreifen. Nichts anderes bezweckt Alexander mit der Verbreitung solcher Geschichten.

9   Alexander zerschlägt den gordischen Knoten. »Wer den gordischen Knoten löst, wird Herrscher über Asien«, verhieß das Orakel von Gordion. Renaissance-Fresko in der Engelsburg in Rom.

ENTSCHEIDUNGSSCHLACHT BEI ISSOS

Die Perser haben inzwischen ein gewaltiges Heer gesammelt, das etwa 100 000 Mann umfaßt. Gleichzeitig operiert Memnon mit der persischen Flotte erfolgreich in der Ägäis. Da er so Alexanders Heer von der Versorgung abzuschneiden droht, wird der Bau einer neuen Flotte beschlossen, eine Investition, die etwa 1 000 Talente kostet.

Erstaunlich ist diese Summe vor allem, da Alexander bei seiner Thron-
übernahme ganze 70 Talente in der makedonischen Staatskasse
vorgefunden hatte. 800 Talente mußte er borgen, um überhaupt ein
Heer aufstellen zu können.

Insbesondere die Gerüchte der persischen Bevölkerung, die das
Vermögen von Dareios betreffen, lassen den Feldzug als höchst lukra-
tives Unternehmen erscheinen. In den Schatzkammern von Persepolis
und Susa, den persischen Metropolen, sollen Münzen und Gold im
Wert von 235 000 Talenten lagern, das entspricht einem heutigen Wert
von fast 6 Milliarden Mark – mit allen Vorbehalten solcher Umrech-
nungen.

Alexander sucht die Entscheidungsschlacht. Angesichts der zu er-
wartenden Beute folgen ihm seine Männer bereitwillig. Doch zwischen
den Feinden liegt das Tauros-Gebirge, nahe der heutigen Grenze zwischen der Türkei und Syrien. Nur ein Weg führte hier hindurch, die
»Kilikische Pforte«, eine enge Felsschlucht, die gerade vier Männern
nebeneinander Platz gewährt. Alexander läßt vor der Pforte halten und
führt selbst einen Stoßtrupp auf die Paßhöhe, wo er die wenigen Verteidiger in die Flucht schlägt. Er bekennt später, daß Steinblöcke genügt
hätten, ihn zu vernichten. Die Perser, die starr an ihrer gewohnten
Kampftechnik festhalten, den Feind auf offenem Feld zu erwarten, haben
eine Chance verspielt. Alexanders Fähigkeit, blitzschnell zu entscheiden,
welches Vorgehen das geeignetste sei, ist dem traditionellen Denken
des Dareios weit überlegen, und als der weitaus gefährlichere Memnon,
der griechische Flottenführer in persischem Sold, an einer Erkrankung
stirbt, hat Alexander alle Trümpfe in der Hand.

Die magische Zahl in Alexanders Biographie ist das Jahr 333, das
Jahr der Schlacht bei Issos. Ehe es zur Schlacht kommt, passiert allerdings Rätselhaftes. Man muß davon ausgehen, daß Alexander eine Art
Geheimdienst unterhält, der ihn mit Informationen und Daten versorgt.
Zu den Agenten gehört auch ein Trupp, den man als Feindaufklärung
bezeichnen könnte und der Alexander bestens über die Schritte des
Dareios informierte. Um so erstaunlicher ist, daß vor der Entscheidungsschlacht bei Issos sowohl Alexanders als auch das Informations-
netz von Dareios versagen.

Dareios und sein Heer lagerten kampfbereit in der Ebene von
Sochoi, nördlich dem heutigen Tripolis. Doch Alexander kam nicht.
Dareios entschloß sich daher, das Amanos-Gebirge über den Löwenpaß

10 Der fliehende Perserkönig Dareios, der trotz seiner riesigen Übermacht Alexander das Feld und damit den Sieg bei Issos überließ. Mosaik (Detail) aus dem »Haus des Fauns« in Pompeji. 1. Jh. v. Chr.

zu überqueren. Gleichzeitig blies Alexander zum Aufbruch, wählte aber den weiter südlich gelegenen Bailanpaß, um nach dessen Überquerung festzustellen, daß das Heer von Dareios verschwunden war. Der Perserkönig wiederum staunte nicht schlecht, als er erfuhr, daß Alexander nun genau da stand, wo er selbst losgezogen war, und nur ein makedonisches Krankenlager vorfand, an dem er seine Wut austobte. Im Abstand von nur wenigen Kilometern waren die beiden Heere, immerhin 160 000 Menschen samt Ausrüstung, aneinander vorbeimarschiert, ohne etwas voneinander zu bemerken. Dareios stand nun im Rücken von Alexanders Heer. Dieser macht kehrt, um nach diesem Slapstick der Weltgeschichte bei Issos dem Perser gegenüberzutreten.

Dann wogt der Kampf, und mitten im Getümmel sucht ein entfesselter Alexander nach seinem Gegner. Als der Makedonierkönig sich Dareios, der gemäß persischem Stil in der Mitte seines Heeres kämpft, auf Sichtweite nähert, das Schwert schwingt und – wie uns das berühmte Mosaik aus Pompeji zeigt – den Perserkönig allein mit Blicken durchbohrt, packt Dareios das nackte Grauen. Er wendet seinen Wagen zur Flucht und entzieht sich dem Zweikampf. Seine Truppen beeilen sich, ihrem König zu folgen, und die Makedonier metzeln nieder, was zu langsam ist. Nach zwei Stunden ist die Schlacht bereits vorüber. Dabei hatte es um die Perser nicht schlecht gestanden. Die wilde Flucht von Dareios brachte sie um den möglichen Sieg.

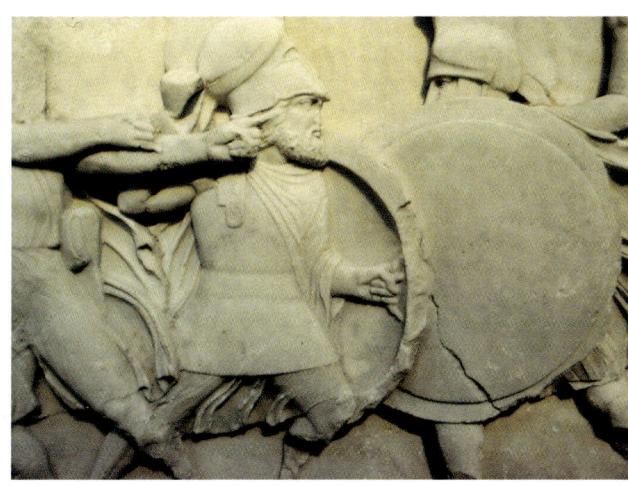

11 Griechische Infanterie im Kampf. Teil eines Reliefs auf dem Mausoleum von Halikarnassos. 4. Jh. v. Chr.

Tausende Tote, Verletzte und Verstümmelte bleiben zurück, überwiegend auf persischer Seite.

DIE SCHÄTZE DES ORIENTS

Die Beute ist kaum zu ermessen: Eine Liste nennt 2 600 Talente in Münzgeld, eine Vierteltonne Silber, dazu 46 Kranzflechter, 277 Köche, 13 Milchmänner, 70 Kellermeister und 40 Salbenmischer. Dareios hatte aber nicht nur seine Truppen und den Troß im Stich gelassen, auch die gesamte königliche Familie fiel in Alexanders Hand. Sisygambis, die Mutter des Dareios, seine Frau Stateira und seine Kinder sind nun Gefangene des Makedoniers. Gemeinsam mit Hephaistion, seinem engsten Vertrauten, betritt Alexander das Zelt der königlichen Familie und sichert den Frauen eine ehrenvolle Behandlung zu.

Kaum zwei Wochen später trifft bei Alexander ein Brief von Dareios ein, in dem er seine Niederlage anerkennt und einen Friedensvertrag vorschlägt. Er bietet ein hohes Lösegeld für seine Familie und ist bereit, weite Teile seines Reiches an den Eroberer abzutreten. Alexander lehnt ab, seine Antwort ist überliefert und endet: »Da ich nun Herr Asiens bin, so verlange ich, daß Du zu mir kommst ... Vor meinem Angesicht wirst Du um Deine Mutter, Deine Gemahlin und Deine Kinder bitten ... Übrigens hast Du, wenn Du mir wieder Botschaft schickst,

Dich an den König von Asien zu wenden. Ich bin nicht Deinesgleichen, sondern der Herr über all das, was Dein war … Bist Du anderer Meinung darüber, wer nun der Herrscher ist, dann erwarte mich noch einmal zum Kampf im offenen Feld. Und fliehe nicht! Denn wo Du auch sein magst, ich werde Dich finden.«

Dieser Brief, den sichtlich der Hochmut diktiert hat, zeigt wieder ein neues Gesicht Alexanders. Die Siegessicherheit hat den Makedonier arrogant und selbstgefällig gemacht. Auch wenn das Schreiben aus taktischen Gründen so harsch ausgefallen sein mag, der schneidende, verletzende Ton läßt Alexanders Triumphgefühl ahnen. Aller finanziellen Sorgen auf einen Schlag ledig, die Schlacht der Schlachten gewonnen, die Königsfamilie in seiner Hand und zähneknirschende Glückwünsche aus Athen – erstmals kostet Alexander den Rausch des Sieges aus.

Nach der Schlacht bei Issos fallen Alexander weitere Städte und Gebiete wie reife Früchte zu. Einzig Tyros, zwischen Jerusalem und Beirut gelegen, leistet Widerstand. Es erklärt sich für neutral und verwehrt Alexander den Zutritt. Sieben lange Monate, vom Januar bis zum August 332, dauert die Belagerung. Dann fällt die Hafenstadt: Ein Damm war gebaut worden, um die Geschütze in Stellung zu bringen, und als die zypriotische Flotte zu Alexander überläuft, wird Tyros von schwimmenden Plattformen aus gestürmt. 6 000 Feinde werden bei dem blutigen Gemetzel erschlagen, die 2 000 überlebenden Männer aus Tyros läßt Alexander am nächsten Tag kreuzigen. 13 000 Frauen und Kinder enden als Sklaven. Dem Stadtkommandanten Batis läßt Alexander die Füße durchbohren, Stricke hindurchziehen und ihn von Pferden zu Tode schleifen. Hephaistions Bitte um Milde kann Alexander nicht erweichen. »Grausamkeit«, so Alexanders aktuelle Devise, »verhindert künftiges Blutvergießen.«

Noch während der Belagerung von Tyros trifft ein zweites Angebot von Dareios ein. Der Perserkönig erklärt sich bereit, alle Länder westlich des Euphrat abzutreten und Alexander als gleichrangigen Großkönig anzuerkennen. Außerdem will er 10 000 Talente für die Freilassung seiner Familie bezahlen und Alexander seine Tochter zur Frau geben. Während der Beratungen über den Brief des Dareios ergreift Parmenion das Wort: »Wenn ich Alexander wäre, würde ich das Angebot annehmen.« Alexander erwidert: »Wahrhaftig, auch ich, wenn ich Parmenion wäre.«

Diese geflügelten Worte offenbaren einen ersten Riß zwischen Alexander und seinen makedonischen Vertrauten. Die ursprüngliche Idee Philipps, die griechischen Kolonien zu befreien und die Perserherrschaft zu brechen, ist längst verwirklicht, Makedoniens Einfluß größer als je zuvor. Ein maßvoller Frieden und Sicherung der eroberten Bestände muß den Makedoniern als vernünftiger Abschluß des Feldzugs erscheinen. Alexander dagegen begnügt sich nicht mit dem Erreichten. Die direkte und vermutlich endgültige Konfrontation mit Dareios kann ein Motiv gewesen sein, dennoch entwickelt der bis dahin strategisch planende Feldherr – zumindest in den Augen seiner Mitstreiter – die Neigungen eines »Desperados«.

PHARAO UND SOHN DER GÖTTER

Nach dem Sieg über Dareios nehmen Alexanders Pläne eine unerwartete Wendung. Ägypten heißt das Ziel. Ägypten gehört ebenfalls zum persischen Herrschaftsgebiet, so daß Alexander bereits an der Grenze als Befreier empfangen wird. Der ihm vorauseilende Ruf öffnet ihm alle Türen. In Memphis läßt er sich zum Pharao krönen. Bewußt vermeidet er, als Nachfolger der dort verhaßten Perserkönige aufzutreten.

Im Jahr 331 zeichnet Alexander am westlichen Nil-Delta die Umrisse einer Stadt in den Sand: Alexandria. Dieser Ort, nach griechischem Vorbild gebaut, wird zu einer der wichtigsten Metropolen der Antike. Bereits im 1. Jahrhundert v. Chr. leben hier 300 000 Menschen. Alexandria gilt ganz im Sinne ihres Namengebers als Zentrum der Wissenschaften. Die Alexandrinische Bibliothek ist die bedeutendste antike Schriftensammlung, ehe sie 48 v. Chr. den Flammen zum Opfer fällt.

Alexanders eigentliches Ziel in Ägypten ist jedoch die Oase Siwah, wie Delphi kultischer Ort und berühmtes Orakel. Die historischen Quellen, die über diese Reise Auskunft geben, sind widersprüchlich, die Motive des Königs nicht einfach zu durchschauen, zumal der Weg strapaziös und gefährlich ist. Nur mit einem kleinen Freundeskreis und einheimischen Führern umgeben, zieht Alexander durch die Wüste zu der heiligen Stätte. Ein Sandsturm läßt die Pilger vom Weg abkommen, ein anschließendes Gewitter rettet sie vor dem Verdursten. Schließlich sind es zwei Krähen, die ihm den Weg weisen. Nach acht Tagen und Nächten erreicht die Expedition endlich die Oase.

12 Silbermünze mit dem Porträt Alexanders. Der junge König trägt die Widderhörner des ägyptischen Gottes Ammon. Ende des 4. Jh. v. Chr.

Die Priester empfangen Alexander als Pharao und gewähren allein ihm Zutritt in das Heiligtum. Leider hat nie jemand erfahren, welche Fragen sich Alexander beantworten ließ, um so stärker blühten nachträgliche Spekulationen. Alexander jedenfalls pflegt nach dem Besuch Siwahs eine enge Beziehung zu dem Gott Ammon, der den Griechen als Verkörperung ihres Gottes Zeus gilt. Er läßt sich auf Münzen mit den Widderhörnern Ammons darstellen und später als Sohn des Gottes verehren.

Diese Konzeption ist neu für die griechische Antike. Bis dahin galt eine klare Trennung zwischen Gott und Mensch. Indem Alexander sich zum Gott auf Erden erhebt oder erheben läßt, erhält seine Führerrolle eine völlig neue Qualität. Die makedonische Führungsschicht in seinem Heer bleibt diesem Anspruch gegenüber mißtrauisch, der Konflikt in Opis entzündet sich unter anderem an einer höhnischen Anspielung auf den »Göttersohn«.

KÖNIG VON ASIEN

Im Mai 331 bricht das Heer auf, um den Euphrat zu überschreiten. Der fast ein Jahr dauernde Abstecher nach Ägypten hat Dareios Zeit gegeben, sein Heer zu reformieren. Die Ebene von Gaugamela, das heutige Tell Gomel im Norden des Irak, ist als Schlachtfeld bereits vorbereitet. Diesmal will der Perser seine Übermacht nutzen. Die Fläche läßt er eigens planieren, um die Streitwagen optimal einsetzen zu können. Antike Quellen sprechen von einem Millionenheer. Realistisch ist eine Zahl von etwa 200 000 Soldaten auf persischer Seite, davon 30 000 zu Pferd. Indische Kriegselefanten, erstmals gegen Makedonier im Einsatz, und skythische Reiter beziehen Aufstellung.

Alexanders General Parmenion hat derweil das makedonische Heer antreten lassen, 40 000 Fußsoldaten und 7 000 Reiter, die angesichts der Elefanten einen gehörigen Schrecken bekommen. Alexander bewahrt außergewöhnliche Ruhe trotz der persischen Übermacht. Lange nach Sonnenaufgang muß er in seinem Zelt geweckt werden. Er reitet die Phalanx seiner Truppen ab, hält eine Rede, in der er erstmals öffentlich als Sohn des Zeus auftritt. Den Rest überläßt er seinem Seher, der am Himmel einen Adler erblickt – das Symbol des Zeus.

In den Mittagsstunden blasen die Makedonier zum Angriff. Die Schlacht, deren Einzelheiten von Militärhistorikern rekonstruiert wurden, verläuft ähnlich jener bei Issos. Alexander drängt in die Mitte, um Dareios zu stellen. Aber der Perserkönig wendet sich abermals zur Flucht. Auf seine Krieger, die an den Flügeln bereits das Alexanderheer zu überrennen drohen, wirkt die Flucht demoralisierend. Alexander verfolgt ihn, kehrt dann jedoch um, da die eingekesselte Einheit Parmenions um Hilfe bittet. Nach der Schlacht erklärt sich Alexander zum »König von Asien«. Mit Recht behaupten manche Historiker, dieser Sieg bei Gaugamela sei weniger Alexanders Tüchtigkeit als vielmehr der Unfähigkeit von Dareios zuzuschreiben.

BABYLONISCHER SÜNDENFALL

Im November 331 hält Alexander Einzug in Babylon, südlich des heutigen Bagdad, und gönnt sich und dem Heer eine einmonatige Rast. Neben dem kulturgeschichtlichen Interesse Alexanders an dieser Stadt der Städte dürfte auch die Aussicht auf ein Dolce vita die längere Pause ermöglicht haben. Curtius Rufus, von dem eine lateinische Biographie Alexanders stammt, hat den Aufenthalt in Babylon drastisch beschrieben: »Länger als irgendwo verweilte der König in Babylon, aber durch keinen anderen Aufenthalt schadete er der militärischen Zucht mehr. In keiner Stadt nämlich herrscht solche Sittenverderbnis, keine ist geeigneter, zu unmäßigeren Begierden zu reizen und zu verlocken. Eltern und Gatten dulden es, daß ihre Töchter und Gattinnen mit Fremden unzüchtigen Umgang haben, wenn nur Geld für die Schande gezahlt wird. Zechgelage sind in ganz Persien eine Lieblingsbeschäftigung der Könige und ihrer Hofbeamten; am meisten aber sind die Babylonier dem Wein und allen Ausschweifungen der Trunksucht ergeben. Die Frauen, die den Gastmählern beiwohnen, erscheinen zuerst in anständiger Kleidung, dann legen sie die obersten Gewänder ab, und allmählich verleugnen sie die Scham so weit, daß sie zuletzt, mit Verlaub zu sagen, auch die letzte Hülle des Körpers von sich werfen. Und diese Schmach erlauben sich nicht Dirnen, sondern verheiratete Frauen und Jungfrauen; bei ihnen gilt diese schimpfliche Preisgabe des Leibes als

Höflichkeit. Mitten unter diesen schändlichen Wollüsten mästete sich jenes Heer, das Asien bezwungen, 34 Tage lang und wäre ohne Zweifel für die folgenden Kämpfe zu geschwächt gewesen, wenn es einen Feind gehabt hätte.«

PERSEPOLIS IN FLAMMEN

Ab Babylon ändert sich die Politik Alexanders. Bevor er nach Susa, im heutigen Iran am Fuße des über 4 000 Meter hohen Zagros-Gebirges gelegen, weiterzieht, wo der persische Staatsschatz auf ihn wartet, bestätigt er erstmals einen Perser als Satrapen und überläßt ihm die Regierungsgewalt über Mesopotamien. Dann zieht er nach Osten. Wo vor wenigen Jahren der mit Giftgas geführte Krieg zwischen dem Iran und dem Irak tobte, befindet sich noch heute ein breiter Gürtel militärischen Sperrgebietes. Kaum eine Familie lebt in dieser Region, die nicht Opfer aus diesem grausamen Krieg zu beklagen hat. Unser Filmteam, auf der Suche nach der Furt, die Alexander benutzte, um nach Susa zu gelangen, wurde mit der Realität der gespannten Situation im Grenzgebiet konfrontiert. Trotz aller Genehmigungen wurde das gedrehte Filmmaterial beschlagnahmt. Wichtige Aufnahmen verschwanden, trotz aller gegenteiligen Versicherungen, in der undurchdringlichen Bürokratie von Militär und Staatsschutz.

Im Dezember 331 erreicht Alexander Susa, die Stadt der unermeßlichen Schätze, und besteigt den persischen Königsthron.

Ist Susa das Verwaltungszentrum des Perserreichs, so gilt Persepolis, 500 Kilometer südöstlich, nahe dem heutigen Shiraz, als Repräsentationsstätte. Der reichste und schönste Palast des Orients befindet sich hier am Rande der Berge. Um dorthin zu gelangen, muß Alexander in einem gewagten Kraftakt die »Persischen Tore« erstürmen, eine schmale Schlucht, durch die noch heute der gesamte west-östliche Verkehr im Süden des Irans geht. Unter großen Verlusten gelingt die Einnahme. Das nun schutzlose Persepolis ergibt sich kampflos.

Während Alexander von Erfolg zu Erfolg eilt, erhält er aus Griechenland beunruhigende Nachrichten. Sparta, das dem Korinthischen Bund nie beigetreten ist, hat sich erhoben. Makedoniens Schicksal liegt in der Hand des treuen Antipater, der seit Alexanders Aufbruch nach Asien das Land verwaltet. Antipater gelingt es schließlich, die Spartaner niederzuwerfen. Athen unter Demosthenes, das wieder einmal auf seine Chance gehofft hatte, im Verbund mit Sparta Makedonien zu schaden, wendet sich nun wieder Alexander zu. Als Rache für die Schändung der Akropolis 150 Jahre zuvor läßt er den großartigen Palast in Persepolis erst plündern und dann niederbrennen. Die Schilderungen, daß die Dirne Thais während eines wüsten Siegesgelages Alexander aufgestachelt habe, die Fackel zu werfen, ist wohl Legende, um Alexanders Schuld zu mildern. Parmenion machte Alexander darauf aufmerksam, daß er zerstöre, was er nun besitze. Tatsächlich soll der Makedone diese sinnlose Brandstiftung später heftig bereut haben.

Alexanders Beute aus Persepolis – 120 000 Talente birgt die Schatzkammer – wird nach Susa gebracht. Einen Teil investiert Alexander, um das Grab des persischen Reichsgründers Kyros in Pasargadei, etwa 50 Kilometer von Persepolis entfernt, zu restaurieren. Während das Heer in Persepolis Winterquartier nimmt, streift Alexander durch das Hinterland der Persis, um weitere Städte zu besetzen. Das Kontingent der ihn begleitenden Truppen verlangt während dieser Strapazen in Schnee und Eis erstmals die Umkehr.

Tatsächlich ist Persepolis der logische Abschluß des Persienfeldzugs. Alexander entläßt wenig später die griechischen Truppen in seinen Reihen mit reichen Geschenken, da sie ihren Bündnisauftrag erfüllt haben. Er selbst aber nimmt die Verfolgung des Dareios auf. Aus dem Persienfeldzug wird in diesem Moment der Anfang seines Feldzuges, der an das Ende der Welt führt.

DER TOD DES DAREIOS

Die Suche nach Dareios entwickelt sich zur Jagd nach einem Phantom, die sich über Hunderte von Kilometern erstreckt. Mit einer kleinen Reiterstaffel hetzt Alexander auf den Spuren des Großkönigs durch Wüste und unbewohntes Gebiet, zuletzt sind nur noch 60 Reiter an seiner Seite. Tag und Nacht treibt er die Männer an. Der Vorsprung verringert sich stündlich. Da erhält Alexander Nachricht von der Entmachtung des Perserkönigs. Bessos, Satrap von Baktrien, habe den König gefangengesetzt. Kurz darauf entdecken die makedonischen Reiter eine verlassene Wagenburg und finden die mit goldenen Ketten gefesselte Leiche des Dareios. Alexander hüllt seinen Mantel über den Toten. Er läßt ihn zu seiner Familie überführen und in Pasargadei

13   Die Ruinen des Saales der hundert Säulen von Persepolis. Von der Zerstörung durch Alexander hat sich die persische Königsresidenz nie erholt.

14   Die Persische Pforte. Heute wie zu Alexanders Zeiten Durchgang für den west-östlichen Verkehr im Süden von Persien.

ehrenvoll bestatten. Der Königsmörder Bessos entkommt und proklamiert sich selbst unter dem Namen Artaxerxes IV. zum König.

Wieder regt sich im Heer der Wunsch nach Umkehr, die Stimmung sinkt. Je weiter das Heer in östliche Richtung vordringt, um so mehr scheint sich ihr Führer zu verändern. An die Heimat erinnert sich nur die altgediente makedonische Führungsschicht, während Alexander zunehmend persische Sitten und Gebräuche übernimmt. Die aus den kulturellen Unterschieden entstehenden Konflikte werden zusammenfassend die »drei Katastrophen« genannt und lassen Alexanders Charakter widersprüchlicher denn je erscheinen.

EIN HERRSCHER AUSSER KONTROLLE

In Phrada, wo sich das erschöpfte Heer befindet, erfährt Philotas, einer der höchsten Heeresführer und Sohn des altgedienten Generals Parmenion, von einer Verschwörung. Er nimmt die Sache – vermutlich zu Recht – nicht ernst und informiert Alexander deshalb nicht. Der aber wird von einem Pagen unterrichtet, der einen der Verschwörer kennt. Die Aufrührer werden rasch gefaßt und hingerichtet. Alexander aber sieht in Philotas den eigentlichen Anführer. Vor der Heeresversammlung klagt er den langjährigen Mitstreiter an. Die Masse glaubt seinen Argumenten. Philotas wird verurteilt und gesteinigt. Der siebzigjährige Parmenion, der mit 20 000 Soldaten in der Stadt Ekbatana zurückgeblieben ist, um gegen rebellische Stämme zu kämpfen, wird damit zur potentiellen Gefahr.

Ein Mordkommando wird nach dem angeblichen Komplott des Philotas ausgeschickt, um den Vater von Philotas, Parmenion, zu töten. Alexander rechtfertigt die sich anschließenden Bluttaten mit der Verschwörung, der er zuvorkam, und läßt harte Strafgerichte folgen. Mögliche Aufrührer werden getötet, zu Strafexpeditionen verurteilt oder verbannt. Das eigentliche Ziel dieser Mordserie aber ist die Beseitigung

15 Ein Fabelwesen aus purem Gold aus dem Oxus-Schatz. 5./4. Jh. v. Chr.

16 Das Ruinenfeld von Takt-i-Sangin im heutigen Tadschikistan, eine der Garnisons- und Tempelstädte, die Alexander anlegen ließ. In seiner Nähe wurde der berühmte Oxus-Schatz gefunden.

der makedonischen Opposition, die sich Alexanders Hinwendung zur persischen Kultur widersetzt.

Im Frühjahr 329 überschreitet Alexanders Armee den Hindukusch, dessen Gipfel bis weit über 7 000 Meter hoch aufragen. Bessos alias Artaxerxes gibt das dahinter liegende Baktrien kampflos preis. Die Suche nach dem Flüchtigen wird zur mörderischen Strapaze. Das Heer, das eben noch eisige Gipfel überquert hat, muß, um zum Fluß Oxos (heute: Amu-Dar'ya) zu gelangen, eine glutheiße Wüste durchqueren. Wassermangel und Hitze sind unerträglich. Nach einer Legende füllen, als ein Rinnsal entdeckt wird, die Soldaten einen Helm mit Wasser, den sie ihrem König reichen. Alexander aber kippt die Flüssigkeit in den Sand, um seine Verbundenheit mit den Soldaten zu beweisen. Endlich am Oxos angelangt, wird Alexander der inzwischen gefangene Bessos ausgeliefert. Der Verräter wird verstümmelt und gefoltert und schließlich an den Bruder von Dareios ausgeliefert, der seine Rache grausam auslebt.

GUERILLAKRIEG

Nächstes Ziel ist der Jaxartes (heute: Syr-Dar'ya), der nordöstliche Grenzfluß des persischen Reiches. Hier hatten Skythen und Sogder seit je gegen die Perser revoltiert. Alexander als Nachfolger sollte dies zu spüren bekommen. Die Kämpfe mit Sogdern und Baktriern ziehen sich über zwei Jahre hin. Alexander begegnet hier seinem fähigsten Widersacher: Spitamenes. Der hofft, seinem Land die Unabhängigkeit erhalten zu können, doch Alexanders inzwischen unumschränkter Herrschaftswille läßt dies nicht zu. Anders als die Perser sammelt Spitamenes kein großes Heer, sondern führt einen Guerillakrieg gegen die Invasoren. Diese Taktik bindet Alexanders Truppen auf lange Zeit. Wo immer sie auftauchen, ist Spitamenes schon da. Er attackiert die Makedonier und verschwindet dann im unzugänglichen Hinterland. Noch heute verzeichnen Atlanten dieses Gebiet als »Hungersteppe«. Auch der aus der Heimat eintreffende Heeresnachschub, 8 000 Griechen sowie 11 000 Asiaten und Syrer, bringt keinen Erfolg.

Im Sommer 328 ereignet sich die zweite Katastrophe. Wie immer hält Alexander abends Hof in seinem Zelt. Und wie immer wird inzwischen auch maßlos getrunken. Kleitos, der Alexander am Granikos das Leben gerettet hat, erträgt an diesem Abend die Spottlieder und

Gesänge nicht, in denen manch alter makedonischer Haudegen verhöhnt wird. Streit bricht aus. Der Gegensatz zwischen Makedoniern und Persern ist der Anlaß. Kleitos und Alexander werden laut, werfen sich unbequeme Wahrheiten an den Kopf und steigern sich in wüste Beschimpfungen. Kleitos provoziert, statt zu schweigen. Alexander greift nach der Waffe, die jedoch haben Leibwächter in Sicherheit gebracht – die Trunkenheit des Königs erfordert Vorsichtsmaßnahmen. Schließlich reißt Alexander seiner Wache die Lanze aus der Hand und durchbohrt Kleitos. Als er sich seiner Tat bewußt wird, versucht er sich selbst mit der Lanze zu töten. Wieder nüchtern, fällt Alexander in eine schwere Depression. Drei Tage schließt er sich ein, wälzt sich stöhnend am Boden und klagt sich selbst an.

Noch im gleichen Sommer gelingt es Krateros, Spitamenes entscheidend zu schlagen. Darauf wird der Rebellenführer von seinen eigenen Leuten ermordet. Die beiden letzten verbliebenen Widerstandsnester sind fast uneinnehmbare Felsburgen im tief verschneiten Gebirge. Alexander fordert die Sogder, die in der Burg des Ariamazes Zuflucht gefunden haben, zur Übergabe auf. Die höhnische Ablehnung, nur »fliegende Soldaten« könnten die Festung erobern, weckt seinen Ehrgeiz. Seine Soldaten werden zu Bergsteigern geschult, erklimmen nachts den Felsen und bedrohen die Burg von oben. Die Besatzer, die sich nun tatsächlich von »fliegenden Soldaten« bedroht sehen, ergeben sich und werden grausam hingerichtet.

Die Burg des Sisimithres, die durch eine tiefe Schlucht geschützt ist, erobert Alexander, indem er die Schlucht durch einen Ponton überbrücken läßt. Sisimithres ergibt sich nach Vermittlung des zu den Makedoniern übergelaufenen Oxyartes, wird verschont und in seinem Amt belassen.

Diese Milde könnte an der Tochter des Oxyartes gelegen haben, Roxane. Mit ihr taucht, neben seiner Mutter Olympias, die einzige Frauengestalt in Alexanders Biographie auf, zu der eine größere emotionale Bindung besteht. Zeitgenössische Chronisten bestätigen, daß Alexander vom ersten Moment an verliebt gewesen sei. Er heiratet die damals erst dreizehnjährige Roxane, deren Schönheit überall gepriesen wird, im Frühjahr 327 nach persischem Ritus. Die Makedonier nehmen diese Hochzeit mit gemischten Gefühlen zur Kenntnis, doch seit dem Mord an Kleitos wird Kritik, wenn überhaupt, nur hinter vorgehaltener Hand geäußert.

17   Unter dem Namen Iskander ist Alexander noch heute im gesamten persisch-arabischen Raum bekannt, und seine Abenteuer wurden in wunderbaren Miniaturmalereien ausgeschmückt.

VERSCHWÖRER UND ATTENTÄTER

Die Lage in Alexanders Umgebung spitzt sich erneut zu. Der König fordert von seinen makedonischen Gefolgsleuten die Anerkennung der persischen Riten; auch sie sollen sich nun vor ihm zu Boden werfen (Proskynese). Griechen und Makedonier finden die Geste mehr als demütigend. Nur Sklaven fallen ihrem Herrn zu Füßen. Bei einem Festmahl läßt Alexander diese Form der Ehrerbietung ausprobieren. Ausgerechnet Kallisthenes verweigert den Fußfall. Der Historiker, der die Taten Alexanders nicht nur protokolliert, sondern schmeichelnd überhöht hat, erinnert sich plötzlich der Würde und Freiheit der Griechen. Unfreiwillig wird er so zum Wortführer der altmakedonischen Opposition, die sich ihrem König zunehmend entfremdet.

Die »dritte Katastrophe« bahnt sich an. Mehrere Pagen Alexanders, junge Adlige, die auf ihre glänzende Laufbahn vorbereitet werden, haben sich diesmal wirklich zu einer Verschwörung zusammengerottet. Der Anlaß hierzu ist allerdings nichtig. Einer der Pagen hat bei der Jagd Alexanders Vorrecht des ersten Speerwurfs verletzt und ist deshalb gezüchtigt worden. Kallisthenes' Lesungen, in denen er an die Sternstunden Athens und die Tyrannenmorde erinnert, mögen dazu beigetragen haben, daß die Pagen in Alexander einen Tyrannen sehen. Die Sache fliegt auf, die Pagen werden durch Steinigung hingerichtet. Auch Kallisthenes wird angeklagt, dem aber keinerlei Beteiligung nachgewiesen werden kann. Sein Tod ist ungeklärt, manche Quellen berichten von der sofortigen Hinrichtung, andere schreiben, er sei monatelang in einem Käfig im Troß mitgeschleppt worden und dann an einer Krankheit gestorben. Wie auch immer, einmal mehr scheint Alexander eine günstige Gelegenheit genutzt zu haben, um sich eines unbequemen Kritikers zu entledigen. Alexander mutiert tatsächlich zum Tyrannen, als den ihn Athen fortan darstellt. Nach den »drei Katastrophen« klebt Blut an seinen Händen, das nicht aus seinen vielen Schlachten stammt.

DAS ENDE DER WELT

Sieben Jahre sind seit dem Aufbruch aus Makedonien verstrichen. Das gesamte persische Reich ist unterworfen, Vierundzwanzig Städte hat Alexander gegründet, die meisten tragen seinen Namen. Die Forscher in Alexanders Heer haben viele neue Erkenntnisse gesammelt.

Alexander selbst hat in dieser Zeit eine tiefgreifende Wandlung durchgemacht. In seiner Person versucht er, die Gegensätze der Kulturen zu verschmelzen. Das Heer hat sich in den Jahren der Eroberungszüge verändert. Etwa 17 000 Tote aus Alexanders Reihen sind zu beklagen, davon allein 13 000 bei den aufreibenden Kämpfen nach dem Verlassen von Persepolis. Weitere 37 000 Soldaten sind in den erober-

18 (links) Ruine einer von Alexanders Stadtgründungen im südlichen Persien. Vierundzwanzig solcher Stadtgründungen, verteilt über das gesamte Reich, sind bisher nachgewiesen. Die berühmteste ist Alexandria, heute al-Iskandariyah, in Ägypten.

19 Bei den Völkern des früheren Baktrien und der Sogdiane, dem heutigen Afghanistan und den südlichen Staaten der ehemaligen Sowjetunion, wird Alexander als Volksheld verehrt.

ten Städten als Besatzungen zurückgeblieben. Die Zahl der Verstärkungen aus der Heimat und der neu angeworbenen Truppen gleicht diese Verluste zwar aus, doch verändert sich die innere Struktur des Heeres vollkommen. Längst ist dies keine makedonisch-griechische Armee mehr, sondern ein buntes Völkergemisch, das allein Disziplin, Sold und die Aussicht auf Beute zusammenhält. Ein Bezahlungssystem, das die Soldaten leistungsbezogen honoriert, bietet jedoch allen gleiche Aufstiegschancen.

Nachdem Baktrien nach zweijährigem Kampf erobert und befriedet ist, scheint wieder einmal der logische Zeitpunkt zur Umkehr gekommen. Das riesige Reich, das Alexanders Befehl untersteht, bedarf der Festigung und Organisation. So zumindest denken Alexanders Berater. Er selbst hat ein neues Ziel: Indien.

Die Motive für Alexanders Weitermarsch sind vielfältig. Der Traum von der Herrschaft über die Welt scheint ihn völlig ergriffen zu haben. So weit schon gekommen, will er nun ganz Asien erobern und bis an den Ozean, das Ende der Welt, vordringen. Indien ist ein nur vage beschriebenes Land, dessen Wunder und Geheimnisse ihn locken. Erneut überquert Alexanders Armee den Hindukusch diesmal in südlicher Richtung.

Im Frühjahr 326 überschreitet das Heer in zwei Gruppen den Indus. Taxiles, ein freundlich gesonnener indischer Fürst, empfängt Alexander in seiner Hauptstadt Taxila.

KRIEG AM INDUS

Das Reich des Fürsten Taxiles erstreckte sich westlich des breiten Flusses Hydaspes (heute: Jhelum). Östlich regiert Poros, der seit langem mit Taxiles verfeindet ist. Taxiles und Alexander profitieren von ihrem

Bündnis, der eine, weil er nun einen unbesiegbaren Verbündeten gegen Poros hat, der andere, weil er von Taxiles genaue Kenntnisse des Landes erhält. Wochenlang liegen sich Poros' und Alexanders Truppen am Hydaspes tatenlos gegenüber. Der 800 Meter breite Fluß verhindert jeden Überraschungsangriff. Dann treffen Alexanders Schiffe ein, die am Indus lagerten. Sie sind zerlegt, über Land transportiert und schließlich am Hydaspes wieder zusammengebaut worden. Während Alexander 30 Kilometer flußaufwärts in der Nacht übersetzt, hat er im Hauptlager Feuer entfachen und einen Makedonier als Alexander verkleidet zurückgelassen. Als Poros die Gefahr erkennt und sein Hauptheer in Bewegung setzt, sind große Teile der Alexandertruppen schon übergesetzt. Poros auf seinem Elefanten wehrt sich heldenhaft. Doch nach seiner schweren Verwundung ist die Schlacht entschieden. Alexander belohnt den Mut seines Gegners. Er bestätigt ihn als Satrapen und überläßt ihm sein angestammtes Reich. Der Eroberer zeigt sich in Indien noch einmal als geschickter Politiker. Poros erweist sich fortan als treuer Verbündeter.

ENTSCHEIDUNG IM DSCHUNGEL

Alexander wendet sich noch weiter ostwärts. Während Krateros am Hydaspes zurückbleibt, um dort eine Flotte zu bauen und auszurüsten, zieht Alexander mit ausgewählten Truppen in das unbekannte Land. Der Monsun setzt dieser Expedition fürchterlich zu. Der Dschungel mit seinen Giftschlangen fordert hohen Tribut. Es sollen mehr Soldaten an den Folgen des ungesunden Klimas, an Krankheiten und an Schlangengift als in der Schlacht gestorben sein.

Noch immer hofft Alexander, das Meer zu erreichen. Am Fluß Akesines (heute: Chenab) gelingt die Überfahrt nur unter großen Verlusten. Poros, der an der Expedition teilnimmt, wird zurückgeschickt, um indische Hilfstruppen zu holen. Die Makedonier vermuten wegen der hier vorkommenden Krokodile, der Akesines sei der Oberlauf des Nil. Die Aussicht auf rasche Rückkehr auf dem Fluß ist allzu verlockend. Doch Einheimische klären diesen Irrtum auf. Schwächen in Alexanders bisher so straffer Führung werden offenkundig. Nie zuvor hat sich der Alexanderzug in Bewegung gesetzt, wenn nicht genaue Informationen der Kundschafter seines Geheimdienstes über die zu erobernden Gebiete vorlagen. Das »indische

20 Von einer Verschmelzung hellenischer und indischer Kultur in der sogenannten Gandhara-Kultur zeugen die Tempelanlagen von Taxila im heutigen Pakistan.

Abenteuer«, das Alexander bei weitem unterschätzt hatte, überfordert allmählich seine Kräfte.

Nach der Überquerung des Akesines flammt einheimischer Widerstand auf. Zwar kann Alexander nach zähen Kämpfen auch hier die Oberhand gewinnen, doch die Verluste in den eigenen Reihen nehmen unverhältnismäßig zu. Beim Kampf um Sangala werden 1 200 Makedonier zum Teil schwer verwundet. Endlich aber erreicht das zunehmend demoralisierte Heer den Hyphasis (heute: Bias), den letzten großen Fluß des Pandschab. Alexander wähnt sich dem Ziel nahe. Doch die Auskünfte, die er erhält, sind alles andere als ermutigend. Jenseits des Flusses erwarte ihn eine Wüste, deren Durchquerung zwölf Tage dauern würde. Dahinter aber fließe der Ganges, hinter dem sich das Reich des Ksandrames erstrecke. Dessen Armee umfasse 400 000 Soldaten und Tausende von Kriegselefanten.

Der Makedone weigert sich, dies zu glauben. Er berät sich mit seinen Führungsspitzen. Die Soldaten seiner Armee haben, wie es scheint, endgültig resigniert. Ihre Kleidung hängt in Fetzen, Panzer und Gürtel rosten, die Lebensmittel werden durch Mehltau vernichtet. Insekten und Schlangen quälen sie, die feuchte Hitze übersteigt ihre Kräfte. Und was kann ihnen, die alles gesehen, alles erobert und reiche Beute gemacht haben, ein Weitermarsch noch bieten? Auch Alexanders Erlaubnis, die umliegende Gegend zu plündern, kann die Gemüter nicht beruhigen.

Koinos, einer der Altgedienten, faßt zusammen, was alle denken: Keinen Schritt weiter! Er verweist auf die Leistungen der Armee, die nun in Frieden heimkehren wolle. Alexander möge doch frische Kräfte sammeln und dann ziehen, wohin er wolle. Koinos' Rede wird mit donnerndem Beifall aufgenommen. Viele der Veteranen sollen beim Gedanken an die Heimat Makedonien in Tränen ausgebrochen sein.

Alexander bemüht noch einmal sein psychologisches Talent: Er bittet, er verspricht, er droht, er schmollt. Alle Register, die er zieht, helfen nicht mehr. Am nächsten Tag verkündet er wie ein trotziges Kind, seine Armee möge heimkehren, er ziehe alleine weiter – Freiwillige ließen sich wohl finden, die ihn begleiten würden. Die Soldaten aber sollten zu Hause berichten, daß sie ihren König mitten im Feindesland im Stich gelassen hätten. Als auch dies nicht hilft, verbirgt sich Alexander zwei Tage in seinem Zelt und hofft auf ein Einlenken der Armee. Doch seine Soldaten beharren auf ihrem Entschluß.

Alexander bleibt nichts anderes übrig, als endlich nachzugeben. Es überrascht nicht, daß er nach einem Ausweg sucht, um nicht sein Gesicht zu verlieren. Die Götter werden befragt, und die Seher prophezeien nur zu gern, was Alexander hören will: Die himmlischen Mächte raten dringendst von der Überquerung ab. So gibt nicht Alexander den Befehl zur Umkehr, sondern Zeus selbst. Daß Koinos kurz darauf auf dem Rückweg stirbt, muß keinen Verdacht auf Alexander werfen, stimmt aber zumindest nachdenklich.

Flussfahrt im Fieberwahn

Inzwischen hat der Flottenkapitän Nearchos 1000 Schiffe für die Indusfahrt beschafft. Außerdem ist umfangreicher Nachschub eingetroffen. Die Stimmung in der Truppe steigt merklich. Das Heer besteht zu diesem Zeitpunkt aus etwa 120 000 Männern und dem üblichen Troß.

Während zwei große Kolonnen am linken und rechten Ufer das monumentale Schauspiel rahmen, sind Alexander und ein großer Teil seiner Soldaten auf den Schiffen untergebracht. Auch Pferde und Ausrüstung werden zu Wasser transportiert. Purpurne Segel leuchten weithin. Einen bizarreren Anblick haben die Anwohner des Flusses wohl nie gesehen. Staunend drängen sie sich am Ufer, singend und tanzend begleiten sie die Schiffe.

Doch die Fahrt findet ein schnelles Ende. An der Mündung des Hydaspes in den Indus geraten die Schiffe in tückische Stromschnellen. Viele kentern oder sinken. Sogar Alexanders Königsboot geht unter, und er rettet sich schwimmend ans Ufer.

Bei der heutigen Stadt Multan sammeln die Maller, die den Schiffbruch der Flotte zu ihrem Vorteil nutzen wollen, ein gewaltiges Heer. Alexander sucht sein Heil in der Offensive, und die Überraschung gelingt. Die Maller werden hinter die Mauern ihrer Stadt zurückgedrängt. Mit Leitern gehen die Makedonier gegen die Stadtmauern vor. Alexander selbst erklimmt als erster die Leiter. Als er die Zinne erreicht, brechen unter ihm die Sprossen. Er schwingt sich über die Mauerkrone, allein steht er plötzlich inmitten der feindlichen Garnison. Er verteidigt sich mühsam mit Schwerthieben, da durchbohrt ein langer Pfeil seinen Brustpanzer. Blutüberströmt bricht Alexander zusammen. Da endlich rücken seine Leibwächter nach und decken ihren König mit dem Schild.

Seine Soldaten richten nach der Erstürmung der Stadt ein fürchterliches Blutbad an, selbst Frauen und Kinder werden nicht verschont. Doch Alexander ist vom Fieber geschüttelt und dem Tod nahe. Schon kursieren Gerüchte, er sei gestorben. Ein Brief an die Soldaten, der als Lebensbeweis gedacht ist, wird als Fälschung zurückgewiesen. Nach einer Woche ist Alexander wieder transportfähig. Auf einem Schiff liegend, wird er am Heer vorbeigefahren. Immer noch glauben die Soldaten, bloß seinen Leichnam zu sehen, da hebt der König einen Arm zum Gruß. Frenetischer Jubel bricht aus.

TODESMARSCH DURCH DIE WÜSTE

Erschreckt durch die Niederlage der Maller, haben die benachbarten Stämme die Flucht ergriffen. Einheimische Lotsen stehen nicht mehr zur Verfügung, als die Indusfahrt im Frühjahr des Jahres 325 fortgesetzt wird. Nach insgesamt siebenmonatiger Reise erreicht das Heer das Indus-Delta bei Pattala. Stürmisches Wetter zwingt die Boote, in einer Bucht zu ankern. Wenige Stunden später sitzt die Flotte auf dem Trockenen. Das Entsetzen ist groß. Die belustigten Einwohner der Region erklären den staunenden Soldaten den Wechsel der Gezeiten – von Ebbe und Flut haben die am gezeitenarmen Mittelmeer wohnenden Griechen und Makedonier nie etwas gehört.

Im Herbst 325 wird das Signal zur Heimkehr geblasen. Dabei soll Nearchos als Kapitän der Flotte dem unbekannten Küstenlauf westwärts folgen, während Alexander mit einem Teil des Heeres den Landweg durch die gedrosische Wüste nimmt. Etwa 20 000 bis 30 000 Soldaten begleiten Alexander, dazu große Teile des Trosses. Die Veteranen und Verwundeten schließlich wählen eine dritte, zeitaufwendige, aber weniger gefährliche Route. Der Marsch wird zum größten Fehlschlag in Alexanders Leben. Die Logistik und Organisation, die selbst in Indien noch funktioniert hat, bricht unter den extremen Bedingungen völlig zusammen.

In der gedrosischen Wüste sinken die Temperaturen auch nachts nicht unter 35 Grad. An ein Marschieren am Tag ist in diesem Glutofen nicht zu denken. Riesige Wanderdünen zwingen immer wieder zu mühsamer Überquerung oder Richtungsänderungen. Im weichen Sand wiegt jeder Schritt doppelt schwer. Vor allem im Troß, unter Frauen und Kindern, gibt es viele Todesfälle. Auch die Packtiere verenden. Stößt man auf eine Wasserstelle, so stürzen sich die Soldaten so gierig auf die Quelle, daß sie mit aufgeblähtem Magen sterben. Vom ohnehin kargen Proviant des Landheeres müssen immer wieder Teile an die 30 Kilometer entfernte Küste gebracht werden, um die Flotte zu versorgen. Doch die damit beauftragten Soldaten plündern die Vorräte. Zum ersten Mal werden Desertionen gemeldet, wobei die meisten Deserteure in der Wüste den Tod finden. Immer mehr Männer brechen in der Hitze zusammen, sterben kläglich im Wüstensand. Die verendeten Packtiere werden roh verschlungen, doch mit jedem toten Tier sinkt auch die Hoffnung auf ein Vorankommen. Die Begegnung mit dem Wüstenvolk von Makran, das noch wie in der Steinzeit lebt, läßt kurzfristig Hoffnung aufkommen. Doch die gierig verschlungenen Vorräte der Makraner, teils fauliger Fisch und unreife Datteln, fordern weitere Todesopfer. Nach 500 Kilometern Irrweg gestehen die letzten überlebenden einheimischen Führer, sich verirrt zu haben. Der Rest des einst stolzen Heeres scheint dem Tod geweiht.

Alexander, sein Scheitern vor Augen, beweist in dieser ausweglosen Situation noch einmal seine Qualitäten. Mit einem Expeditionstrupp gelingt es ihm, sich bis zur Küste durchzuschlagen. Zwischen Felsen stoßen die Männer auf Wasser. Kuriere benachrichtigen die Zurückgelassenen und führen sie zu der lebensrettenden Stelle. Nur 15 000 von etwa 40 000 Teilnehmern überleben den Zug durch die

21 Archaisch, wie ein Heerlager zu Alexanders Zeiten, mutet der Kamelmarkt von Pushkar in Indien an.

Wüste. Die Flotte scheint verloren, der Plan einer parallelen Fortbewegung gescheitert.

Unter ähnlichen Strapazen wie Alexanders Heer bewegt sich die Flotte mühsam entlang der Küste fort. Immer wieder landet sie an der kaum bewohnten Küste, um die Vorräte aufzunehmen, die das Landheer deponieren sollte. Auch sie begegnen dem Steinzeitvolk von Makran und werden in schwere Gefechte verwickelt. Der Auftrag, die Küste zu erforschen, war längst vergessen. Auch hier zählte nur noch das Überleben. Erst als günstige Winde aufkommen, kann Nearchos die Schiffe zum vereinbarten Treffpunkt am Persischen Golf bei Hormus steuern. Da Alexander allgemein als verloren gilt, kann Nearchos die Mannschaften nur mit Mühe zum Warten überreden.

22 Heroisierende Darstellung des jugendlichen Alexander. Bronzekopf aus dem 2. Jh. v. Chr.

Als sich Nearchos mit ein paar Leuten landeinwärts auf die Suche nach Alexander macht, begegnen sie einem ausgemergelten Mann in Fetzen griechischer Kleidung, der ihre Sprache spricht. Alexander und der Rest des Heeres seien etwa fünf Tagesmärsche entfernt.

Alexander hat, als er endlich auf eine Siedlung stößt, Eilboten ausschicken lassen. Aus allen umliegenden Satrapien werden Nahrungsmittel angeliefert. In Karmanien, wohin sich die Überlebenden des Wüstenzugs gerettet haben, werden siebentägige Dankesfeiern abgehalten.

Die Freude der Überlebenden ist getrübt. Die Zahl der Toten, die Wüste und Meer zum Opfer fielen, wird auf 45 000 geschätzt, mehr als ein Drittel der Streitmacht. Alexanders Organisation hat versagt. Um den Makel zu tilgen, bemühen sich antike Quellen, die Vorfälle als Betriebsunfall herunterzuspielen. Neuzeitliche Forscher dagegen sprechen dem Unternehmen jeden Sinn ab. Es war eine überflüssige Kraftprobe mit den Elementen der Natur, nach der vom Heer erzwungenen Umkehr vielleicht sogar eine kollektive Strafexpedition. Vielleicht sollte die Armee bereuen, daß sie gegen Alexanders Willen die Heimkehr erzwungen hatte.

HOCHZEIT UND TOD

Das dezimierte Heer bewegt sich nun zielstrebig Richtung Susa. Der zurückkehrende Eroberer muß erfahren, daß die von ihm eroberten Gebiete ihm nur noch formal gehören. Die von Alexander eingesetzten Satrapen haben während seiner Abwesenheit teilweise in die eigene Tasche gewirtschaftet, ihre Untertanen grausam unterdrückt und ausgebeutet.

So nimmt Alexander von Susa aus eine umfassende Säuberung vor. Die korrupten Satrapen bezahlen ihre Untreue mit dem Leben. Als Nachfolger setzt Alexander überwiegend Heerführer ein, die seinem Ideal einer makedonisch-persischen Vereinigung der Völker und Kulturen nacheifern. Hephaistion, der Freund und Lebensgefährte seit Jugendtagen, wird zu Alexanders Stellvertreter ernannt und erhält umfangreiche Vollmachten. Vielleicht denkt Alexander, da er keinen Sohn hat, schon an einen möglichen Nachfolger.

In Susa wird der endgültige Abschluß des Feldzugs bekanntgegeben. Pläne für die Expansion in den Westen, nach Arabien, Nordafrika und Italien, existieren jedoch bereits in Alexanders Phantasie. Bis an die Säulen des Herakles, die Straße von Gibraltar, will er den Westen erobern.

Glanzvoller Höhepunkt des Aufenthalts in Susa aber ist die Massenhochzeit, in der Alexanders Wunsch einer Verschmelzung der makedonischen und persischen Völker ihren sichtbarsten Ausdruck findet. Er selbst nimmt die Töchter von Dareios und Artaxerxes III. zu seinen Frauen. Seine etwa 80 makedonischen Führer werden mit den edelsten Frauen und Töchtern des Perserreichs vermählt. Die Kon-

23   Der zunehmende Einfluß persischer Offiziere in Alexanders Streitmacht führte zur Rebellion unter den Griechen und Makedoniern. Persischer Leibgardist. Glasiertes Ziegelrelief aus Susa. 5. Jh. v. Chr.

kubinate der Soldaten werden legalisiert und alle Schulden, die sich während des Feldzugs angesammelt haben, erlassen.

Dennoch wird das Vertrauen zwischen den Makedoniern und ihrem König nie wieder voll hergestellt. Spätestens in Opis, als die Veteranen heftiger als je zuvor gegen Alexander meutern und ihn »asiatischen Sinnes« bezichtigen, wird der Bruch sichtbar. Doch auch dort gewinnt Alexander dank seiner rhetorischen Fähigkeiten das Vertrauen zurück. Er zählt all seine Eroberungen auf und fährt fort: »Ihr seid die Satrapen, ihr die Heerführer, ihr die Kommandeure. Denn was habe ich für meine Person von all diesen Kämpfen, außer diesem Purpur und diesem Diadem? Nichts habe ich für mich persönlich erworben! ... Ich esse dieselben Speisen wie ihr und schlafe denselben Schlaf. Fürwahr, ich glaube, daß ich nicht einmal dieselben Speisen genieße wie die Prasser unter euch. Ich weiß es, daß ich für euch die Nächte wache, damit ihr ruhig schlafen könnt ... Wer aber gefallen ist, dem ist sein Tod zum Ruhm geworden ... Und jetzt wollte ich die Invaliden von euch, bewundert von denen daheim, entlassen. Doch wenn ihr alle gehen wollt, so geht nur alle und erzählt zu Hause, daß ihr euren König Alexander verlassen ... und der Obhut der besiegten Barbaren überlassen habt ... Geht!«

24 Alexander, links, in ägyptischer Tracht dargestellt, huldigt dem ägyptischen Gott Min. Es war Alexanders Wunsch, in der ägyptischen Oase Siwah beigesetzt zu werden. Relief in Luxor.

Die politische Arbeit in Susa ist erledigt, die Gefahr der Meuterei in Opis gebannt. Im Herbst 324 läßt Alexander in Ekbatana Festspiele abhalten. Während eines Theaterbesuchs erhält er Nachricht, daß Hephaistion im Sterben liege. Er eilt an das Lager des Freundes, doch er kommt zu spät. Seine Trauer ist maßlos und Ausdruck auch der eigenen Lebenskrise. Tage- und nächtelang bleibt er neben dem Leichnam sitzen, fastet und schneidet sich die Haare ab. Selbst den Pferden müssen die Mähnen geschoren werden. In allen Şatrapien wird Staatstrauer angeordnet. Im ägyptischen Siwah läßt Alexander durch Boten anfragen, ob Hephaistion wie ein Gott verehrt werden dürfe.

Babylon, vor dessen Betreten Alexanders Wahrsager warnen, ist die letzte Station in Alexanders Leben. Eine Völkerversammlung ist geplant. Viele Delegationen sind bereits eingetroffen und huldigen Alexander mit kostbaren Geschenken. Dann unterbricht die Beerdigungsfeier für Hephaistion alle Staatsaktivitäten. Danach widmet sich Alexander wieder den tagespolitischen Geschäften. Neue Expeditionen werden ausgerüstet und neue Forschungsvorhaben beschlossen.

Während der Besprechungen ereignet sich ein merkwürdiger Vorfall. Alexander verläßt kurz den Raum, um zu trinken. Ein Eindringling, den niemand kennt, nimmt daraufhin auf dem leeren Thron Platz und schmückt sich mit dem königlichen Diadem und dem Gewand des Herrschers. Die persischen Wachen wagen nicht einzugreifen. Erst später wird der Mann ergriffen und von Alexander selbst verhört. Auch unter der Folter erfährt niemand von den Motiven des geheimnisvollen »Todesboten«.

Tage später, am 29. Mai 323 v. Chr., erkrankt Alexander an Fieber, das unaufhörlich steigt. Die Ärzte finden kein Mittel, um es zu senken. Alexander muß getragen werden, nimmt nur noch an den wichtigsten Besprechungen teil. Am Morgen des 10. Juni ist er bereits zu schwach, um noch zu sprechen. Die Soldaten, von Gerüchten aufgeschreckt, fordern Einlaß in den Palast und marschieren in endloser Kolonne am Sterbebett Alexanders vorüber. Er schüttelt Hände, bewahrt mühsam Haltung. Am Abend des gleichen Tages stirbt Alexander, knapp 33 Jahre alt. Als Todesursache wird eine Krankheit, Malaria oder Lungenentzündung, vermutet. Ein Giftmord ist nicht gänzlich auszuschließen, wobei diese Version zuerst von Olympias verbreitet wird.

Erst zwei Jahre später – der Kampf um seine Nachfolge hat längst eingesetzt – wird die Leiche Alexanders nach Ägypten überführt. Bei seinem Besuch in Siwah hatte er den Wunsch geäußert, hier beerdigt zu werden. Dieser Letzte Wille wird, soweit wir heute wissen, nicht erfüllt. Der Leichnam Alexanders in einem goldenen Sarkophag findet in Memphis seine vorläufig letzte Ruhe. Wenige Jahre später wird der Sarkophag nach Alexandria überführt. Die neuen Machthaber glauben, noch der tote Alexander schütze sie vor ihren Feinden.

Ptolemäos XI. schmilzt 89 v. Chr. aus finanzieller Not den Goldsarg ein und birgt die Mumie in einem gläsernen Sarkophag. Noch Caesar besucht das Grab Alexanders, Augustus schmückt die Mumie mit einem goldenen Kranz, Caligula beansprucht den goldenen Panzer Alexanders für sich. Septimius Severus, der erste Afrikaner auf dem römischen Thron, läßt in mystischer Verzückung alle Geheimschriften und Bücher, die er in den Tempelarchiven findet, über den Sarg legen, damit niemand mehr die Mumie sehen und die Schriften lesen könne.

Am Ende des 3. Jahrhunderts n. Chr. erhebt sich Alexandria gegen die römische Herrschaft. Die historischen Gebäude der Stadt fallen der Belagerung zum Opfer. Die Gruft mit Alexanders Grab wird verschüttet. Bis heute gilt das Grab trotz aller Nachforschungen als verschollen ...

Alexanders Nachruhm, so scheint uns nach Abschluß der Dreharbeiten, ist dauerhafter als das Wissen um seine geschichtliche Rolle. Die zeitliche Distanz gibt jedem die Möglichkeit, sich aus der Alexandergeschichte das herauszusuchen, was ihn interessiert. Wir haben es mit Deutung von Geschichte, von Geschichten und Legenden zu tun. Wir haben uns mit unseren Mitteln ein Bild von Alexander gemacht. Einiger der ungelösten Rätsel wird sich vielleicht die Zukunft annehmen. Andere werden Geheimnisse bleiben und die Phantasie der Menschen weiterhin beschäftigen.

Literaturverzeichnis:
Arrian: Alexanders des Großen Zug durch Asien. Zürich 1952.
Bosworth, A. B. : Conquest and Empire – The Reign of Alexander
    the Great. Cambridge 1988.
Curtius Rufus: Alexandergeschichte. Essen, Stuttgart 1977.
Engels, Donald W. : Alexander the Great and the Logistics of the
    Macedonian Army. Berkeley, Los Angeles 1978.
Fischer-Fabian, S. : Alexander – Der Traum vom Frieden der Völker.
    Bergisch-Gladbach 1994.
Fox, Robin Lane: Alexander der Große – Eroberer der Welt.
    Düsseldorf 1974.
Lauffer, Siegfried: Alexander der Große. München 1978.
Plutarch: Fünf Doppelbiographien. Erster Teil. Zürich 1994.
Will, Wolfgang. Alexander der Große – Geschichte Makedoniens.
    Band 2. Stuttgart 1986.

wik

Günther Klein

NGER
GENIES AUS DER KÄLTE

Tapfere Helden

Es war einer dieser verregneten Herbstsonntage, an denen man durchs Fernsehprogramm zappt. Kinderfilm, Familienserie, Sport – und dann plötzlich so ein alter Technicolorfilm aus der großen Zeit Hollywoods. Ein Abenteuerfilm, eine Wikingersaga!

Kirk Douglas als Sohn des Wikingerkönigs, der seinen Thronanspruch gegen den bösen Widersacher durchzusetzen versucht, erfolgreich natürlich. Schließlich gibt es da noch die zauberhafte Prinzessin, die aus der Hand skrupelloser Engländer zu befreien ist. Eine Love-Story mit Happy-End. Alles, was das Klischee des nordischen Helden ausmacht, ist da versammelt: Heldenmut, wildes Temperament, unbezähmbarer Entdeckergeist und – vor allem – Bärenkraft.

Ich erinnerte mich an die nordischen Heldensagas, an die abenteuerlichen Geschichten, die ich als Kind – aufgewachsen im hohen Norden Deutschlands – geradezu verschlungen hatte. Eigentlich standen sie mir viel näher als die griechisch-römische Sagenwelt, die ich auf dem Gymnasium kennenlernte.

Doch schienen in den Augen der Erwachsenen die nordischen Sagas weniger wert zu sein als die antiken Epen. Erich der Rote, Egil, Leif Erikson, das waren Namen, die unbedeutender klangen als etwa Odysseus oder Herakles.

Jahre später verstand ich, daß politischer Mißbrauch den Mythos vom Nordmann in die Nähe der nationalsozialistischen Propaganda gerückt und so verdorben hatte. Die unheilvolle Rede von der »Nordischen Herrenrasse« hatte die geschichtliche Überlieferung vereinnahmt. Sie war die Ursache für jene Beklommenheit, die nach 1945 für solche Heldengeschichten keinen Raum mehr ließ.

Wenn auch die historischen Wikinger nichts mit der nationalsozialistischen Ideologie zu tun haben, wird doch bis heute immer wieder der schreckliche Versuch unternommen, das eine mit dem anderen zu verbinden. So nennt sich beispielsweise ein Verein junger Rechtsradikaler »Viking-Jugend« . Arme Wikinger!

25　Mit ihren kleinen Booten haben die Wikinger jahrhundertelang den Nordatlantik, die Nordsee und die Ostsee beherrscht.

Zu allem Unglück kommt, daß in früheren Zeiten auch nicht gerade zimperlich mit der Historie umgegangen wurde. Die nationale Begeisterung des vorigen Jahrhunderts hat die Nordmänner zu siegreichen Pioniertypen stilisiert. Auf großformatigen Historienbildern stechen die »Supermänner« des Mittelalters auf Schiffen in stürmische See und bezwingen die Welt. Heldentum wie im Bilderbuch.

Selbst die moderne Werbung ist längst dem modischen Macho-Trend erlegen: Wikinger stehen für das Echte, Unverfälschte. Auf verzierten Biergläsern, dänischer Leberpastete, roter Grütze, in Reisebüro-Schaufenstern und immer, wenn es um Seefahrt und Männer geht, begegnet einem der kuhhornbehelmte Nordmann. Dabei hat niemals ein Wikinger ein Rinderhorn an seinen Helm geheftet – warum hätte er das auch tun sollen?

Aber ist das gängige Wikingerbild denn ganz aus der Luft gegriffen? Knüpfen die Klischees nicht doch ein Stück an die historische Wirklichkeit an? Wer waren die Wikinger eigentlich?

KÄLTE UND ELEND

Der Besuch im Wikinger-Museum Haithabu nahe der Stadt Schleswig fällt ziemlich ernüchternd aus – doch in bezug auf das festgefügte Wikingerbild ist Frau Drews, die Museumsleiterin, von meiner Idee zu einer filmischen Suche nach der historischen Wirklichkeit begeistert. »Es ist eines unserer Hauptanliegen, das klassische Wikingerbild zurechtzurücken«, sagt sie und stellt einen großen Karton mit archäologischem Fundmaterial auf den Tisch. Knochen und Schädelteile aus mehreren Funden von der Ausgrabungsstelle Haithabu. Wikingerrelikte.

Frau Drews hält einen Unterkiefer in der Hand. »Deutlich ist zu erkennen, wie hier die Zahnwurzel so vereitert war, daß die dauernde Entzündung den Kieferknochen zurückgebildet hat. Dieser Mensch muß furchtbare Schmerzen gelitten haben«, meint sie mitfühlend. Daneben ein angesplitterter Armknochen, an dem deutliche Schlagverletzungen auszumachen sind. Natürlich, wenn die Wikinger ein Volk von Kämpfern waren, müssen sie beim damaligen, dürftigen Stand der Medizin auch ein Volk von Krüppeln und Invaliden gewesen sein.

Die Museumsleiterin zeigt das Fragment einer Wirbelsäule, das die Form eines U angenommen hat. Eine solche extreme Verkrümmung des

**26 Gerichts-
medizinische
Rekonstruktion
eines Wikinger-
gesichts nach
einem Schädel-
fund in Haithabu.**

Rückgrats läßt den Menschen eher kriechen als gehen – eine elende
Existenz in einer Natur, in der wenig geschenkt wird.

Das Wikingerleben war offenbar nicht so glanzvoll und siegreich,
wie es die alten Sagatexte und das gängige Klischee nahelegen. Zunächst einmal war es weitgehend unheroisch und alltäglich. Und dieser
Alltag spielte sich in Regionen ab, deren regenreiches und kaltes Klima
nicht gerade das »süße Leben« förderte. Hier war jeder Moment Über-
lebenskampf, viel unerbittlicher als in den Pinien- und Orangenhainen
des Südens.

Das frühmittelalterliche Leben in der Welt Skandinaviens ist ein
Vegetieren zwischen Regen, Schnee und Graupensuppe. Ein kleiner
landwirtschaftlicher Fehler, ein minimaler klimatischer Einbruch gefähr-
den die gesamte karge Ernte – und damit auch das Überleben der Sippe.
Kartoffeln, Zuckerrüben, orientalische Gewürze, Mais oder die ertrag-
reiche Brombeere sind noch unbekannt, Fleisch ist ebenso begehrt wie
selten. Honig ist das einzige Süßmittel – leisten können sich diese Kostbarkeit aber nur die Reichen. Die Menge landwirtschaftlicher Erträge
schwankt von Jahr zu Jahr, die gleichmäßige Versorgung hängt ganz entscheidend von der Sorgfalt der Konservierung ab: dörren, räuchern, ein-
salzen. Wie wenig leistungsfähig die frühe Landwirtschaft ist, mag eine
Zahl aus Haithabu belegen: Um 800 wird beim Getreide nur die doppelte
Menge der Aussaat geerntet, die moderne Landwirtschaft bringt es auf

das Fünfundzwanzigfache! Brot ist kein Grundnahrungsmittel, sondern Luxusgut. Zumeist sind es Fisch und Getreidebrei und immer wieder auch die eiweißreiche Pferdebohne, das »Fleisch des kleinen Mannes«, von denen die Menschen sich ernähren. Und wenn auch davon nichts mehr zu haben ist, bleiben noch Baumrinde und Seetang.

Im Winter gilt es bei äußerst knapper Vitaminzufuhr vor allem zu überleben. In Erdlöchern, Grassodenhäusern oder kleinen Holzverschlägen. Das wärmende Feuer, das die Wikinger dort entzünden, findet nur manchmal einen Abzug in spärlichen Dachluken. Der Rauch muß dick und beißend in den Räumen gehangen haben.

Die Lebenserwartung dieser Naturmenschen liegt bei wenig über 30 Jahren, nur etwa jedes zweite Kind erreicht das vierzehnte Lebensjahr. Die Umwelt, die hier alle Spielregeln vorgibt, ist nicht grausam, aber in ihren Gesetzen klar und kompromißlos. Wer Fisch essen will, muß bei eisigen Wassertemperaturen und häufigen Stürmen sein Leben aufs Spiel setzen. Und wer in feucht-kalten Winternächten von der weitverbreiteten Tuberkulose oder Lungenentzündung gepackt wird, der hat hier wenig zu hoffen.

Die Erfahrung des »bösen Alters« mit seinen unendlichen Leiden führt dazu, daß in dieser Gesellschaft der heroische Tod im Kampf geschätzt wird. Und auch das Christentum profitiert von der bitteren Lebenserfahrung dieser Menschen. Denn die christliche Predigt vom irdischen Jammertal, durch das sich die Menschen schleppen müssen, um im Jenseits für diese Mühsal entlohnt zu werden, entspricht genau ihrer Vorstellungswelt. So ist es kein Wunder, daß die Wikinger ungewöhnlich schnell und widerstandslos den christlichen Glauben annehmen.

Für Kunst, Musik und Literatur läßt der fortwährende Existenzkampf den Fischern und Bauern wenig Raum. Es gibt daher weder

27 (oben) Die Wikinger lebten unter dürftigen Verhältnissen in einer Welt, die vom täglichen Kampf ums Überleben geprägt war.

28 (unten) Die Taten der Wikinger wurden mit Runen in Stein gemeißelt und verherrlicht.

überragende bildliche Darstellungen aus der Wikingerzeit noch eine literarische Überlieferung, wenn man von den knappen, in Stein gemeißelten Runentexten absieht. Die berühmten Sagas entstehen erst ab dem 12./13. Jahrhundert; bestenfalls dürfte an einem Feuer eine karge Musikimprovisation erklungen sein. Von Gesang berichtet der arabische Handelsreisende at-Tartuschi, als er um 950 Haithabu besuchte: »Nie hörte ich häßlicheren Singsang als den der Schleswiger, und das ist ein Gebrumm, das aus ihren Kehlen herauskommt, gleich dem Gebell der Hunde, nur noch viehischer als dies«, so sein vernichtendes Urteil.

Was also machte diese armseligen Nordmenschen, die am Saum der damals bekannten Welt vegetierten, im Bewußtsein der Nachwelt zu kraftstrotzenden Protagonisten wilder Abenteuer? Nach diesem Besuch in Haithabu wird die Frage noch interessanter: Wer waren die Wikinger wirklich?

»›Wikinger‹, wahrscheinlich abgeleitet von altnordisch ›wik‹ = Bucht, skandinavische Seepiraten des Mittelalters, die sich nach Überfällen an unzugänglichen Strandabschnitten versteckten. Früher gebräuchliche Bezeichnungen: ›Nordmänner‹, ›Normannen‹. Die kriegerische Ausdehnung ihres Herrschaftsgebietes, die 793 mit dem Überfall auf das englische Kloster Lindisfarne begann und 1066 mit der Eroberung Englands durch den Normannen Wilhelm ihr Ende fand, ließ die Wikinger zum Schrecken des christlichen Europa werden.«

So oder so ähnlich ist es in Lexika über die Wikinger zu lesen. Bei diesen Kurzbeschreibungen wird meist die »blutige Aggression« hervorgehoben, weniger die Tatsache, daß die Wikinger auch regen friedlichen Handel trieben und daß ihre christlichen Widersacher ihnen an Grausamkeit oft in nichts nachstanden. Bei allen historischen Berichten über die Wikinger darf eines nicht vergessen werden: Diejenigen, die im frühen Mittelalter lesen und schreiben konnten und so Nachricht von den Wikingern zu geben vermochten, waren zumeist Männer und Frauen der Kirche. Den Mönchen und Priestern aber galten die gottlosen Heiden des Nordens von vornherein als Geißel Gottes, ausgeschickt, um die vielbeschworene Sündhaftigkeit der Menschen zu bestrafen. Und so sehr man auch unter dieser Plage aus dem Norden litt: Für eine gute Predigt taugte sie allemal.

Heutige Geschichtsforscher haben längst erkannt, daß die Skandinavier verleumdet wurden. Inzwischen begegnet uns denn auch ein neues Geschichtsbild, in dem die Wikinger eher als eifrige Händler denn als Krieger charakterisiert werden. Die Wahrheit dürfte, wie so oft, in der Mitte liegen.

Ob aber blutiger Überfall oder friedliche Handelsbeziehung: Der gigantische Erfolg aller skandinavischen Unternehmungen hing wesentlich von einer technischen Neuheit ab: von der Konstruktion des berühmten Wikingerschiffes, das beides – Kampf und Handel – erst möglich machte.

EINE GENIALE ERFINDUNG

Wikingerexperte Crumlin-Pedersen, den ich mit meinem Filmteam in seinem Museum im dänischen Roskilde bei Kopenhagen besuche, kommt ins Schwärmen, als er uns seinen Schiffsnachbau im Bootsschuppen vorführt: »Schlank, sehr seegängig und bis zu 20 Stundenkilometer schnell. Ein Schiff, das man mit Hilfe der Ruder auch gegen Wind und Strom steuern kann! Ein Rahsegel, dessen Stellung sich so verändern läßt, daß ein ›Am-Wind-Kur‹ möglich wird. Ein flacher Rumpf, der es erlaubt, ebenso schnell auf den Strand zu segeln wie wieder freizukommen. Durchdacht bis ins Detail: Die Schilde der Kämpfer dienen im Angriffsfall als Schanzverkleidung der Bordwände, und die Mitfahrer sind alles zugleich, Schiffsantrieb, Navigatoren, Soldaten und auf kurzen Landstrecken, die es zu überbrücken gilt, sogar Träger des Bootes. Eine optimale Ausnutzung der Ressourcen!«

Im Wikingerschiff-Museum auf Bygdøy nahe Oslo kann man den wohl prachtvollsten Schiffsfund bewundern: 22 Meter lang und 5 Meter breit ist das sogenannte »Oseberg-Schiff«. Wie kunstvoll ist der Bug beschnitzt, wie gekonnt die Planken in Klinkerbauweise aneinandergefügt, wie formvollendet Vorder- und Achtersteven aus der Grundform gezogen! Man kann sich leicht vorstellen, wie dieses Boot mit geblähten Segeln majestätisch die Wellen durchschnitt.

Sicher war dieses Wunderwerk mittelalterlicher Schiffbautechnik nie für den Kampfeinsatz konzipiert – zu kostbar war seine handwerkliche Ausführung. Entdeckt und archäologisch geborgen am Anfang unseres Jahrhunderts in einem Wikingergrab im norwegischen Oseberg am Westufer des Oslo-Fjords, sollte es wohl der Repräsentation dienen und die Bedeutung der Toten unterstreichen. Das war gar nicht so ungewöhnlich. Noch zahlreiche andere, weniger prächtige Schiffsgräber sind

GRÖNLAND

BAFFIN-
INSEL

ISL.

Reykjavik

Th
pla

*Gumbjörn-
schären*

Westsiedlung

Eriksfjord

Kap Farvel

LABRADOR

L'Anse aux Meadows

NEUFUNDLAND

Yarmouth

Boston

Newport

Cape Cod

— Fahrten der Wikinger
— Die Route von Erik dem Roten
— Die Route von Leif Erikson

DIE WELT DER WIKINGER

1000 km

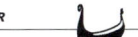

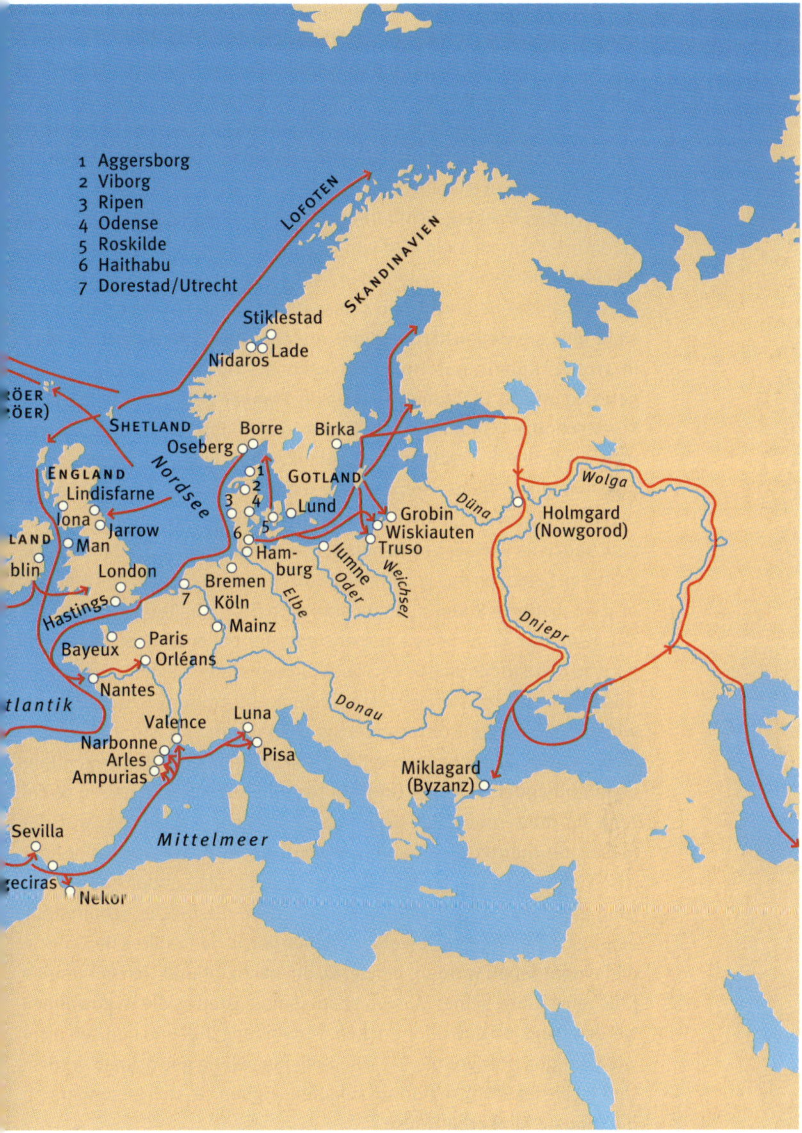
1 Aggersborg
2 Viborg
3 Ripen
4 Odense
5 Roskilde
6 Haithabu
7 Dorestad/Utrecht
LOFOTEN
SKANDINAVIEN
Stiklestad
Lade
Nidaros
SHETLAND
Borre
Birka
Oseberg
ENGLAND
Nordsee
GOTLAND
Lindisfarne
Iona
Jarrow
Man
Lund
Grobin
Wiskiauten
Truso
Düna
Wolga
Holmgard
(Nowgorod)
Ham-
burg
Jumne
Oder
Weichsel
Elbe
London
Bremen
Hastings
Köln
Mainz
Bayeux
Paris
Orléans
Nantes
Dnjepr
Donau
Valence
Luna
Narbonne
Arles
Ampurias
Pisa
Miklagard
(Byzanz)
Sevilla
Mittelmeer
Nekor

bekannt. Vielleicht hielten die Wikinger ein Fortbewegungsmittel für erforderlich, um die Toten ins Jenseits zu geleiten. Jedenfalls spielte das Schiff eine kulturell so bedeutende Rolle, daß es häufig in die Bestattungsriten einbezogen wurde. Ein besonders beeindruckendes Beispiel für diesen Brauch stellt das große Gräberfeld von Lindholm Høje nahe der dänischen Stadt Ålborg dar, auf dem Hunderte von Findlingen zu Schiffsformen zusammengelegt wurden.

Doch das Oseberg-Schiff übertrifft an Anschaulichkeit alles, wenn es darum geht, sich ein Bild von den nordischen Schiffskünstlern zu machen! Und wenn man ganz nah an die schwarzen, 1 000 Jahre alten Eichenplanken herantritt und seiner Phantasie freien Lauf läßt, dann sieht man sie vielleicht, die Bilder von der alten Schiffswerft. Da wird in großen Kübeln aus Holz Teer gekocht, Tierhaare werden damit getränkt und als Dichtung zwischen die Planken gelegt. Da meißelt der Kunstschnitzer Girlanden aus Tierfiguren in das harte Holz, Metallnieten werden als Verbinder in die Planken geschlagen. Da werden aus geschmeidiger Weide Holznägel geschnitten, aus leichter Esche die Innenaufbauten gezimmert. Da steht der erfahrenste Bootsbauer bis zum Bauch im Wasser neben dem schon schwimmenden Schiff, um mit kräftigen Schlägen den wichtigsten Bolzen einzuschlagen, den, der das präzise justierte Ruder auch im stärksten Sturm halten wird. Da wird der gewaltige Kiefernmast aufgerichtet, der bei einem solchen Schiff gute 20 Meter hoch ist und 100 Quadratmeter Segelfläche tragen kann. Und da werden mit raffiniertester Technik aus großen Eichenstämmen widerstandsfähige Bretter gefertigt. »Spaltbohlen« nennt der Fachmann diese Grundbausteine des Wikingerschiffs, die gegenüber unseren handelsüblichen Brettern bedeutende Vorteile haben. Während im modernen Sägewerk ohne Rücksicht auf den Verlauf der Maserung Stamm für Stamm zerschnitten wird, wurde damals der frisch gefällte Baum durch vielfachen Keileinschlag entlang der Maserung gleichsam aufgerissen. Man stelle sich die frische Schnittstelle eines gefällten Baumes als einen Kuchen vor, in den zahlreiche Keile radial eingetrieben werden, bis der Baum nachgibt und sich mit lautem Krachen entlang seiner Maserung aufspaltet. Bretter, die so gewonnen werden sind, ob naß oder trocken, verwindungsfrei und müssen nicht wie heutiges Holz vor der Verarbeitung langwierig getrocknet werden. Und da sie im Profil keilförmig zulaufen, eignen sie sich besonders für die robuste Klinkerbauweise.

Wie sagte Max Vinner, der Bootsbauer im Museum Roskilde, der mit einem Nachbau eines Langschiffs auch schon einmal nach Amerika gesegelt ist: »Die Wikinger besaßen die ausgefeiltesten und schnellsten Schiffe ihrer Zeit. Und das hat sie groß gemacht!«

AUF SEE

Der nasse Himmel hängt schwer wie Blei, die schneebedeckten Bergkuppen verlieren sich im Nebel, der gleichmäßige Wind läßt Nase und Ohren frieren. Zum Glück haben wir uns vor der Abfahrt des Schiffes mit dicken Wollpullovern eingedeckt, die helfen auch gegen den ständigen Nieselregen.

Es ist Hochsommer, und die Szene spielt vor der Westküste der Lofoten, einer Inselgruppe im Norden Norwegens. Wir sind an Bord eines kleinen Fischkutters, der allerdings bei weitem die Maße eines gewöhnlichen Wikingerschiffs übertrifft. Außerdem ist er mit allem möglichen seemännischen High-Tech vollgepackt. Das ist auch notwendig, denn die See gilt hier als besonders gefährlich.

»Da drüben«, bedeutet uns der Kapitän, »beginnt der berüchtigte Malstrom, eine bedrohliche Unterwasserströmung, die schon manches Schiff auf die Felsen drückte.« Und wer in diesem eiskalten Wasser schwimmen muß, das ist uns klar, der hält nicht lange durch.

Kapitän und Mannschaft sind »Lofotfischer«, und sie haben einen der härtesten Berufe der Welt. In dieser Jahreszeit mag die Seefahrt in diesen Breiten ja noch angehen. Aber jetzt ist auch nicht die Saison für den Fischfang. Der Kabeljau, der hier den Lebensrhythmus der Menschen bestimmt, kommt üblicherweise Anfang Januar und bleibt bis April. Das ist dann der Augenblick des großen Fischzugs, aber auch die Zeit, in der das Quecksilber unter null Grad sinkt. Wochen, in denen schwere Winterstürme über die See jagen und in denen hier am Polarkreis der Tag fast so aussieht wie die Nacht. Da ist dann nichts als das schwarze Brausen der See und das wilde Rollen des Schiffes.

Lofotfischer geben dem Besucher eine Ahnung vom Leben der alten Wikinger. Die vier Leute vom Boot sind ja tatsächlich die Nachfahren jener großen Seepioniere. Zerfurchte Gesichter, abgearbeitete Hände, freundliche, aber wenig redselige Naturen sind sie – das Heulen des Windes lädt auch nicht gerade zum Plausch ein.

So muß es auch damals gewesen sein, vor tausend Jahren; in dieser

**29   Das Oseberg-Schiff –
wohl das prächtigste Wikingerschiff, das Archäologen je bargen – wurde 1904 von Gabriel Gustafson in einem Grabhügel am Oslofjord in Südnorwegen entdeckt.**

30   Das Schiff spielte im Leben der Wikinger eine so bedeutende Rolle, daß es - wie hier im Gräberfeld von Lindholm Høje – häufig in Bestattungsriten einbezogen wurde. Hunderte von Findlingen wurden zu Schiffsformen zusammengelegt.

Welt hat sich bis in die Neuzeit wenig verändert. Die gleichen Griffe ins Netz, die gleiche Bewegung, wenn dem armlangen Fisch der schwere Angelhaken aus dem Maul gerissen wird. Hier versteht man, warum die Seefahrt eine Sache war, die nur wenige Völker so virtuos beherrschten wie die Wikinger. Nur wer mit der Allgegenwart dieser Naturgewalt aufwuchs, hatte eine Chance, die kalten Nächte, die mächtigen Stürme und die wilde See zu meistern. Und man versteht hier draußen auch, warum die Wikinger, die sich jahraus, jahrein hier plagten, zugriffen, als sich die

Chance zu leichterem und schnellerem Gewinn bot. Denn gerade in der warmen Jahreszeit, wenn der Fisch nicht kam, auf See aber günstige Bedingungen herrschten, müssen sie die Möglichkeit schneller Beutefahrten erkannt haben. Ihr seemännisches Talent hatten sie Jahrhunderte beim Fischfang trainiert – jetzt machten sie es an den Küsten ferner Länder zu Gold. Mit atemberaubendem Erfolg.

31 Wenige »Selbstporträts« der Wikinger sind erhalten, wie dieses geschnitzte Gesicht eines bärtigen Kämpfers auf dem Oseberg-Wagen.

DIE ERFOLGSSTORY

Ein warmer, aber diesiger Morgen im Juni 793. Eben hat sich der Abt des abgelegenen Klosters Lindisfarne an der Nordküste Englands auf den Weg in die Sakristei gemacht, als ihn an der Tür der Hieb einer Streitaxt niederstreckt. So erlebt er nicht mehr mit, wie in nur einer Stunde alle Klosterbrüder niedergemetzelt werden, das Kloster ausgeplündert und anschließend ein Raub der Flammen wird.

Wer immer von dieser Katastrophe Kunde gab – vielleicht war es doch ein Überlebender –, er überbrachte eine Nachricht, die das ganze christliche Abendland in Aufruhr versetzte. Schließlich galt das Kloster auf der kleinen Insel als eines der berühmtesten Heiligtümer seiner Zeit. Bis an den Hof Karls des Großen sprach sich herum, was die »stechenden Hornissen« und »reißenden Wölfe«, wie sie die »Angelsächsische Chronik« nennt, angerichtet hatten. Der Theologe Alkuin von York, schreibt entsetzt: »Es ist nunmehr 350 Jahre her, daß wir und unsere Vorfahren in diesem wunderschönen Lande wohnen. Doch nie zuvor wurde Britannien von solchem Entsetzen gefaßt, nie zuvor wurde eine solche Landung von See für möglich gehalten!«

Und es sollte noch viel schlimmer kommen! Im Sommer 794 machen die Wikinger die 80 Kilometer von Lindisfarne liegende Siedlung Jarrow dem Erdboden gleich. Zwei weitere Klöster gehen in Flammen auf. Norwegische Wikinger sind es auch, die ein Jahr später in Irland ein furchtbares Gemetzel anrichten. Es scheint, als hätten die Nordmänner nun im wahrsten Sinne des Wortes Blut geleckt. 797 greifen sie die Isle of Man an, dann wieder ein Kloster südlich von Jarrow und auch ein weiter entferntes an der Westküste Schottlands. Diese Blitzangriffe sind aber nur ein kleiner Vorgeschmack auf das, was folgen wird.

Noch scheint es, als seien die Beutezüge eine Art lukrative Nebenbeschäftigung für Fischer, denen es im Sommer an Arbeit auf See mangelt. Mehr oder weniger ungeplante Bandenüberfälle. Das 9. Jahrhundert aber wird mit seinen Hunderten gezielter Angriffe die Epoche der Piraterie nach System werden.

Die Wikinger gehen jetzt nach Plan vor und entwickeln eine kriegerische Taktik, »Strandhagg« genannt, in der die Überraschung die wesentliche strategische Komponente darstellt. Mit ihren flachkieligen Drachenschiffen segeln sie blitzartig in seichtes Gewässer oder gar auf den Strand. Eine kleine Gruppe schlagkräftiger Männer stürmt dann sofort eines der nahe liegenden Anwesen, zumeist ein Kloster. Wer Widerstand leistet, wird erschlagen. Häuser, Ställe, Lagerräume und Schatzkammern werden geplündert und anschließend angezündet. Ebenso schnell, wie sie gekommen sind, verschwinden die Wikinger auch wieder in der Weite des Atlantiks. Gold, Silber, Juwelen, aber auch Viehbestand und Menschen, die für den einträglichen Sklavenhandel taugen, entführen sie mit sich.

»Gott schütze uns vor den Nordmännern!« Dieser weitverbreitete Hilferuf beschreibt schon wenige Jahre später die hoffnungslose Situation der küstennahen Städte, die angesichts der »Gewalt aus heiterem Himmel« nicht mehr an den wirkungsvollen Beistand irdischer Mächte glauben.

Zu Recht! Denn mit dem Tode Karls des Großen 814 entsteht im riesigen Frankenreich ein militärisches Vakuum, das den marodierenden Nordmännern zugute kommt. Ab 840 beginnt ein Dänenheer, das aus gezielt trainierten Elitetruppen besteht, den Ansturm auf die geschwächten Nordgrenzen des Karolingerreichs. Und während kleine Plünderertrupps aus Norwegen über die Küsten des Atlantiks bis nach Portugal und im 10. Jahrhundert sogar bis Nordafrika vordringen, kann im Inneren des Westfränkischen Reiches niemand mehr dem dänischen Massenansturm Paroli bieten. Hamburg wird geplündert, Rouen, Chartres und Tours werden überfallen. 30 000 dänische Wikinger segeln 885 die Seine aufwärts gegen Paris, eine damals noch kleine Stadt, die von kläglichen 200 Reitern geschützt wird.

Was militärisch nicht zu retten ist, ist eine Sache für Verhandlungen. Karl der Kahle, Karl der Dicke, Karl der Einfältige: Sie alle versuchen mit enormen Tributzahlungen, dem sogenannten »Danegeld«, das Schlimmste abzuwenden. Die Dänen nehmen das Geld – und plündern in der Nachbarschaft. Eine unhaltbare Situation, die nach unkonventionellen Lösungen verlangt.

»Wenn du den Feind nicht schlagen kannst, umarme ihn!« sagt ein altes Sprichwort. Karl der Einfältige (893 – 929), der neue König des Frankenreichs, folgt dieser Maxime. Im Vertrag von Saint-Clair sur Epte macht er den Wikinger Rollo zum offiziellen Herrscher über die Nostrie, ein Gebiet, das der heutigen Normandie entspricht. Der Schachzug geht auf. Denn der frisch gekürte Vasall respektiert die Autorität des Königs und hält ihm vor allem andere Wikingerbanden vom Leib.

Nur »Kleinigkeiten« sind es, die Rollo auf dem Weg zur Herzogswürde sozusagen nebenbei erledigen muß. In seinem Sinneswandel zeigt er sich als wahrer Wikinger anpassungsfähig, flexibel, praxisorientiert: So läßt sich Rollo erst einmal taufen, vertauscht dann skandinavische Demokratie mit fränkischem Feudalismus und macht schließlich aus seinen seefahrenden Kriegern seßhafte Bauern. Aus einem verwegenen Wikinger wird über Nacht ein französischer Edelmann, der seinem Vorgesetzten sogar dann beispringt, wenn der sich fahrlässig in militärische Händel mit seinem burgundischen Nachbarn verstrickt.

Diese Fähigkeit zur Anpassung ist es wohl, die in den folgenden Jahrhunderten den Erfolg der Wikinger prägt und vor allem ihre Herrschaft sichert. Jedenfalls ist es kein anderer als der Ururenkel von Herzog Rollo, der Weihnachten 1066 als Wilhelm der Eroberer den englischen Thron besteigt und damit das Zeitalter der Wikinger krönt.

EIN BESSERES LEBEN

Für die Wikinger war das 9. und 10. Jahrhundert eine »Goldene Epoche«. In den Skalden, den Heldensagen in Versform, die uns überliefert sind, wird ihr unbezähmbarer Mut und ihre strategische Überlegenheit gepriesen. Dabei aber waren ihre Erfolge keineswegs nur das Ergebnis plötzlich erwachten Heldentums – und auch nicht allein Folge der Schwäche ihrer Gegner. Ganz einfache statistische Erhebungen weisen auf den totalen sozialen Umbruch hin, den die nordischen Gesellschaf-

32 Wilhelm der Eroberer auf dem sogenannten Teppich von Bayeux, einer gut 70 Meter langen Stickarbeit, die den militärischen Sieg Wilhelms in der Schlacht von Hastings verherrlicht.

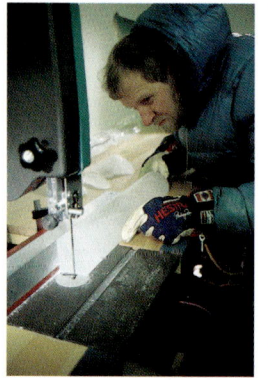

33 Geologen der Universität Kopenhagen zerschneiden Eis, das aus der Wikingerzeit stammt und Auskunft über die Klimaverhältnisse dieser Epoche gibt.

ten in dieser Zeit durchmachten. So verloren sich noch am Ende des 8. Jahrhunderts kaum mehr als zwei Millionen Einwohner in der Weite des Nordens. Nun aber wächst die Bevölkerung rapide, und das hat Gründe, die in der nordischen Welt selbst zu suchen sind.

Klimaforscher haben festgestellt, daß das Klima im Norden Mitte des 8. Jahrhunderts offenbar milder wurde. Das aber bedeutet, daß die Ernten dieser Zeit ergiebiger ausfielen und die Menschen insgesamt besser ernährt und kräftiger waren. Von steigendem Luxus zu sprechen wäre sicher übertrieben, aber immerhin war man nun imstande, mehr Kinder aufzuziehen als zuvor. Traditionelle und der mörderischen Umwelt angepaßte Lebensweise wie die Polygamie trieben das Wachstum der Bevölkerung weiter voran.

So vergehen nur wenige Jahre, und der karge Siedlungsraum wird knapp. Viele der jungen Leute müssen anderswo ihr Glück suchen, denn nur der älteste Sohn übernimmt den elterlichen Hof. Hinzu kommt, daß die Gerichte der Wikinger Schwerverbrecher nicht hinrichten, sondern sie verbannen. Diese Männer werden zu Pionieren neuer Lebenswelten, die sie im Bewußtsein ihrer Entwurzelung mit größter Entschlossenheit besiedeln.

INSEL AUS FEUER UND EIS

Niemand unter den Wikingern hatte so recht gewußt, wo die geheimnisvolle Vulkaninsel, von der die Alten raunten, lag. Ein Norweger namens Naddod und der Schwede Gardar sollten das wunderbare Eiland im Nordatlantik zufällig entdeckt haben, hieß es. Und an den großen Handelsplätzen in Norwegen ging das Gerücht um, daß ein gewisser Thorulf, Bootsmann auf einem der Schiffe, mit eigenen Augen gesehen habe, wie von dem Gras, das auf dieser Insel wuchs, reine Butter tropfte. Wahrlich paradiesische Verheißungen. Vielleicht wäre der Norweger Ingolf Arnarson dennoch nicht auf die Idee gekommen, alles auf eine Karte zu setzen und nach dem sagenhaften neuen Land zu suchen. Wäre da nicht diese dumme Geschichte passiert. Wegen einer Frau hatte er sich mit einem der mächtigsten Männer seiner Region angelegt. Am Ende der Affäre waren die zwei Söhne des einflußreichen Rivalen tot, und Arnarson mußte Unsummen an Blutgeld zahlen. Wie also den drohenden existentiellen Zusammenbruch abwenden? Kurz entschlossen machte er sich mitsamt seiner Familie auf die waghalsige und ungewisse Fahrt über die offene See.

Immer wieder stelle ich mir die Tollkühnheit jener Unternehmung vor, während die SAS-Maschine im Tiefflug über das sturmgepeitschte Nordmeer Island anfliegt. Unsere Flugroute der letzten zwei Stunden entspricht so ziemlich dem Kurs des mutigen Arnarson: von Südnorwegen über die Shetland-Inseln und dann die Faröer nach Island. Gut 1500 Kilometer Seeweg, der knapp südlich unter dem Polarkreis endet. Gletscher, riesige Schneefelder und Geröllhalden sind aus dem Kabinenfenster heraus gut zu erkennen – ein Land, das es seinen Siedlern nicht leichtmacht. Noch heute sind nur 24 Prozent der Fläche für die Landwirtschaft nutzbar, der Rest besteht aus Lava- und Gletschermasse.

Rauhes Klima und unfruchtbarer Boden, nicht zuletzt auch der dunkle Winter schreckten Arnarson und die Seinen nicht ab. Immerhin betraten sie ein fast menschenleeres Eiland, auf dem höchstens ein

paar mönchische Einsiedler lebten, die voller Todesmut und Welt-
verachtung in kleinen »currachs«, winzigen Lederpaddelbooten, die
Insel schon um 700 erreicht haben dürften. Feinde hatten die Wikinger
auf Island jedenfalls nicht zu befürchten.

Sie siedelten in den kleinen, fruchtbaren Tälern, die, entlang der
Küste gelegen, bescheidenen Ackerbau und Viehzucht zuließen. In
ihren Häusern aus Stein und Torf lebten sie so, wie sie es aus der Heimat
gewohnt waren.

Wie ungemein stark aber die Anziehungskraft selbst eines so kargen
Gebiets auf die landhungrigen Wikinger war, dokumentiert die weitere
Entwicklung: Nur 80 Jahre nach Arnarsons Landnahme proklamierte der
erste isländische Althing, die gesetzgebende Volksversammlung, die
Selbständigkeit Islands. Die Bevölkerung war inzwischen auf beein-
druckende 30 000 Menschen angewachsen!

Aber nun wiederholte sich auch hier das kontinentale Problem:
Ackerland wurde knapp und mußte schon 940 rationiert werden. Die
Flut der reglementierenden Gesetze und Verordnungen schwoll an. So
durfte ab sofort jeder neue Siedler nur noch soviel Land in Anspruch
nehmen, wie er an einem Tag umschreiten konnte. Frauen, auch damals
benachteiligt, mußten bei diesem Rundgang gar eine zweijährige Kuh
mit sich führen: Auf diese Weise wurde aus einem flotten Marsch ein
zögerlicher Spaziergang.

IMMER WEITER!

Eine Rationierung von Land vermehrt jedoch nicht die Ackerfläche. 970
brach in Island nach zwei schwachen Ernten eine Hungersnot aus, die
viele Menschen dahinraffte. Das Land konnte seine Einwohner nicht
mehr ernähren. Ein Chronist berichtete später, daß in dieser Zeit die
Menschen »Raben und Füchse aßen und viele ekelerregende Dinge, die
nicht zum Essen gedacht waren. Und manche Männer ließen die Alten
und Schwachen töten und über die Klippen werfen.« Spätestens jetzt
wurde den Isländern bewußt, daß neues Land erschlossen werden
mußte und es nur einen Weg dahin gab: weiter übers Nordmeer!

Erik Thorwald, wegen seiner Haarfarbe Erik der Rote genannt, war
ein aufbrausender Mensch und ein Schurke dazu. Nicht, daß er überall
unbeliebt war. Unter den Siedlern auf Island gab es einige, die bereit
waren, ihm durch dick und dünn zu folgen. Und oft hatte er mit seinem

Temperament die Entschlossenheit bewiesen, die anderen fehlte. Erik war ein Charismatiker, eine Führergestalt mit großer Ausstrahlung. Aber irgendwann war es geschehen: Blind vor Zorn hatte er im Streit wegen ein paar geliehener Dachbalken gleich zwei Nachbarn erschlagen.

Für die Wikingerjustiz ein klarer Fall: Erik wurde zu drei Jahren »Friedlosigkeit« verurteilt. Das hieß, daß er die Insel nicht mehr betreten durfte. In der Verbannung sollte sich sein Charakter besänftigen.

Erik war ein Mann, der stets das Beste aus seiner Situation machte. Sich nach Norwegen einzuschiffen, etwa ins südwestliche Jaeren, seine alte Heimat, war ihm keine Überlegung wert. Nicht zuletzt war er ja gerade deswegen nach Island übergesiedelt, weil man ihm in Norwegen »einige Tötungen« zur Last legte – so berichtet es jedenfalls die mittelalterliche Saga. Er erinnerte sich an die alten Geschichten, die abends am Lagerfeuer zwischen vielen Bechern Met zum besten gegeben wurden. Da sollte zum Beispiel ein Seefahrer namens Gumbjörn gut drei Menschenalter zuvor in schwerem Sturm vom Kurs abgekommen sein. Als der Schleier aus Wind und Salzwasser sich endlich lichtete und Gumbjörn und seine Mannen mehr tot als lebendig über die noch rollende See blickten, entdeckten sie ein großes Land.

Froh machte sie diese Entdeckung dennoch nicht, denn das Land schien ebenso unwirtlich zu sein wie die See: nebelumhangene Felsen, riesige Eisblöcke, die von Land kaum zu unterscheiden waren, schneebedeckte Täler, in die sich das Gletschereis ergoß. Eilig reparierten die Männer das Nötigste, und sie verabschiedeten sich so schnell wie möglich von dieser unfreundlichen »Gumbjörnschäre«. Nur in den Erzählungen der Alten tauchte sie immer wieder auf.

Erik sammelt seine Getreuen um sich und sticht in See. Der gleichmäßige Nordostwind des Frühsommers 982 treibt das Schiff zügig Richtung Westen. Schon nach vier Tagen entdecken die Männer einen mächtigen Küstenstreifen am Horizont. Der erste Eindruck ist aber selbst für einen Wikinger niederschmetternd: Das Land scheint ein einziger riesiger Eisblock zu sein! Erik blinzelt in das unendliche, strahlende Weiß der schneebedeckten Gletscher mit ihren eisigen Anhöhen und tiefen Abgründen. Grund genug, auf der Stelle umzukehren! Doch Erik hält mit versteinertem Gesicht Kurs. Aber Kurs worauf?

In nervenaufreibender Fahrt tasten sich die Männer durch das kalte Labyrinth der Schären und Eisberge. Immer auf der Suche nach Fluß-

34   Mit der neuartigen Bauweise ihrer Schiffe gelang den Wikingern eine technologische Revolution, die ihre großen Fahrten erst möglich machte.

mündungen, an denen sie Fische und Weidegründe zu finden hoffen. Mit dem Mut der Verzweiflung umschiffen sie bei schwerer See Kap Farvel, die Südostspitze Grönlands, ein lebensgefährliches Unternehmen. Endlich, nach Tagen schier endloser Irrfahrt, stößt Erik an der Westküste der Insel auf grüne Täler, die durch hohe Berge vom ewigen Eis getrennt sind. Hier läßt es sich tatsächlich leben, zumal fischreiche Flüsse die nötigste Nahrung heranführen. »Eriksfjord« heißt noch heute die Bucht, in der Erik der Rote die drei Jahre seiner Verbannung übersteht und später seinen Hof erbaut.

Nach Island zurückgekehrt, ist Erik nicht der Mann, der seinen Aufenthalt in Eis und Schnee als persönliche Niederlage deuten würde. In schillernden Farben schwärmt er von seinem Aufenthalt im »grünen Land«, in »Grönland«, und an den Abenden am Lagerfeuer verbessern sich die klimatischen Verhältnisse auf dieser Insel nachhaltig.

Jedenfalls erliegen gut 700 Isländer der berauschenden Propaganda und machen sich mit 25 voll ausgerüsteten Schiffen auf die 800 Kilometer lange Seereise.

Das Unternehmen endet für viele in einer Katastrophe. Fast die Hälfte der Flotte versinkt mit Mann und Maus in der stürmischen See, und auch die Überlebenden merken bald, daß Erik allzuviel versprochen hat.

Noch heute läßt das Klima keinen Getreideanbau zu, und der mächtige Eispanzer, der bis zu 3400 Meter dick ist und das siebenfache Wasservolumen der Nordsee beinhaltet, hat sich über fast den ganzen Festlandssockel der Insel geschoben. Wenn man einmal von der schmächtigen Zwergbirke absieht, wachsen auf Grönland keine Bäume. Der Bedarf an Holz – wichtigster Rohstoff – kann nur durch Treibgut gedeckt werden. Der größte Schreck aber erwartet die Neuankömmlinge noch: Die Insel ist bereits von Eskimos besiedelt, die den neuen Siedlern nicht gerade herzlich entgegentreten.

Allen Schwierigkeiten zum Trotz wächst dennoch die Kolonie der leidgeprüften Nordmänner. Fehlendes Getreide wird durch die reichen

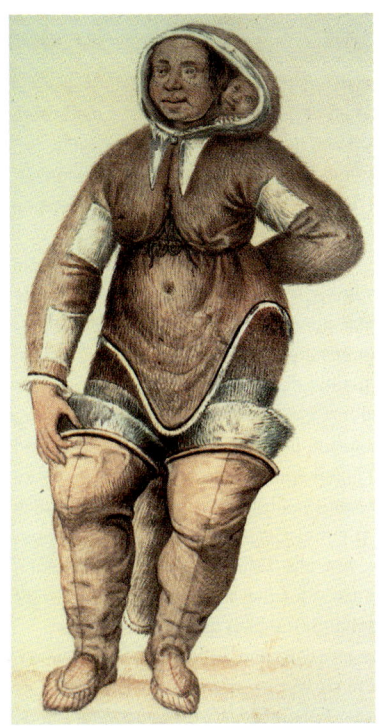 

Fischgründe wettgemacht. Aus zerstampften Gräten und Fischabfällen knetet man eine Art Brotteig. Seehunde, Wale, Rentiere und Bären gibt es zur Genüge – und auch so begehrte Handelswaren wie Pelze, Seehundhäute oder Narwal- und Walroßstoßzähne, die auf den Märkten des Südens als wundertätige Hörner des sagenhaften Einhorns ebenso betrügerisch wie profitabel vermarktet werden. Anfang des 11. Jahrhunderts ist eine regelrechte Handelslinie entstanden, die von Grönland über Island, die Faröer und Shetlands bis nach Norwegen führt.

35/36 Bei ihrer Ankunft in Grönland mußten die Wikinger erkennen, daß diese karge Insel bereits von Eskimos besiedelt war. Als der englische Maler John White dieses Eskimopaar um 1570 porträtiert hat, lebten sie noch wie zu den Zeiten der Wikinger.

WEGE DURCH DIE MEERWÜSTE

»Segle westwärts. Bleibe nördlich fern der Shetlands, daß du sie nur bei klarem Wetter siehst. Segle so an den Faröern vorbei, daß die untere Hälfte der Berge unter dem Horizont liegt. Passiere so weit Island, daß du nur von Walen und Vögeln begleitet wirst ...«, so lautet die zeitgenössische Segelanweisung für die Route vom norwegischen Bergen bis nach Grönland.

Es ist viel darüber gerätselt worden, mit welcher Technik die Wikinger ihren Weg über See bei jedem Wetter fanden. Für Seeleute des 20. Jahrhunderts ist es ganz undenkbar, die riesigen Strecken über den Nordatlantik ohne Navigationshilfen zu bewältigen. Denn alles seemännische Können und alle Qualität des Schiffes nutzen wenig, wenn es darum geht, sich auf der hohen, gleichförmigen See zu orientieren. Routenbeschreibungen, wie sie zum Beispiel den Weg nach Grönland weisen, dürften unter den Wikingerkapitänen weit verbreitet gewesen sein. Allerdings waren sie bis zum 13. Jahrhundert nirgends schriftlich fixiert. Vielleicht wurden sie wie melodische Merksprüche weitergegeben oder sogar gesungen. Auf alle Fälle hatten sie aber keinen Nutzen, wenn schlechtes Wetter oder die Weite der See Landsicht unmöglich machten – im Nordatlantik zumeist die Regel.

Einen Magnetkompaß, wie er heute den Schiffen den Kurs weist, kannten die Wikinger nicht, aber sie waren erfahrenere Beobachter als heutige Kapitäne. Schwimmendes Seegras, ein vorbeitreibender Zweig, eine Möwe oder ein Eissturmvogel: All das verriet die Nähe zur Küste. Und jeder, der einmal längere Zeit auf See gewesen ist, weiß, daß nahes Land im wahrsten Sinne des Wortes zu »riechen« ist. Ähnlich kann die sensible Einschätzung des Windes auf dem Nordatlantik weiterhelfen: Ist er warm und feucht, dann kommt er aus Südwest; ist er kalt und sehr naß, aus Nordost. Auch aus der Gestalt der Wellen, der Strömung und der Wassertemperatur lassen sich Schlüsse ziehen, die für die Kursbestimmung relevant sind. In diesen Fähigkeiten entwickelten die Wikinger, die ja tief naturverwurzelt lebten, sicher Talente, wie man sie sich heute kaum mehr vorstellen kann. Talente, die sie zu Genies der Seefahrt machten.

Wir stehen im Nationalmuseum Kopenhagen vor einer unscheinbaren Vitrine, Abteilung Grönland. Eine Ansammlung zahlreicher Kleinfunde.

Neben ein paar geschnitzten Figürchen aus Eskimohand liegt da ein zerbrochenes Holzstückchen; der Größe und Form nach könnte es sich vielen Wissenschaftlern zufolge um den halben Rest eines größeren Kleiderknopfes handeln. Doch was hat es mit der geschnitzten Randmarkierung auf sich? Was mit dem großen Loch in der Mitte der Scheibe? Und woher stammen die bogenförmigen Einritzungen?

Alles war ein Zufall. Als der dänische Archäologe Christen Leif Vebaek 1948 in der ehemaligen ostgrönländischen Wikingersiedlung nahe des Uunartoq-Fjords gräbt, fördert er eine große Menge frühmittelalterlicher Kleinmaterialien zutage, darunter aber keine sensationellen Relikte, keinen Schmuck oder Gegenstände von materiellem Wert. Nach der Rückkehr aus Grönland werden die vielen Dutzend Kleinteile in Pappkartons verpackt und lagern einige Jahre unbeachtet in Vebaeks Kopenhagener Büro. Lediglich in einem populärwissenschaftlichen Artikel in der »Illustrated London News« werden vier Jahre später einige Fundstücke abgebildet, darunter auch die zerbrochene Holzscheibe. »Sonnenrad aus Fichte oder Lärche; Verwendung unbekannt« ist das Bild untertitelt.

Diese Abbildung ist es, die den ehemaligen Kapitän und Navigationsexperten Carl Sølver auf den Plan ruft. Er reist nach Kopenhagen, läßt sich die »Sonnenradscheibe« aushändigen, macht damit einige Versuche und kommt zu dem klaren Schluß, daß es sich bei dem Objekt um ein nautisches Instrument, nämlich um eine Peilscheibe, handeln müsse.

Eine Peilscheibe gehört zum grundlegenden Werkzeug eines Navigators. Mit ihr bestimmt er den Winkel, in dem Landmarken und Sterne zum Schiff stehen. Von arabischen Seeleuten des Mittelalters ist bekannt, daß sie mit solchen Scheiben beispielsweise den Winkel zum Nordstern gemessen haben. Und solange auf ihrer Reise dieser Winkel immer gleich blieb, wußten sie, daß sie einen geraden Kurs entlang eines Breitengrades segelten. Jede Abweichung nach Nord oder Süd hätte nämlich eine Veränderung des Winkels zur Folge gehabt. War dieses »Breitensegeln« auch mühsam, weil es keine diagonalen Kurse erlaubte, so führte es dennoch sicher zum Ziel, vorausgesetzt, der Himmel war klar. Einige Formulierungen in den Sagatexten lassen tatsächlich vermuten, daß auch schon den Wikingern diese Form der Navigation vertraut war, wenngleich es außer der »Sonnenscheibe« dafür keinen greifbaren Beweis gibt.

37 Fragmente des möglichen »Sonnenkompasses«, leicht vergrößert. Deutlich zu erkennen, daß die Ritzungen nicht – wie einige Forscher dennoch behaupten – zufällige Kratzspuren sind oder gar auf die Einwirkung von Geröll am Fundort zurückzuführen sind.

Was aber haben die feinen Einritzungen auf der Holzscheibe zu bedeuten? Sind es zufällige Kratzspuren oder sinnvolle Markierungen? Und wenn man sie einritzte, welche Aufgabe hatten sie dann zu erfüllen? Der unscheinbare Grönlandfund wird ein Fall für Kriminalisten.

Wenige Wochen später liegt das Untersuchungsergebnis der Kopenhagener Polizeiexperten vor: »Die Linien auf der Holzscheibe sind mindestens zweimal eingeritzt worden«, heißt es da. Damit ist klar, daß sie planvoll und für einen Zweck graviert wurden. Aber für welchen?

»Die Sache ist eindeutig«, meint Søren Thirslund, Kapitän im Ruhestand, den wir im dänischen Meeresmuseum im Kronborger Schloß besuchen. »Die Holzscheibe ist der Beweis dafür, daß die Wikinger ein nautisches Instrument besaßen, das in ihrer Zeit kein anderes Volk kannte und mit dem sie so sicher navigieren konnten wie mit einem magnetischen Kompaß. Einen Sonnenkompaß!«

Die geritzten Linien identifiziert Søren Thirslund als sogenannte Gnomonkurven, als Markierungen der Schattenbahn, die die Sonne im Tageslauf auf die Scheibe wirft und mit deren Hilfe man die Himmelsrichtungen genau bestimmen kann.

»Das Ganze läuft folgendermaßen ab«, beginnt der ehemalige Kapitän seinen nicht ganz simplen Vortrag. »Die Holzscheibe hat in der Mitte ein Loch, darin steckte zu Wikingerzeiten sicher ein kleines Stöckchen. Befestigt man bei Sonnenschein eine solche Scheibe an einem x-beliebigen Ort, dann verursachen Sonne und Stöckchen wie bei einer Sonnenuhr einen Schatten, der im Laufe des Tages über die Scheibe wandert. Markiert man im Tagesverlauf ab und zu die Spitze des Schattens auf der Scheibe, so hat man bei Sonnenuntergang eine ganze

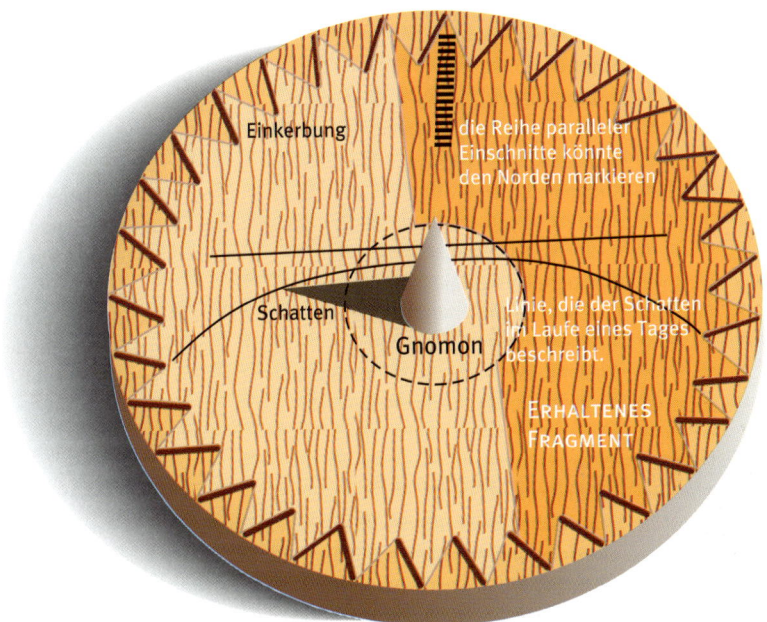

Einkerbung

die Reihe paralleler
Einschnitte könnte
den Norden markieren

Schatten

Gnomon

Linie, die der Schatten
im Laufe eines Tages
beschreibt.

ERHALTENES
FRAGMENT

Reihe von Punktmarkierungen, die dann mit einer Linie verbunden werden. Diese Linie zieht sich als Bogen über die Scheibe. Das ist eine sogenannte Gnomonkurve.

Aus ihr lassen sich die Himmelsrichtungen präzise ableiten: Die Mitte des Bogens markiert exakt die Südrichtung, infolgedessen ist die Gegenrichtung Nord. Auch West und Ost sind genau festzulegen, wenn die Scheibe optisch geviertelt wird – mit einer Randmarkierung zum Beispiel.« Søren Thirslund zeigt auf die Makrofotografien des Grönland-Fundes. Deutlich ist darauf eine kompaßartige Randmarkierung auszumachen.

»Und nun kommt der eigentliche Clou!« Der ehemalige Kapitän hebt begeistert seine Stimme. »Die so gewonnene Information über die Himmelsrichtungen ist transportabel! Man kann sie mit auf die Reise nehmen!«

Und das funktioniert so: Der Sonnenkompaß mit der eingeritzten Gnomonkurve wird zu einer beliebigen Stunde auf See hervorgeholt.

38 *So könnte der vollständige Sonnenkompaß ausgesehen haben: Neben der Randmarkierung, über die der genaue Kurs zu peilen ist, muß sich in der Mitte der Holzscheibe ein Stöckchen befunden haben, das den Schatten warf.*

Bedingung ist nur, daß die Sonne scheint und daß der Kompaß genau horizontal gehalten wird. Er wird dann so ausgerichtet, daß die Schattenspitze des Stöckchens die Gnomonkurve berührt. Dieser Berührungspunkt ist keineswegs beliebig, denn die Parameter »Schattenrichtung« und »Schattenlänge« erlauben nur eine einzige Möglichkeit. »Man muß es selbst mal ausprobieren«, ermuntert uns Thirslund. »Die Kompaßscheibe wird einfach so lange gedreht, bis die Schattenspitze die Kurve berührt. Damit ist der Kompaß korrekt ausgerichtet, und man kann von den Randmarkierungen alle Himmelsrichtungen ablesen. Das ist perfekte Navigation!«

War es die »perfekte Navigation«? War es die nautische Kennerschaft, mit der den Wikingern vielleicht sogar jene Pionierleistung gelang, die man später Christoph Kolumbus zuschrieb? Waren sie die eigentlichen Entdecker Amerikas?

DAS RÄTSEL UM VINLAND

Die früheste schriftliche Aussage, die vielleicht auf die nordische Besiedelung Amerikas schließen läßt, findet sich keineswegs in der Sagaliteratur, denn die wurde ja erst zwischen dem 12. und 14. Jahrhundert verfaßt. Es ist Adam von Bremen, der in seiner »Bischofsgeschichte der Hamburger Kirche« um 1075 eine »Beschreibung der Inseln des Nordens« liefert. Adam von Bremen ist ein penibler Autor, der genau angibt, von wem er die Informationen über ein neu entdecktes Land hat: »Der dänische König erwähnte eine weitere Insel im Ozean, die von vielen entdeckt worden war. Sie heißt Vinland, da in diesem Land wilde Reben wachsen, die guten Wein hervorbringen. Auch wildwachsendes Getreide gibt es im Überfluß. Dieses habe ich nicht etwa phantasiereichen Geschichtchen, sondern den verläßlichen Berichten der Dänen entnommen«, betont der Chronist nachdrücklich; offenbar rechnete er mit skeptischen Lesern.

Noch drei weitere Quellen außerhalb der Sagaliteratur erwähnen das geheimnisvolle »Vinland« . In einer von ihnen, einer geographischen Abhandlung des 12. Jahrhunderts, wird sogar die Lage präzisiert: »Südlich von Grönland liegen Helluland, dann Markland und, nicht weit davon entfernt, Vinland.«

Unglücklicherweise hilft diese Ortsbeschreibung aber nicht weiter, denn auch die Lage der beiden anderen genannten Länder ist für heutige Geographen ein Rätsel. Eventuell sind mit Helluland, was soviel wie »Flachsteinland« heißt, die Baffin-Inseln gemeint, 300 Kilometer westlich von Grönland gelegen; und Markland bezeichnet vielleicht die Küste Labradors. Nicht auszuschließen ist aber andererseits, daß diese Berichte über neue Länder von Phantasie und Wunschdenken geleitet werden. Bereits im 8. und 9. Jahrhundert kursieren ja reiche Mutmaßungen über unbekannte Länder im Atlantik, wie beispielsweise die Legende vom heiligen Brendan um 800 beweist. Und die Vorstellung, daß neben dem neu entdeckten Island und Grönland noch weitere Landstriche hinter dem Horizont auf Entdeckung warten, dürfte den Wikingern nahegelegen haben. An den Abenden am Lagerfeuer wurde darüber wahrscheinlich reichlich spekuliert.

Helluland, Markland, Vinland, das sind die Ländernamen, die auch in den Sagas des Spätmittelalters fallen; diesmal in Verbindung mit der langen Entdeckungsgeschichte, die wohl über Jahrhunderte mündlich weitererzählt wurde und in der »Saga von den Grönländern« am zuverlässigsten wiedergegeben wird. Danach soll ein gewisser Bjarni Herjulfsson um 985 die neuen Länder erblickt haben, als er auf der Reise von Island nach Grönland vom Kurs abkam und nach langer Sturmfahrt ein »flaches Land« mit Hügeln und endlosen Wäldern sah.

Nimmt man die spärliche Kursbeschreibung der Saga ernst, so läßt sich aufgrund der geographischen Gegebenheiten folgern, daß Bjarni auf westlichem Kurs bei starkem Sturm und schlechten Sichtverhältnissen wohl an Grönland vorbeisegelte und dann tatsächlich die Küste Neufundlands erreicht haben könnte.

Bjarni Herjulfsson betrat allerdings das fremde Land nicht, was ihm seine Stammesgenossen später zum Vorwurf machten, wie die Saga berichtet. Erst 14 Jahre danach hörte Leif Erikson, der Sohn Eriks des Roten, von Bjarnis legendärer Sturmfahrt. Er kaufte dessen seeerprobtes Schiff und segelte, ähnlich abenteuerlustig wie der Vater, auf den Spuren des geheimnisvollen neuen Landes.

Leif fand, so berichtet die Grönlandsaga euphorisch, wunderbar grünes Gras, reiche Ahorn- und Birkenwälder, »springende Fische« (damit dürften Lachse gemeint sein) und wilden Wein. Aus diesem letzten Grunde nannte er seine Entdeckung »Vinland hit goda«, das gute Weinland. Für einen aus Grönland stammenden Wikinger muß dieses Vinland eine Art Schlaraffenland gewesen sein. Vielleicht doch zu schön, um wahr zu sein? Ist Vinland nur ein Mythos, ein Atlantis der

39 Reben von wildem Wein sind auch heute noch an der Küste Neufundlands zu finden. Waren sie der Grund dafür, daß die Wikinger diesem Land den Namen »Vinland« gaben?

Wikinger – oder erlebte Wirklichkeit?

»Vieles, was die Saga erzählt, ist so konkret, daß ein realistischer Hintergrund angenommen werden muß«, meint John Cole, amerikanischer Wikingerspezialist, der uns am Flughafen von Boston erwartet. »Denken Sie zum Beispiel an die genaue Beschreibung der ›Skrälinge‹, der indianischen Ureinwohner, die den Wikingern in diesem Paradies offenbar schwer zusetzten. Das Kampfgeschehen ist so detailreich überliefert, daß man es für wirklich erlebt halten muß. Die Sagas sind ja nie völlig unrealistisch, und diese Geschichte hätte sich auch ein phantasievoller Wikinger nicht einfach aus den Fingern saugen können.«

Doch wo sind die handfesten Beweise für die Besiedelung Amerikas durch die Wikinger? Gibt es archäologische Spuren, und mögen sie auch noch so klein sein? Wir machen uns auf die Reise.

DER GROSSE BETRUG

Erste Station: Yale University, Connecticut. Ein moderner, fensterloser Bau, weiß und viereckig. Hier werden kostbarste historische Bücher aufbewahrt, die Sammlung seltenster Schriften ist weltberühmt. Nur zögerlich läßt man uns mit der Kamera in das Allerheiligste. Innenaufnahmen der Räume sind strengstens untersagt, man fürchtet Anschläge auf den Bücherschatz.

Auch das Ziel unseres Interesses erfüllt den Chefbibliothekar nicht gerade mit Begeisterung. Wir möchten die sogenannte »Vinlandkarte« filmen, eine bibliophile Kostbarkeit, die in den sechziger Jahren für die astronomische Summe von einer Million Dollar den Besitzer gewechselt haben soll. Kein Pappenstiel, aber diese Weltkarte birgt auch Sensationelles: Neben einer erstaunlich genauen Darstellung Grönlands ist auch Vinland eingezeichnet, und zwar genau dort, wo Amerika liegen müßte. Datiert auf die vierziger Jahre des 15. Jahrhunderts, scheint das Werk die

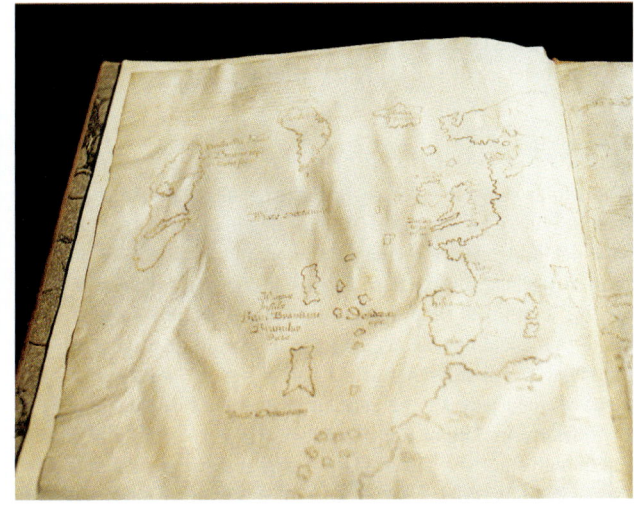

40 Die »Vinland-Karte«. Oben links findet sich der Eintrag »Vinlandia Insula«. Original oder Fälschung – bis heute eine heiß umstrittene Frage.

erste kartographische Erfassung der »Neuen Welt« zu sein, gezeichnet zu einer Zeit, in der der vermeintliche Entdecker Amerikas, Christoph Kolumbus, noch in den Windeln lag! So war denn auch 1965, als die Yale University den Kartenfund publizierte, der Wirbel gewaltig. Alle amerikanischen Zeitungen berichteten in großer Aufmachung auf der ersten Seite.

Doch eine peinliche Vermutung ist durch neueste Untersuchungen zur Gewißheit geworden: Die kostbare Karte aus dem 15. Jahrhundert zählt offenbar zu den großen Fälschungen unseres Jahrhunderts!

Alles erinnert an die »Hitler-Tagebücher« und hat das Flair eines halbseidenen Krimis: Da verkauft Ende der fünfziger Jahre ein italienischer Antiquar, der übrigens später wegen Kunstdiebstahls verhaftet wird, eine Karte dunkler Herkunft an einen begeisterten Amerikaner. Man untersucht das Pergament voller Wohlwollen und läßt sich in seinem Urteil allzu gerne leiten von einem zweifellos echten Missionsbericht des 15. Jahrhunderts, mit dem die Karte zusammengebunden ist. Rechtzeitig zum Jubiläum der Entdeckung Amerikas 1965 publiziert man voller Begeisterung die »Weltsensation« . Aber auch in diesem Fall muß die Weltgeschichte nicht umgeschrieben werden, denn erst kürzlich stellten Wissenschaftler bei sorgfältigerer Untersuchung fest, daß die verwendete Tinte erhebliche Mengen des Pigments Titandioxid in einer Form enthält, wie sie vor 1920 niemals auf dem Markt war.

So zerplatzt der große Luftballon. Was bleibt, ist wissenschaftliche Peinlichkeit, die bis heute nachwirkt – und die nach wie vor ungelöste Frage nach der wirklichen Existenz Vinlands.

WIKINGERFIEBER

Eine Enttäuschung unter vielen. Die Liste der »Wikingerfundstücke« in Amerika könnte Seiten füllen. Da entdeckte man gar in Kanada in der Nähe des Nipigonsees in einem Bergwerk ein zerbrochenes Schwert und eine Beilklinge, tatsächlich Gegenstände aus der späten Wikingerzeit, die dem Royal Ontario Museum teuer verkauft wurden. Später stellte sich allerdings heraus, daß der »Finder« die Stücke zuvor aus Skandinavien importiert hatte.

Da wurden jede Menge Felsbeschriftungen auf »Runensteinen« identifiziert: Am Mount Hope in Rhode Island zum Beispiel oder in Portsmouth und Tiverton. Auch im Museum zu Jarmouth, Kanada, steht ein zweifelhafter Wikingerstein, den selbst der Museumsdirektor für eine sehr schlechte Fälschung hält. Die Wissenschaft hat längst all diese »geheimnisvollen Wikingerbotschaften« als natürliche Einkerbungen, indianische Zeichen oder Schülerstreiche entlarvt. So auch die annähernd 50 (!) Felsinschriften in Oklahoma, dem 1500 (!) Kilometer von der Atlantikküste entfernt gelegenen Bundesstaat. Wie hätten die Nordmänner denn dorthin kommen sollen, ohne irgendwelche Siedlungsspuren zu hinterlassen?

Allzu einfach machten es sich die Fälscher auch im küstennahen Massachusetts am Strand von No Man's Land: Der Stein, den man hier fand, trug schlicht den Namen von Leif Erikson und daneben die römische Jahreszahl MI. Ein mehr als unglaubwürdiger »Beweis«.

Gerne hätte man es wohl gesehen, wenn die Wikinger an der gleichen Stelle wie die ersten europäischen Siedler des 17. Jahrhunderts den Fuß auf amerikanischen Boden gesetzt hätten: Die Gegend um Cape Cod und Boston wimmelt von »Entdeckungen«. Echte und eindeutige nordische Fundstücke sind aber nicht auszumachen.

Bei all den archäologischen Betrügereien ist nicht immer Bösartigkeit im Spiel, sondern oft nur das Bedürfnis, in der Neuen Welt ein Stück europäischer Geschichte aufzufinden, Heimat zu entdecken. Nicht zuletzt sind es vor allem die von skandinavischen Auswanderern bevölkerten Teile der USA, in denen die meisten »Wikingerfunde« gemacht wurden.

Zum Beispiel im Bundesstaat Minnesota. Hier begegnet man noch heute auf Schritt und Tritt schwedischen Namen. Als wir in die Hauptstraße des Städtchen Alexandria einbiegen, tritt unser Fahrer unwillkürlich auf die Bremse. Vor uns ragt ein gut zehn Meter hoher imposanter Kunststoffwikinger in den Himmel, auf seinem Schild die markige Aufschrift: »Alexandria – Birthplace of America«, Geburtsort Amerikas.

Ein riesiger Wegweiser zeigt uns den Weg ins städtische Museum. Da steht er, von einer Glasvitrine umschlossen, mit einem Punktscheinwerfer effektvoll angeleuchtet: der Runenstein von Kensington. Viel Furore hat er gemacht, seit er 1898 von dem schwedischen Einwanderer Olaf Ohman angeblich im Wurzelwerk einer Pappel entdeckt und ausgegraben wurde. Schon ein Jahr nach der Bergung wurde der grabsteingroße Monolith pompös ausgestellt, und unzählbar sind die Fotografien, die ihn im Kreise von Feuerwehrkapellen und Lokalpolitikern zeigen. Der Text der Runeninschrift ist denn auch sensationell, erinnert aber verdächtig an den Stil einer Boulevard-Zeitung:

»Acht Schweden und 22 Norweger auf Entdeckungsfahrt von Vinland nach dem Westen. Eine Tagesreise nördlich von diesem Stein hatten wir bei den Schären unser Lager. Eines Tages gingen wir fischen und fanden bei der Rückkehr die Leichen von zehn unserer Männer, rot von Blut. Heilige Jungfrau Maria, schütze uns vor dem Bösen. Vierzehn Tagesreisen von dieser Insel achten zehn Männer auf unsere Schiffe.«

Bei soviel Sensation fiel offenbar nicht weiter ins Gewicht, daß der Fundort Kensington gute 2 000 Kilometer von der Küste des Atlantiks entfernt liegt und fast ein Drittel der Runen in der fraglichen Wikingerzeit gar nicht gebräuchlich waren.

Nichtsdestotrotz begann Anfang des Jahrhunderts der gebürtige Norweger und Schriftsteller Hjalmar Holand einen Werbefeldzug für den Stein, dessen großer Erfolg eindringlich belegt, wie gut die Allianz aus »Entdeckern« und politischen Vermarktern in den skandinavisch geprägten Landesteilen der USA bis heute funktioniert. Um alle Zweifel zu zerstreuen, beschrieb Holand den Entdecker Ohman als menschenscheuen Farmer, der sowohl der Runen wie auch der Gegenwartsschrift unkundig war. Ohman ein phantasieloser Analphabet?

Im großen Staatsarchiv in Minneapolis sehen wir den schriftlichen Nachlaß des »ahnungslosen Farmers« durch. Nicht nur, daß Ohman in den zahlreichen Aufzeichnungen, die er offenbar mit geübter Feder verfaßte, minutiös den Fundort »seines« Steines beschrieb; er war auch glücklicher

*41 Der legen-
däre Stein von
Kensington – zu
schön um wahr
zu sein?
Wahrscheinlich
meißelte ihn ein
schwedischer
Einwanderer am
Ende des vorigen
Jahrhunderts.*

Besitzer einer mehrbändigen Wikingergeschichte inklusive Runenalphabet, und im zweiten Band findet sich darin die märchenhafte Erzählung von einem Runenstein, der mit der Wurzel eines Baumes verwuchs. Eine Geschichte, die Ohmans Phantasie zweifellos anregte. Daß die Einkerbungen auf dem Kensington-Stein dann auch noch mit einem einzolligen Metallmeißel, wie er in jedem Handwerkergeschäft in Minnesota erhältlich ist, geschlagen wurden, rundet das Bild ab. All das hat aber nicht verhindern können, daß man in Minnesota auf die Echtheit des Steines schwört. Im Museum von Alexandria jedenfalls hat man wie zum Trotz in der Nebenvitrine noch ein paar rostige »Wikingeräxte« ausgestellt, die schnell als in die Jahre gekommene Tabakschneider des vorigen Jahrhunderts zu identifizieren sind. Wikingerrausch total.

Noch ein »Fundstück«, das man nicht erwähnen müßte, wäre es nicht so kurios – und würde man mit ihm nicht immer wieder aufs neue die Existenz der Wikinger in Amerika »beweisen«: Der runde »Steinturm von Newport« im Bundesstaat Rhode Island ist mit seiner Höhe von 7,5 Metern in puncto Wikingerbesiedelung das auffälligste »Relikt«. Angeblich sollen von hier aus die Wikinger, von denen man sonst keine Siedlungsspuren fand, das Meer nach Feinden (welchen?) abgespäht haben. Wenn man einmal von der schrägen Vermutung absieht, daß die Wikinger an dieser Stelle ungeahnte architektonische Talente entwickelt und einen perfekt gezirkelten Steinturm errichtet haben sollen, so stimmen doch in jedem Fall die archäologischen Ergebnisse skeptisch, die eine Ausgrabung am Fuße des Turmes erbrachte: Neben den Bruchstücken einer holländischen Tonpfeife fand man allerlei Scherben des 17. Jahrhunderts. Der Wikingerturm von Newport scheint eine Windmühle aus den Anfängen der Kolonialzeit gewesen zu sein. Immerhin inspirierte er den amerikani-

42 »Wikinger-äxte«, wie sie wohl nur in amerikanischen Museen ausge-stellt werden. Die hohle Blech-form links dürfte sich als wenig schlagkräftig erweisen, und das Exponat rechts ist ein typischer Tabak-schneider aus dem vorigen Jahrhundert.

schen Dichter Wadsworth Longfellow Mitte des vorigen Jahrhunderts zu einem markigen Gedicht, in dem ein Wikinger den Sinn des Turmes so erklärt:

> »Gen West ging's unverwandt,
> Und als der Sturm verschwand,
> Sah'n unterm Wind wir Land
> Wie Wolken blinken.
> Dort für mein Liebchen traut
> Hab ich den Turm gebaut,
> Der heut noch seewärts schaut,
> Den du siehst winken ...«

Wikinger – das war schon immer etwas für nationale Romantiker.

GLÜCKSFUND IN DER EINÖDE

Auch der Norweger Helge Ingstad – er lebt heute hochbetagt in Oslo – ist ein wirklicher Patriot. Schon während des Zweiten Weltkriegs hatte er die Gunst der Stunde genutzt: Dänemark war von deutschen Truppen besetzt, und so konnte er ziemlich ungestört zusammen mit einem Freund die norwegische Flagge im dänischen Grönland aufziehen. Landnahme nach Wikingerart.

Diese pikante Geschichte erzählt uns Brigitta Wallace, die langjährige archäologische Mitarbeiterin Ingstads, die heute in der Gesellschaft für Kanadisches Kulturerbe arbeitet und uns in St. Johns, Neufundland, erwartet. Der Hobbyarchäologe und Rechtsanwalt Ingstad war so etwas wie ein »Abenteuerdiplomat«. Finanziell unterstützt vom norwegischen Staat, bereiste er die Welt, um an verschiedenen Orten gezielt nach norwegischen Siedlungsspuren zu suchen. »Er war damals geradezu besessen von der Idee, zu beweisen, daß die Norweger Amerika ›entdeckt‹ hätten. Um die Wikingersiedlung in Amerika zu finden, reise er die Küste ständig rauf und runter«, erinnert sich Wallace, und in diesen Worten schwingt Hochachtung für soviel Zähigkeit mit. Gute 3000 Kilometer Küstenstrecke zwischen Boston und Labrador kamen in Betracht!

Ingstad befragte auf seinen ausgedehnten Ausflügen entlang der abgelegenen und dünnbesiedelten Strände zwischen Rhode Island und Neufundland die Menschen, die dort seit Generationen lebten. Zunächst ohne Erfolg. War es nun Instinkt oder das auffällig saftige Grün der Wiesen an der äußersten Spitze der Insel Neufundland, das Ingstad verleitete, seine Nachforschungen im Sommer 1960 gerade hier zu intensivieren? Jedenfalls geriet er an George Decker, einen Abkömmling englischer Siedler, der in der Region um L'Anse aux Meadows so etwas wie ein »Dorfschulze« war. Das Treffen wurde zu einer Schicksalsbegegnung. Außer Decker war keinem der Fischer und Farmer dieser abgeschiedenen Region die merkwürdig gestaltete Landschaft am Ufer der Epaves Bay aufgefallen. Decker führte Ingstad zu dieser offenbar vor sehr langer Zeit angelegten Strandterrasse, die nur noch in Umrissen erkennbar und inzwischen teilweise von Wald bewachsen war. Sollte hier, an dieser eher unspektakulären Bucht, Leif Erikson Amerika betreten haben? Warum gerade hier? In dieser tiefsten Provinz? Wissenschaftler und Behördenvertreter schüttelten die Köpfe. Ingstad aber begann auf eigene Faust zu graben.

Mögen die Reiseführer das Dorf L'Anse aux Meadows in Fettdruck hervorheben und mögen jede Menge Hinweisschilder an der einzigen Teerstraße den Weg weisen: Auch heute noch stellt diese Region das dar, was ein Stadtbewohner unter »hinter dem Mond« versteht. Wären da nicht die Schwärme von Mücken, die sich auf jeden Neuankömmling stürzen, so wäre hier sicher dem Ideal zufriedenen Eremitentums zu frönen.

Als Ingstad und seine Frau Anne Stine hier in den Jahren zwischen 1961 und 1968 gruben, war aber alles noch viel einsamer. Noch überragte das große Museum, das heute die Funde birgt, nicht das weitläufige Grabungsgelände, und noch verirrte sich kaum ein Tourist an dieses Ende der Welt. »Er hat diese Einsamkeit nicht sehr lange ertragen können«, erinnert sich Wallace an Ingstad. »Er ist in diesen Jahren noch an viele andere Orte gefahren, und eigentlich hat seine Frau die ganze Ausgrabungsarbeit geleistet.«

Eine ungemein erfolgreiche Arbeit: Die Ingstads entdeckten die Siedlungsreste einer kleinen Gemeinschaft aus dem 11. Jahrhundert. Dieser Befund allein wäre noch nicht sensationell gewesen, denn Kulturreste von indianischen Ureinwohnern finden sich in dieser einstmals recht dicht besiedelten Region nicht selten. Was aber in diesem Fall unter dem saftigen Grün der Wiesen lag, waren Fundamente von Grassodenhäusern, die den grönländischen Wikingerunterkünften in Form und Größe ähnelten. Jede der drei Häusergruppen setzte sich aus einem Langhaus und einem oder mehreren Nebengebäuden zusammen, ein Ensemble, wie man es aus Grönland oder Island kennt. Außerdem fanden die Ingstads etwas, für das es in der indianischen Kultur des Mittelalters keine Parallele gibt, weil es dort unbekannt war: eine »Schmiede« mit Holzkohlenmeiler, der die Verhüttung von Eisen und Kupfer ermöglichte.

Für den Touristen mag die Ausstellung im Museum sehr bescheiden anmuten. Hier gibt es keine prachtvollen Wikingerschiffe zu bestaunen und keinen kunstvollen Schmuck zu bewundern. In einer pyramidenförmigen Glasvitrine hat auf nur einem Quadratmeter Fläche all das Platz, was für die Besiedelung der Neuen Welt durch Wikinger spricht: ein nordisches Webgewicht, ein paar Eisennieten, wie sie zum Ausbessern eines Schiffes dienten, und vor allem eine schlichte, sieben Zentimeter lange Bronzenadel, wie sie auch sonst oft in der Welt der Nordmänner gefunden worden ist. Diese rostige, unscheinbare Gewandnadel ist sozusagen der Kronzeuge, denn sie kann nur von schmiedekundiger Wikingerhand gefertigt worden sein.

Bedenkt man aber, daß L'Anse aux Meadows auf der äußersten nördlichen Spitze einer Insel liegt, und bedenkt man ferner, daß selbst die Sagas von einem nur kurzen »Vinland«-Aufenthalt sprechen, dann ist sehr fraglich, ob die Wikinger den amerikanischen Kontinent je erreicht haben oder doch nur die Insel Neufundland kurz berührten. Die

43 Rekonstruktion der Wikingersiedlung von L'Anse aux Meadows, dem einzigen Ort in Übersee, der Anspruch auf ernstzunehmende Wikingerfunde erheben kann.

»Skrälinge«, die indianischen Ureinwohner, werden ihnen jede längere Festlandsexpedition vergällt haben. Wer läßt schon gern seine Schiffe am Ufer zurück, wenn überall Gefahr lauert?

Auch für eine »Blutsvermischung«, wie sie mit der Kolonisation durch Kolumbus begann und wie sie auch in anderen Kulturen schnell zu beobachten ist, gibt es keinerlei genetischen Hinweis. Die Kontakte zu den Indianern dürften sehr kurz und feindlich gewesen sein.

Zieht man abschließend in Betracht, daß man im nördlichen Neufundland vergeblich nach süßen Weintrauben sucht, die in den Sagas gepriesen werden und denen »Vinland« den Namen verdankt, dann muß Ingstads Vermutung weiterhin skeptisch beurteilt werden. So leid es einem um das »Land der unbegrenzten Möglichkeiten« auch tun mag: Ob Wikinger die ersten Europäer auf dem Kontinent waren, bleibt weiterhin eine Glaubensfrage. Die Archäologie kann sie noch nicht entscheiden.

WELTHANDELSPLATZ ZWISCHEN DEN MEEREN

Auch wenn die Wikinger Amerika nicht besiedelten: Die Aktivitäten in L'Anse aux Meadows bilden die äußerste Grenze einer Expansion, die im ganzen genommen atemberaubend ist. Denn während sich Leif Erikson der Neuen Welt näherte, waren im Osten die Nordmänner bis zur Seidenstraße und im Süden bis auf den afrikanischen Kontinent vorgestoßen.

Aus den seefahrenden Bauern waren zunächst Seeräuber und Landpiraten, dann veritable Eroberer fremder Kontinente geworden. Nun begann unter dem Einfluß der von ihnen geschaffenen Strukturen der Handel zu blühen.

Eine alte Erkenntnis: Länder lassen sich militärisch erobern, aber nur wirtschaftlich halten. Die Wikinger erkannten offenbar intuitiv, daß die Kontrolle von Warenströmen das wirkungsvollste Instrument einer »Weltpräsenz« darstellt. Spätestens ab dem 11. Jahrhundert dominiert denn auch das kaufmännische Bewußtsein. Vor der marktwirtschaftlichen Maxime treten alle anderen Eigenschaften in den Hintergrund: die kämpferische Aggression ebenso wie die kulturelle Identität, ja selbst das Festhalten an der eigenen, heidnischen Religion. Angesichts der verbissenen Energie, mit der selbst heute noch religiöse Konflikte ausgetragen werden, vollzieht sich der Übergang der Nordvölker zum Christentum merkwürdig sang- und klanglos. Fast beiläufig vermischen sich Thorsglaube und Christentum. Das sinnfälligste Beispiel dafür liefert ein Fundstück aus Trendgarden im dänischen Jütland: eine Speckstein-Gußform, die es dem Schmied erlaubte, sowohl einen Thorshammer wie auch ein christliches Kreuz zu gießen. Religion ganz nach den Wünschen des Kunden. Das marktwirtschaftliche Prinzip überragt alle Traditionen.

Diese kulturelle Anpassungsfähigkeit hat zweierlei Folgen: Einerseits garantiert sie den Erfolg und das Überleben in völlig fremden Kulturen, andererseits verwässert sie die eigene Identität und führt zu kompletter Assimilation. Anders gesagt: Genau das, was die Wikinger weltweit so erfolgreich machte, besiegelte ihren »Untergang«, was freilich nichts anderes meint als das sanfte Aufgehen in der jeweiligen Landesbevölkerung.

DIE VERSUNKENE STADT

Der Ort Haithabu, in der Nähe des heutigen Schleswig, muß so ein multikultureller Schmelztiegel gewesen sein, an dem Warenströme und Menschen aus der ganzen Welt zusammenkamen. Die größte Handelsmetropole des Nordens, in der Händler aus aller Welt ein und aus gingen. Hier wurden Pelze aus Grönland ebenso umgeschlagen wie Glasperlen aus Birka, Gewürze aus dem Orient wie Waffen aus dem Fränkischen Reich.

Die Lage der Siedlung war ausgesprochen günstig: Über die Schleimündung hatte der Ort Zugang zur Ostsee, über nahe Flüsse, Eider und Treene, war er auch gut von der Nordsee aus zu erreichen. Ganz zu schweigen von dem großen Landweg, der von Skandinavien nach Süden führte und der auf der schmalen Landenge zwangsläufig durch Haithabu hindurchlief.

Gewiß, dieser mittelalterliche Platz zwischen Nord- und Ostsee konnte sich nicht mit den großen Städten der Antike messen. In der Welt des 10. Jahrhunderts reichten aber seine rund 1500 Einwohner aus, um Großstadtgefühle aufkommen zu lassen. Innerhalb eines gewaltigen Halbkreiswalles, der sich zum Hafen hin öffnete und der heute noch erhalten ist, gingen die Menschen dem Handel, aber auch ihrem spezialisierten Handwerk nach. Prachtbauten, wie sie weißgetüncht und mit goldenen Kuppeln in südlichen Ländern zu sehen waren, haben in Haithabu freilich niemals gestanden, wenngleich der »Heideort« zeitweise sogar Residenz von Königen war. Alles war sozusagen praxisnah auf den Handel ausgerichtet. Die bescheidenen Häuser hatten nur selten eine Wohnfläche über 15 Quadratmeter, ihre Wände waren aus Spaltbohlen gezimmert oder aus lehmbeschichtetem Flechtwerk errichtet. Einige Holzbohlenwege führten durch die Stadt, ein mäßiger Komfort, der verhinderte, daß man im Schlamm der ufernahen Wege einsank. Ein kleines Flüßchen durchlief die Siedlung in Richtung Hafen, Kanalisation und »Industriebach« zugleich. Unten am Hafen lagen die Schiffe an hölzernen Brücken, und das ganze Hafenbecken war weiträumig von einer Seesperre geschützt, bestehend aus Holzpfählen, die man im Halbkreis in den Meeresboden getrieben hatte.

Haithabu war mit seinem schnellen Aufschwung so etwas wie eine Goldgräberstadt des Handels. Da hörte man aus den engen Gassen das Feilschen der Kaufleute in allen Sprachen, das Dröhnen der Schmiedehämmer, das Grölen und Lachen aus den Wirtshäusern und Bordellen, in denen reichlich Met und importierte Weine flossen. In den Lärm mischten sich aber auch die Stimmen der Bettler, die auf die Barmherzigkeit der »Überflußgesellschaft« hofften, und das Klagen der Sklaven, die hier als erstklassige Handelsware angepriesen wurden. Dazwischen liefen quiekend die hochbeinigen Schweine, die in jedem Haushalt anzutreffen waren. Landwirtschaftliche Großstadtatmosphäre.

Alles, was das Herz begehrte, war da zu haben: Schiffstaue aus gedrehter Walhaut, Elfenbein vom Walroß, rheinische Glaswaren und friesische Kleidung, selbst Pumphosen nach der allerneusten orientalischen Mode. Salz, Pech und Gänsedaunen, Eisenbarren, Kämme, Waffen, Schmuckstücke und Schleifsteine, aber auch kostbare Beutestücke aus englischen Klöstern, kurz: die ganze verlockende Warenwelt des Mittelalters.

Haithabu ist ein archäologischer Glücksfall. Nach der Zerstörung durch feindliche Aggressoren Mitte des 11. Jahrhunderts wurde der »Welthandelsplatz« nicht wieder aufgebaut. Die Siedlung wurde später auf die andere Seite der Schlei verlegt, dorthin, wo heute Schleswig liegt. Der Rasen, der dann wuchs, begrub die Reste einer Siedlung, die sozusagen »aus vollem Leben« heraus in Schutt und Asche fiel – heute eine Fundgrube für Archäologen.

ANTWORTEN AUS DEM MEER

Warum wurde Haithabu das Opfer eines blutigen Überfalls? Und steht der Niedergang der Siedlung in Zusammenhang mit dem Ende der Wikingerära? Warum verschwanden die tapferen Nordmänner in dieser Zeit von der Bühne der Geschichte? Das sind die Fragen, mit denen wir uns am Morgen auf das Forschungsschiff »Südfall« im Schleswiger Bundeswehrhafen begeben.

Seit zwei Wochen kreuzt die »Südfall« unter Leitung des Archäologen Kramer auf der Schlei vor Haithabu. Ziel der Unternehmung: Lage und Aussehen der historischen Seesperre soll genau untersucht werden. Mittels Sonartechnik ist es möglich, den Meeresgrund detailscharf zu »fotografieren«, selbst an dieser Stelle, wo das Wasser der Schlei so trübe ist, daß der Taucher seine Hand vor Augen nicht sieht.

Es ist früher Morgen, die Sonne scheint bei milder Temperatur, und ein steifer Nord-Ost verwandelt die Schlei in einen bewegten Teppich aus Gold. Ringsum Andeutungen von Land, der Geruch von guter, fetter Erde mischt sich mit dem leichten Salzaroma der nahen See. Weit läßt sich in diese Landschaft schauen, nirgendwo stößt der Blick an, und ganz hinten am Horizont, wo sich Himmel und Erde vermischen, leuchtet es in goldenem Blau.

Verheißung der Ferne? Dieses Land, Heimat der Wikinger, macht neugierig auf das, was hinter dem Horizont liegt. Die klare Himmelsfarbe in der Weite lockt, das ewige Fließen des Stromes zieht hinaus aufs Meer, als fordere es zur Eroberung ferner Küsten auf. Die Hand im Wasser verbindet mit der ganzen Welt. Keine Frage: Auch die Wikinger müssen die suggestive Kraft dieser Landschaft empfunden haben, Land und Meer rufen vereint zur Fahrt ins Abenteuer.

»Auf Position«, schreit es aus dem Steuerhaus. Die Prospektierung des Schleigrundes läuft an. Schon liefert der Computer die exakten

44 Haithabu aus der Luft, im Hintergrund die heutige Stadt Schleswig. Deutlich ist noch der baumbestandene und im Bild nach rechts offene Rundwall zu erkennen, der den Handelsplatz einst vor Feinden schützte.

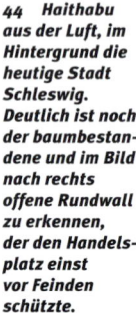

45 Archäologen der Universität Kiel tauchen nach den Resten der Seesperre von Haithabu, einem hölzernen Bollwerk, das einen Angriff von See her unmöglich machen sollte.

Unterwasserbilder. Meßgenaue Wirklichkeit. Ganz deutlich sind die 1000 Jahre alten Reste der Seesperre von Haithabu zu erkennen. Relikte von Holzbalken dicht an dicht.

Hier irgendwo müssen die Angreifer Mitte des 11. Jahrhunderts durchgebrochen sein, um anschließend die blühende Stadt in Schutt und Asche zu legen. Aber wer waren die Angreifer, und wie gelang es ihnen, die Verteidigungsanlagen zu durchbrechen?

Eines der wichtigsten Zeugnisse dieses Überfalls steht im Haithabu-Museum: Das über zehn Meter lange Kriegsschiff, das man auf dem Grund des inneren Hafenbeckens fand und 1979 hob. Eine Auffälligkeit des antiken Wracks stach den Archäologen sofort in die Augen: Die obere linke Bordkante zeigt besondere Brandspuren, die auf eine raffinierte Technik der Angreifer schließen lassen. Offenbar benutzten sie das zuvor eroberte Schiff als sogenannten »Brander«: Sie stapelten Stroh und Holz auf, setzten das Schiff in Brand und ließen es gegen die hölzernen Palisaden treiben. Eine einfache Methode, um die solide Außenwehr der Siedlung zu knacken. Ein brennendes Trojanisches Pferd.

46 Die Wikinger waren nicht nur blutrünstige Haudegen, wie das Klischee oft behauptet, sondern auch kunstsinnige Handwerker, die kostbare Gold- und Silberarbeiten anfertigten.

Der Taucher hat im schlammigen Wasser den Teil eines Balkens mehr blind als sehend ertastet und stemmt ihn mit Hilfe der Mannschaft an Bord. Solche Funde haben für die Archäologen einen hohen Wert. Anhand der Jahresringe, die vom durchschnittenen Stamm ablesbar sind, können sie auf das genaue Alter des Holzes schließen.

Für Haithabu ergibt sich dabei folgende Chronologie: Die eher zaghaften Anfänge der Stadt liegen bereits in der Mitte des 8. Jahrhunderts.

Der ideale Standort zwischen Nord- und Ostsee, zwischen Skandinavien und Europa machte aus dem kleinen Dorf offenbar schnell eine »Boom town«, durch die Warenströme aus aller Welt flossen. Vom dänischen König bekam Ansgar, der Missionar des Nordens, sogar den Auftrag, in Haithabu eine Kirche zu errichten, und ab 948 wird diese wichtige Stadt mehrfach als Bischofsitz genannt. Entsprechend mußte das »Juwel des Nordens«, in dem sogar zeitweilig der dänische König residierte, gesichert werden. In der letzten Hälfte des 10. Jahrhunderts entstand der halbkreisförmige Verteidigungswall, der, bis zu elf Meter hoch und mit Holz verkleidet, die Stadt beschützte. Und von See her hielt die massive hölzerne Verteidigungssperre im Wasser der Schlei die Angreifer ab.

Allein: Diese solide Verteidigungsanlage des Mittelalters konnte Mitte des 11. Jahrhunderts den hochgerüsteten Angreifern nicht mehr standhalten. Offenbar waren es – so zeigen es die Untersuchungen des Holzes – zwei große Angriffswellen, die den mächtigen Handelsplatz zerstörten. Doch wer waren die Angreifer? Wer konnte es mit dem Zentrum der Wikingerherrschaft aufnehmen?

BRUDERKRIEGE

Die Antwort ist ebenso überraschend wie einleuchtend. Die Wikinger selbst waren es, die in einer Angriffswelle Mitte des 11. Jahrhunderts die Siedlung überrannten. Norwegische Wikinger unter ihrem König Harald Hardradi, dem »Hartherzigen«, die mit aller Brutalität von See her kamen und die Schutzwälle der Stadt durchbrachen. Sie ließen den Handelsort so angeschlagen zurück, daß ihm 16 Jahre später marodierende Slawen den Rest geben konnten. Haithabu wurde nie mehr aufgebaut.

Daß die Nordmänner gegeneinander kämpften, stellt keine geschichtliche Besonderheit dar. Schon in der frühen Wikingerzeit mit ihren endlosen Bandenkriegen nahmen die Angreifer gern jede Beute, die sich bot, mochte sie nun aus Frankenhand sein oder aus der Hand des Nachbarn. Auch die Zeit der Landnahmen und Entdeckungen lebte vom ständigen Zwist. Die Männer, die neue Welten suchten, waren meist Gesetzesbrecher, die ihre Heimat verlassen mußten. Einzelgängertum, Probleme in der Gemeinschaft, heftige Rivalität waren die Antriebsfedern für die gewaltige Expansion.

47 »Comic strip des 11. Jahrhunderts«: Darstellung eines Angriffs der Reitertruppen Wilhelms des Eroberers auf dem berühmten Teppich von Bayeux.

Was aber nun in Haithabu geschah, war mehr als ein Kampf unter Rivalen. Daß groß angelegte Kriege und Eroberungsfahrten sich mit aller Wucht gegen die eigenen Stammesgenossen richteten, hatte es in den »alten« Wikingertagen nicht gegeben. Die Ausprägung der nordischen Nationalstaaten mit ihren rivalisierenden Machthabern war es erst, die diese Bruderkriege förderte. Aus Wikingern wurden Dänen, Norweger, Schweden, Engländer, Deutsche, Franzosen, die sich gegenseitig bedrohten.

Siebzig Meter Leinenstoff, einen halben Meter breit. Aufgestickte Wolle mit Hunderten von Bildmotiven. Mehr ein gigantischer Schmuckfries aus Stoff als ein »Teppich«. Wir stehen im Museum des französischen Ortes Bayeux in der Normandie. Vor uns zum Greifen nahe, aber durch eine Glaswand gut geschützt, der berühmte »Teppich«.

Faszinierend detailreich wird auf diesem »Comic strip des 11. Jahrhunderts« die Vorgeschichte und Durchführung des wohl blutigsten Bruderkriegs der Wikingerzeit vor Augen geführt: Die Schlacht von Hastings im Süden Englands, in der Harold von Wessex und Wilhelm, Herzog der Normandie, erbittert um die englische Krone kämpften. Ein Blutbad sondergleichen war diese Schlacht, in der »der ganze nordische Adel und die kräftigsten Männer einer ganzen Generation untergingen«, wie ein Chronist später vermerkte.

Wilhelm, Nachfahre des Wikingerführers Rollo, wird bis heute in den Geschichtsbüchern »der Eroberer« genannt, was den Ausgang der

Schlacht vorwegnimmt. Harolds Königsträume hingegen erloschen im gegnerischen Pfeilhagel, und beklemmend realistisch ist das Kampfgeschehen auf dem »Teppich von Bayeux« eingefangen.

Noch immer ist umstritten, wer sich, warum und wann dieser gigantischen Fleißarbeit hingab. Es darf aber mit einigem Recht vermutet werden, daß es Mathilde war, die Frau Wilhelms, die mit ihren Hofdamen die Taten ihres siegreichen Gatten so aufwendig verherrlichte.

Und so ist dieser facettenreiche Bildreport der Schlacht von Hastings zwar bildhaft und realistisch, zugleich aber propagandistisch geschönt. »Die Engländer haben die Flucht ergriffen«, heißt es da kurz und knapp im aufgestickten Schlußtext. Der Teppich verschweigt, daß Wilhelms Unterwerfungsfeldzug noch fünf blutige Jahre weiter wütete und als »Verheerung des Nordens« in die Geschichtsbücher einging. Verschwiegen wird auch, daß Harold von Wessex berechtigte Ansprüche auf den englischen Thron erheben konnte; schließlich hatte König Edward von England vor seinem Tod ihm die Krone ebenso versprochen wie seinem Rivalen Wilhelm. Und verschwiegen wird vor allem, daß der Normanne Wilhelm ein Land besetzte, das durch die Wikinger-Invasionen der Jahrhunderte längst Teil eines nordischen Groß-»Reiches« war. Denn die Herrscher Englands rekrutierten sich aus den Nachfahren jener nordischen Eroberer, die Jahrhunderte zuvor über das Land hergefallen waren. Und noch schlimmer: Um die englische Krone zu bewahren, hatte Harold schon kurz vor der Schlacht von Hastings im Norden der Insel einen blutigen Überfall des norwegischen Königs abwehren müssen. Angriffslustige Wikinger lauerten überall.

So ist die Schlacht um England sozusagen ein Kampf unter Wikingern. Mit dieser neuen Entwicklung geht aber zugleich die Ära zu Ende, in der die heidnischen Nordvölker in großer Geschlossenheit das christliche Europa das Fürchten lehrten. Vorbei die Zeit auch, in der Drachenschiffe plötzlich den Horizont verdunkelten und, wie aus der Hölle geschickt, ganze Landstriche verheerten. Und vorbei das isolierte einsame Leben in der Dunkelheit des nordischen Winters, am Ende der Welt, beschützt und bedroht zugleich von geheimnisvollen Göttergestalten, von Odin, Thor oder Wotan.

Er war vielleicht einer der bedeutendsten Dichter Islands, dieser Snorri Sturluson. Als er im 13. Jahrhundert die Saga von seinem Vorfahren Egil niederschrieb, dichtete er vier Zeilen, die das ganze Lebensgefühl der Wikingerära ausdrücken. Ein poetisches Konzentrat, das eine

Zeit beschreibt, in der Leben und Sterben dicht beieinander lagen, und
in der die Todesgöttin Hel zu jeder Stunde mit am wärmenden Feuer saß
– Bedrohung und Trost zugleich:

>»Das Ende ist alles; selbst jetzt
>steht Hel auf hehrer Höh' und wartet.
>Das Leben verrinnt, und ich muß scheiden, des Endes gewärtig;
>aber nicht in Elend und Trauer, sondern mannhaften Herzens.«

Literaturverzeichnis

Elsner, Hildegard: Wikinger Museum Haithabu, Schaufenster einer
frühen Stadt. Neumünster o.J.

Fløe, Palle: Krøniken om Sebbe Als Augustenborg. o. O. (Dänemark)
1994.

Graham-Campbell, James: Das Leben der Wikinger. München 1993.

Graham-Campbell, James: Weltatlas der Alten Kulturen: Die Wikinger.
München 1994.

Grant, John: Viking Mythology. New Jersey 1990.

Hardt, Nis/ Karsten K. Michaelsen: Wikinger zwischen Ribe, Haithabu
und Hamburg. Heide 1994.

Klindt-Jensen, Ole: Welt der Wikinger. Frankfurt 1967.

Logan, F. Donald: Die Wikinger in der Geschichte. Stuttgart 1987.

Menghin, Wilfried: Wikinger, Waräger, Normannen. Die Skandinavier
und Europa 800 – 1200. Ausstellungskatalog. Berlin 1992.

Mergeson, Susan M.: Viking. London 1994.

Nougier, Louis-René: So lebten sie zur Zeit der Wikinger. Nürnberg
1983.

Ralph-Lewis, Brenda: Die Wikinger. Nürnberg 1976. (Was ist was? Nr.
58).

La Tapisserie de Bayeux. Caen 1994.

Wernick, Robert: Geschichte der Seefahrt: Die Wikinger. Eltville 1992.

FRIED

Michael
Gregor

RICH II.

KAISER ZWISCHEN HIMMEL UND HÖLLE

U m ehrlich zu sein, fand ich das Leben und Wirken deutscher Kaiser nie sonderlich interessant. Eingeprägt hat sich mir nur das Bild des letzten Throninhabers, Wilhelms II. von Hohenzollern, wie er, hoch zu Roß und Größenwahn in Blick und Geste, die Parade seiner Truppen abnahm, bevor er sie auf die Schlachtfelder des Ersten Weltkriegs in den Tod schickte.

Ein Kaiser mit Namen Friedrich II., war das nicht der »Alte Fritz« in seinem Schloß Sanssouci bei Potsdam? Aber der war ja gar kein Kaiser, sondern nur König im Preußenland. Auch das Zeitalter stimmt nicht, der Kaiser gleichen Namens regierte ein halbes Jahrtausend früher, im 13. Jahrhundert. Von seinem Großvater allerdings hatte ich als Schüler im Geschichtsunterricht gehört. Barbarossa hieß er und soll immer noch auf dem Berg Kyffhäuser im Tiefschlaf ruhen, obwohl er laut Geschichtsbuch als Kreuzritter im fernen Fluß Saleph ertrank. Auch Barbarossa war Kaiser, ein Schwabe aus dem Geschlecht der Staufer. Doch der Enkel? Kein Gasthaus ist nach ihm benannt wie nach dem Preußen-Fritz, kein Denkmal findet sich in deutschen Landen. Barbarossa-Plätze sind in hiesigen Stadtplänen verzeichnet, doch Kaiser Friedrich II. scheint keine sichtbaren Spuren hinterlassen zu haben. Was hat der Mann verbrochen, daß er so aus dem öffentlichen Gedächtnis getilgt ist? Oder war er einfach zu unbedeutend, um von der Nachwelt erinnert zu werden?

Und doch muß er ein mächtiger Herrscher gewesen sein, der sich gleichzeitig mit den Königskronen Deutschlands, Jerusalems und des reichen Siziliens, Erbteil der Mutter, schmücken konnte.

»Stupor mundi«, das Staunen der Welt, nannten ihn seine Verehrer; ein teuflisches Monstrum war er für seine Feinde.

Wie kann ich mir eine Vorstellung machen von einem Menschen, der seit fast 800 Jahren tot ist, von einem Kaiser und König, über den Geschichtswissenschaftler und Schriftsteller seit Jahrhunderten unzählige Bücher veröffentlicht haben, in denen sie sich nicht auf ein eindeutiges Bild von dieser Persönlichkeit einigen konnten, oft sogar das jeweils völlige Gegenteil behaupteten?

48   Ein computergeneriertes Modell des Castel del Monte, Schloß Friedrichs II.

Das Schloss der Rätsel

Vom Lärm an den hochsommerlichen Stränden der Adria-Küste ins Landesinnere vertrieben, bringt mich der Zufall in eine öde, sonnenverbrannte Gegend im Süden Italiens. Die schmale, kurvenreiche Straße führt durch endlos scheinende Olivenbaumplantagen in ein sanftes Hügelland. Und plötzlich steht da der Klotz auf dem Berg. »Castel del Monte«, das Schloß des Kaisers Friedrich II. Oder »Federico Secondo«, König von Sizilien, wie ihn die Lehrerin ihrer Schulklasse am Hauptportal vorstellt. Sie berichtet Erstaunliches: Der Schloßherr sei mit einem Harem durch das Reich gezogen und habe Elefanten, Leoparden und anderes exotisches Getier mit sich geführt, um die Untertanen zu beeindrucken.

Auch ich bin beeindruckt, und meine Neugier ist geweckt. So etwas hatte ich über einen deutschen Kaiser noch nie vernommen. Sogar dieser Klotz, das Castel del Monte, steckt voller Merkwürdigkeiten und Geheimnisse. Seine Grundform besteht aus einem regelmäßigen Achteck. An jeder der acht Ecken erhebt sich ein ebenso achteckiger Turm. Die Mauern aus geglätteten und fugenlosen Quadern gelben Sandsteins umgeben auf zwei gleich hohen Geschossen acht trapezförmige Säle und einen achteckigen Innenhof, den einst antike Figuren geschmückt haben sollen. Der Schriftsteller Horst Stern hat das Bauwerk eine »Orgie der Zahl Acht« genannt. Das Achteck verkörpert in der Geometrie die Mitte zwischen Rechteck und Kreis; als religiöses Symbol beschreibt es die Verschmelzung der quadratischen Begrenztheit des Irdischen mit der Unendlichkeit des Himmelskreises. Es verbindet Gott und Mensch, Leben und Tod.

Bewundernd hatte Friedrich II. sich während seines Kreuzzuges 1228/1229 im islamischen Felsendom in Jerusalem umgeschaut und seinen arabischen Führer nach der Bedeutung des achteckigen Konstruktionsprinzips gefragt. Er kannte die ebenfalls achteckige Kirche San Vitale sowie das Baptisterium in Ravenna, und er hielt die achteckige deutsche Reichskrone in Händen. Ist das Castel del Monte also die steingewordene Summe dieser Erlebnisse, das alle Feinde überdauernde Vermächtnis eines Imperators, der auf Erden immer der Erste nach Gott sein wollte?

Die Wände des Schlosses sind mit weißen Marmorplatten verkleidet, und den Fußboden schmücken Mosaike. Auch Toiletten sind

*49   Das acht-
eckige Castel del
Monte zieht For-
scher und Schar-
latane immer
wieder magisch
an – viele Rätsel
warten noch auf
ihre Lösung.*

vorhanden, doch es findet sich nicht die Spur einer Küche. Wie soll sich
hier ein verwöhnter Hofstaat ernähren? Mit Rohkost ist er sicher nicht
zufriedenzustellen, zudem gilt Friedrich als freigiebiger Gastgeber
prächtiger Feste. Ein zeitgenössischer Besucher berichtet begeistert:
»Alle Arten festlicher Freuden einten sich da, und man ward heiter ge-
stimmt durch den Wechsel der Chöre und die purpurnen Aufzüge der
Spielenden. Der ganze Tag wurde festlich begangen, und als er sich
dem Ende zuneigte, wurde bei flammenden Fackeln unter Wettkämp-
fen der Spielenden die Nacht zum Tage gewandelt.«

Die Gäste erfreuen sich am Tanz schöngewachsener Sarazenen-
Mädchen, die im Rhythmus von Zimbeln und Kastagnetten, auf großen
Kugeln balancierend, durch die Säle des Palastes rollen, und der Kaiser
versammelt Minnesänger und Musikanten um sich. Auch ist überliefert, wie der Hofgelehrte und Astrologe Michael Scotus an einem
heißen Sommertag auf Befehl des Kaisers Gewitterwolken herbei-
gezaubert haben soll, die der Festgesellschaft kühlenden Regen
spenden.

Doch das Castel del Monte ist offensichtlich nicht für solche Be-
lustigungen erbaut worden. Diente es als Verteidigungsanlage? Aber
warum sind dann die Wendeltreppen in den Türmen linksherum
gedreht, im Gegensatz zu allen anderen Festungen der damaligen Zeit?
Im Kastell können die Angreifer mit dem Schwert in der Rechten
bequem nach oben stürmen, während die Verteidiger kaum in der Lage
sind, mit der Waffe zum Schlag auszuholen. Solch ein dummer Kon-

struktionsfehler ist den erfahrenen Baumeistern Friedrichs sicher nicht unterlaufen. Welchen Zweck erfüllte das Schloß also dann?

DIE MYSTIK DER ZAHLEN

Nedim Vlora ist Professor für Geographie an der Universität Bari. Geboren wurde er als Prinz in Albanien, von wo seine Eltern vor den Kommunisten nach Italien flüchteten. Zusammen mit befreundeten Wissenschaftlern untersucht er seit Jahren das Kastell und glaubt, sich inzwischen einen Reim auf die vielen rätselhaften Aspekte des Bauwerkes machen zu können. Für ihn ist es kein Zufall, daß Friedrich fast haargenau auf einer geographischen Diagonale bauen ließ, die Jerusalem mit der seinerzeit größten christlichen Kathedrale in Chartres verbindet. Nicht ein Schloß habe der Kaiser errichten wollen, sondern einen Tempel. Die von ihm selbst angefertigten Konstruktionspläne beruhen auf altägyptischem Geheimwissen, das Friedrich arabischen Quellen entnommen habe.

Nachdem Vlora das Kastell vermessen hat, stellt er Übereinstimmungen mit den Maßen der Cheops-Pyramide bei Kairo fest. Der Umkreis des Schlosses entspricht mit 232,92 Metern ziemlich genau der Seitenlänge der größten ägyptischen Pyramide, und die Summe der Seiten des achteckigen Hofs beträgt 111 altägyptische Ellen. In der Pharaonen-Zeit war das eine außerordentlich wichtige magische Zahl, in der die Priester alles überlieferte Wissen symbolisiert sahen, auch jenes über das kosmische Gleichgewicht, das als Voraussetzung für das Weiterbestehen des Universums galt. Die Pharaonen – im Zusammenwirken mit den himmlischen Mächten – waren die Garanten für dieses kosmische Gleichgewicht auf Erden, und so bedeutete ihre Herrschaft eine existentielle Notwendigkeit für die Ägypter.

Nedim Vlora will im Grundriß des Kastells versteckte Zahlenformeln entschlüsselt haben, die sogar die genaue Lage der bisher unentdeckten Grabkammer in der Cheops-Pyramide verraten sollen. Doch überprüfen durfte er seine Annahmen vor Ort bisher nicht, die ägyptische Regierung verweigert dem archäologischen Laien die Grabungslizenz. So bleibt Vlora nur das spekulative Spiel mit Hilfe des Zollstocks im Schloß des Kaisers.

DER HIMMEL AUF ERDEN

Wissenschaftlich bewiesen ist hingegen eine Beziehung zwischen dem Kastell und den himmlischen Gesetzmäßigkeiten. Am 23. September beträgt die Länge von Tag und Nacht jeweils zwölf Stunden, und die Sonne tritt in das Sternzeichen der Waage. Am Mittag dieser Tagundnachtgleiche werde ich Zeuge eines seltsamen Schauspiels. Der Schatten, den die Hofwand wirft, entspricht jetzt genau der Breite des Hofes. Ursprünglich wurde dieses Phänomen Punkt zwölf Uhr sichtbar, doch die Hofwand ist nachträglich erhöht worden, daher verschiebt sich der Zeitpunkt.

Wer dieses Schattenspiel für einen Zufall hält, wird eines Besseren belehrt, wenn er einen Monat später an denselben Ort zurückkehrt. Die Sonne tritt nun in das Zeichen des Skorpions ein, und die Hofwand wirft einen Schatten, der die Länge der Kastellsäle begrenzt. Noch einen Monat später, im Zeichen des Schützen, beschreibt der Schatten eine gedachte Kreislinie um die Kastelltürme. Im Dezember liegt der Schattenwurf weit außerhalb des Bauwerks, doch nehmen Fachleute an, daß sich hier früher eine achteckige Umzäunung befand. Im Sommer gibt der Schatten einen weiteren Hinweis auf ein heute verschwundenes Architekturelement. Er liegt dann im Zentrum des Kastellhofs, wo ein achteckiges Marmorbecken gestanden haben soll. Wahrscheinlichkeit gewinnt diese Annahme auch durch einen Blick in arabische und persische Palastanlagen, wo ein kühlender Brunnen in keinem der Höfe fehlt.

Das Kastell ist somit eine gigantische Sonnenuhr. Die geometrischen Berechnungsgrundlagen für ihre Konstruktion waren dem an Mathematik interessierten Kaiser sicher bekannt, denn schon der römische Architekt Vitruvius hatte in der Antike die Voraussetzungen hierfür beschrieben.

Kompliziertere Berechnungen sind nötig, um eine Abweichung der durch das Hauptportal gekennzeichneten Ost-West-Achse verstehen zu können. Sie ist um 2,5 Grad von der Idealrichtung verschoben. Das ist genau der Winkel, dem die Schräge der Erdachse entspricht. Diese Inklination bestimmt den Rhythmus der Jahreszeiten, Kälte- und Hitzeperioden, die Zeit von Aussaat und Ernte auf unserem Planeten. Die Berücksichtigung der Naturgesetze beim Bau des Kastells kann nur bedeuten, daß der Kaiser sich als Herr über alles irdische Geschehen sah, der das Schicksal seiner Untertanen bestimmte wie der ägyptische Pharao – und wie die Sonne.

EINE VIRTUELLE REISE ZU FRIEDRICH

Des Kaisers Begeisterung für die Mystik der Zahlen hat acht Jahrhunderte später ein Forscherteam der Universität Tübingen bei der Entwicklung eines neuartigen Computerprogramms genutzt. Jahrelang haben Informatik-Studenten unter Leitung ihres Professors Studienreisen auf den Spuren des Staufers unternommen und ein ihm gewidmetes Theaterspektakel zur Aufführung gebracht. Um dabei die kaiserlichen Bauwerke für den Besucher »begehbar« zu machen, ohne daß er den Theatersessel verlassen müßte, speicherten sie Millionen von Konstruktionsdaten in ihre Rechner ein. Das Ergebnis war ein computeranimiertes Castel del Monte, in dem sich der Zuschauer durch einen Maus-Klick beliebig bewegen kann.

Die elektronisch gestützte Grafik kennt verschiedene Methoden, solche computergenerierten »virtuellen« Bilder zu erzeugen. Die momentan wohl gebräuchlichste ist das Raytracing. Sie wird in der Werbung und Trickfilmindustrie verwendet, um auch abendfüllende Kinofilme wie die »Toy Story« zu produzieren. So eindrucksvoll die Bilder auch sind, die mit diesem Verfahren hergestellt werden, es haftet ihnen doch eine gewisse Künstlichkeit an. Der Grund liegt darin, daß Lichtquellen zumeist als punktförmig wahrgenommen werden. Dadurch entstehen sehr scharfe Schattengrenzen; zudem kann das Raytracing nicht den Einfall von indirekter Beleuchtung berechnen, der bei der Darstellung von Innenräumen von großer Bedeutung ist. Die Informatiker in Tübingen versuchten darum, bei der Animation des Kastells verschiedene bekannte Methoden miteinander zu kombinieren. Was sich für den Laien unkompliziert anhört, bedeutet für den Wissenschaftler oft jahrelanges Forschen. Das Ergebnis der Tübinger Bemühungen ist ein neues Programm mit Namen »RadioLab«.

Mit Hilfe vielfältiger Beschleunigungstechniken, die in das erweiterte System integriert wurden, können nun auch die architektonisch sehr komplexen Räume des Castel del Monte wirklichkeitsnah berechnet werden. Zum ersten Mal in unserem Film eingesetzt, steht RadioLab jetzt an der Schwelle zur weltweiten Vermarktung.

**50 Ein neu-
artiges Compu-
terprogramm
bildet aus Mil-
lionen von archi-
tektonischen
Daten Castel del
Monte original-
getreu ab.**

Eine Pforte zur Ewigkeit

Das Kastell bietet viele Hinweise auf die in Stein übersetzte Selbst-
glorifizierung des Staufers. Überall findet sich die »Goldene Zahl«
1,618. Sie ist abgeleitet aus der Harmonie des menschlichen Körpers.
Das Verhältnis 1:1,618 beschreibt idealtypisch das Maß vom Scheitel
bis zum Bauchnabel in Beziehung zum ganzen Körper oder die Länge
der Finger verglichen mit der ganzen Hand. Diese Harmonie der Schöpfung, »Goldener Schnitt« genannt, sollte auch in den von Menschen-
hand geschaffenen Dingen göttlichen Willen ausdrücken. Die Goldene
Zahl wurde von den Architekten des Kastells immer wieder als Schrift
in Stein benutzt.

Im Castel del Monte sind die Säle trapezförmig. Multipliziert man
die kleinste Linie des Trapezes mit der Goldenen Zahl, ergibt das die
Länge der größten Seite. Teilt man dagegen die kleinste Seite durch
die Quadratzahl von 1,618, also 1,272, ergibt das die Breite eines
Saales. Auch das Hauptportal ist nach den Gesetzen des Goldenen
Schnitts erbaut. Ein fünfzackiger Stern, in dem sich alle kreuzenden
Linien in das Verhältnis 1:1,618, 1:1,618^2 oder 1:1,618^3 zerlegen lassen,
bildet die Konstruktionsbasis. Die sich so ergebenden Architekturpro-
portionen öffnen den Durchgang für den Idealmenschen – womit der
Kaiser wohl sich selbst meinte.

Ob Friedrich das Schloß jemals betreten hat, verrät keine Aufzeichnung. Ein zeitgenössischer Chronist gibt Hinweise auf das kaiserliche

Verhalten: »Er ließ mit unermüdlichem Eifer Paläste erstaunlicher Schönheit und Größe errichten, als wäre ihm ewiges Leben beschieden gewesen, in welchen es ihm jedoch nie möglich war zu verweilen; er ließ auf den Berggipfeln und in den Städten Schlösser und Türme erbauen, als sei er einer täglich möglichen feindlichen Belagerung ausgesetzt. Aber er tat all dies, um seine Macht zu bezeugen, um Ehrfurcht und Bewunderung zu erwecken und um den

Ruhm seines Namens so tief in das Gedächtnis eines jeden einzuprägen, daß er niemals vergessen sein würde.«

51 Das Portal von Castel del Monte entspricht den Größenverhältnissen eines Menschen.

Das Castel del Monte mit seinen vielen astronomischen Bezügen ist also eine kaiserliche Machtdemonstration und vielleicht eine Mahnung für die Menschen, die Gesetze des Himmels im Auge zu behalten.

DER TYRANN VON SIZILIEN

Auch das als Ruine erhaltene Brückentor von Capua hatte nicht nur einen praktischen Nutzen, sondern diente der Propaganda: Es sollte den Willen des Kaisers verkünden. Eine Inschrift drohte dem Reisenden, der hier die Grenze vom Kirchenstaat zum Königreich Sizilien überschritt:

> »Auf des Cäsars Geheiß schaff' ich des Königreichs Eintracht!
> Stürzen werd' ich in Schmach, die ich veränderlich weiß.
> Sicher schreite hindurch, wer fehllos zu leben gewillt ist.
> Aber der Untreue fürcht' Bann und im Kerker den Tod.«

Im Trümmerschutt des durch mehrere Kriege zerstörten Tores lagen Marmorfiguren, die einst die Fassade schmückten. Die römische Göttin Iustitia wurde flankiert von zwei Richtern. Über ihnen thronte die Statue des Kaisers, der sich als Garant für Frieden und Gerechtigkeit verstand.

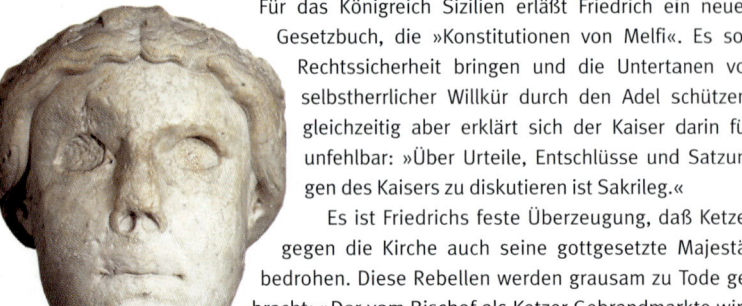

Für das Königreich Sizilien erläßt Friedrich ein neues Gesetzbuch, die »Konstitutionen von Melfi«. Es soll Rechtssicherheit bringen und die Untertanen vor selbstherrlicher Willkür durch den Adel schützen, gleichzeitig aber erklärt sich der Kaiser darin für unfehlbar: »Über Urteile, Entschlüsse und Satzungen des Kaisers zu diskutieren ist Sakrileg.«

Es ist Friedrichs feste Überzeugung, daß Ketzer gegen die Kirche auch seine gottgesetzte Majestät bedrohen. Diese Rebellen werden grausam zu Tode gebracht: »Der vom Bischof als Ketzer Gebrandmarkte wird vor ein weltliches Gericht gestellt und als Strafe für Ketzerei der Flammentod festgesetzt oder die Verstümmelung durch Ausschneiden der Zunge, auf daß den Ketzern ferneres Verhöhnen Gottes unmöglich werde.«

52 Die Statue der Göttin Iustitia schmückte das Grenztor in Capua – aber das Prinzip »Frieden und Gerechtigkeit« konnte Kaiser Friedrich nicht verwirklichen.

Juden müssen nach islamischem Vorbild einen gelben Fleck auf der Kleidung tragen und den Bart wachsen lassen, um sich von Christen zu unterscheiden. Die Ehe mit Ausländern ist den Bürgern verboten, damit nicht »nach verschiedener Völker Mischung die Aufrichtigkeit des Königreichs aus fremden Sitten Verderbnis erleidet, denn von dem Samen jener ward die Herde der Getreuen versudelt«. Prostituierte dürfen nicht innerhalb der Stadtmauern wohnen und mit »ehrbaren« Frauen die Bäder besuchen, »denn ein krankes Schaf verdirbt die ganze Herde«. Schauspieler und fahrende Sänger werden vogelfrei, »wenn sie mit Schmähliedern des Kaisers Frieden zu stören wagen«. Es heißt aber auch, es dürfe keiner, »weil er Jude oder Sarazene sei, unschuldig bedrängt werden«.

Im Jahr 1235 hat man in Deutschland wieder einmal einige Juden beschuldigt, einen Ritualmord an einem christlichen Kind begangen zu haben. Dieser Vorwurf taucht immer wieder auf und stellt eine große Gefahr für alle Juden dar. Da die Juden in Deutschland als direkte Untertanen des Königs gelten, ist Friedrich direkt betroffen. Er beruft daher eine Kommission aus weltlichen und kirchlichen Würdenträgern, um die Anschuldigungen zu untersuchen. Als sie aber zu keinem eindeutigen Urteil kommt, betraut er nun zum Christentum übergetretene Juden mit der Rechtsfindung, weil sie mit dem jüdischen Schrifttum vertraut sind. Als sie nachweisen, daß Menschenopfer nach mosaischem Recht als verabscheuungswürdige Verbrechen gelten, stellt der

Kaiser solche verleumderischen Behauptungen 1236 unter Strafe.

Ob Friedrich wegen einer toleranten Grundhaltung gegenüber fremden Religionen so handelt oder ganz weltlich aus finanziellen Motiven, ist aus den Archivpapieren nicht ersichtlich. Toleranz bestimmt jedenfalls selten Friedrichs Regierungsgeschäfte. Ein Spitzelnetz überzieht das Staatsgebiet und macht Friedrich fast zum Allwissenden. »In Deinem Königreiche Sizilien wagt keiner ohne Deinen Befehl Hand oder Fuß zu bewegen«, schilt der Papst vorwurfsvoll, aber auch mit neidischem Unterton.

Eine wohl erfundene Fabel beschreibt durchaus zutreffend das Machtverständnis des Staufers: »Der Kaiser Friedrich ging einmal auf die Falkenjagd. Er führte einen ganz ausgezeichneten Falken mit sich, den er über alles schätzte. Er ließ ihn auf einen Kranich los, doch der stieg immer höher. Der Falke folgte ihm, bis er unter sich einen jungen Adler erspähte. Er stieß auf ihn herab, daß der Adler zu Boden stürzte, und hielt ihn so lange mit den Krallen, bis er tot war. Das erboste den Kaiser so, daß er zornig seinen Scharfrichter herbeirief. Er gab den Befehl, dem Falken den Kopf abzuhauen, weil der seinen Herrn getötet habe. Denn der Adler stehe höher als alle anderen Vögel, er verdiene unbedingten Respekt.«

53 *Diese Skulptur ist wahrscheinlich ein Bildnis des strengen und oft auch grausamen Kaisers – er sieht sich als Cäsar des römischen Imperiums.*

So wird auch jeder Anschlag auf den Kaiser mit dem Tode bestraft. Ein Chronist schildert die Behandlung einer Gruppe von Adligen, die sich gegen Friedrich verschworen hat: »Den Attentätern wurden also zunächst ihre leiblichen Augen geblendet, die ihnen der Teufel innerlich verfinstert hatte, sie wurden an Pferdeschwänzen durch den Staub geschleift, weil sie ihn mit unschuldigem Blute zu besudeln gedachten; einige aber wurden lebendig in das nahe Meer geworfen, da sie Getreuen den Kelch der Bitternis kredenzten; in die Luft wurden sie gehängt deswegen, weil sie die Luft mit der Verbreitung ihres schändlichen Vorhabens verpesteten; und schließlich aber verbrannte sie das Feuer als letzte Strafe, weil sie dabei ertappt wurden, das Feuer der Treue ganz auszulöschen.«

Andere läßt Friedrich zusammen mit Giftschlangen in Säcke nähen, bevor man sie im Meer ersäuft. Der Staufer ist kein milder Herrscher,

KGR.
DÄNEM.

Lü

Elbe

Braunschweig

Rhein

KGR.
ENGLAND

Magde

London

Köln

Aachen

Trier

Frankfurt

Metz

Mainz

Paris

Regens

Straßburg

KGR.
FRANKREICH

Donau

Augsb

Basel

Salzb

Konstanz

RÖM.-
DEUTSCHES KAISERRE

Bordeaux

Lyon

Mailand

Ven

Verona

ALPEN

KGR. LEON

Ebro

Po

Genua

Parma

Bolc

KGR.
PORTUGAL

Carcassonne

PYRENÄEN

KGR.
ARAGON

Florenz

Pisa

KGR.
KASTILIEN

Tajo

Barcelona

KORSIKA

Toledo

KIRCHEN-
STAAT

KGR.
GRANADA

SARDINIEN

Granada

Tyrrhenisches M

Pale

Monr

EUROPA ZUR ZEIT
FRIEDRICHS II.

600 km

KGR.
POLEN

Weichsel

Oder

Dnjepr

KARPATEN

Wien

KGR.
UNGARN

Ofen

Donau

Adria

KGR.
SERBIEN

KGR.
BULGARIEN

Konstantinopel

5
6 7 8 9 10
11 13
12

Thessalonike

KGR.
IZILIEN

alu
Messina

Siracusa

1 Gaeta
2 Capua
3 Benevento
4 Neapel
5 Fiorentino
6 Lucera
7 Foggia
8 Andria
9 Bitonto
10 Bari
11 Castel del Monte
12 Melfi
13 Giola d. Colle

und Gnade vor Recht gewährt er nur, wenn es die politische Klugheit gebietet. Und je verbitterter der Kaiser im Laufe der Regierungsjahre wird, desto seltener gewährt er Vergebung. Selbst Majestätsbeleidigung ahndet er mit kühl kalkulierter Brutalität, wie dieser kaiserliche Befehl zeigt: »Wir beschlossen, an dem bei dem Verbrechen der Beleidigung Unserer Majestät ergriffenen Angeklagten nach vielen und verschiedenen Foltern die Todesstrafe vollziehen zu lassen, damit durch die Sühne des einen vielen anderen Furcht eingeflößt werde; denn es ist ein Zeichen der Milde, in der Bestrafung derartiger Verbrechen grausam zu sein.«

Überraschend versöhnlich handelt der Kaiser dagegen in Bitonto. Die Stadt hat sich für kurze Zeit den feindlichen päpstlichen Söldnern ergeben, aber Friedrich nimmt sie wieder in Gnade auf. Zum Akt der Unterwerfung gehört in der Kathedrale ein neuer kunstvoller Kanzelaufgang, den die Bürger errichten. Auf ihm ist Friedrich zwischen Großvater Barbarossa, Vater Heinrich und Sohn Konrad verewigt: die Dynastie der Staufer. Die Erbfolge rechtfertigt die gottgegebene Ausübung der Macht, wovon allerdings nicht nur Friedrich, sondern alle zeitgenössischen Herrscher ausgehen. Untertanen müssen sich dem Willen des Kaisers ergeben; unabhängige Bürger freier Städte sind ihm unerträglich. Ein Aufstand verletzt das »Heilige Recht« und zieht den in der Regel gnadenlosen Einsatz der sarazenischen Garde nach sich. Ein Marschbefehl an ihren Kommandanten blieb erhalten:

»In vollem Vertrauen auf eure aufrichtige und lautere Treue, die Wir in allen Schwierigkeiten als zuverlässig erfunden haben, glaubten Wir, den Krieg gegen Gaeta und die Rache sowohl an der Stadt als auch an den Einwohnern, diesen Verrätern an Uns, euch übertragen zu sollen. Daher befehlen Wir eurer Treue auf Gefahr des Verlustes Unserer Gnade ernst und strenge, sobald sie gelandet sind, sollen sie unverzüglich Weinberge und Obstgärten von Grund auf zerstören. Darauf sollen sie, um das Gebiet zu erobern, Tag und Nacht unablässig an den Wurfmaschinen, Steinschleudern und Katapulten sein. Nach der Einnahme der Stadt aber sollen sie die Angehörigen der höheren Stände und des Adels des Landes, die sie finden, blenden, der Nase berauben und nackt und bloß aus der Stadt jagen. Den Frauen aber sollen sie die Nasen abschneiden zur Schande, dann aber abzuziehen erlauben. Den Knaben hingegen, die sie vorfinden, sollen sie die Hoden abschneiden und sie in der Stadt bleiben lassen. Die Mauern der Stadt, ihre Häuser und Türme sollen sie völlig zerstören, außer Kirchen und Pfarrhäusern, denen sie keinen Schaden antun sollen, so daß, wenn die Kunde von einem derartigen Strafgericht sich über den Erdball verbreitet hat, jeder Verräter bis ins Innerste erschüttert wird und angstvoll erbebt.«

Viele haben in diesen Berichten und Anordnungen eine besondere persönliche Grausamkeit Friedrichs erkennen wollen. Sie stellen allerdings für diese Zeit keine Besonderheit dar. Die Herrscher in Orient und Okzident wenden ähnliche Methoden an, um ihre Macht und ihr Leben zu schützen. Selbst die Päpste sind nicht zimperlich bei Mord und Folter.

Friedrich zeichnet sich jedoch durch eine besondere Konsequenz bei der Durchsetzung seiner Prinzipien aus. Selbst seinen Sohn Heinrich und den langjährigen Kanzler Petrus de Vinea treibt er in den Tod, weil er sie als Hochverräter entlarvt zu haben glaubt. Woher kommt dieser unbedingte Wille zur Herrschaft?

DER AUFSTIEG DES ADLERS

Ein kalter Nordwind rüttelt an dem großen Zelt auf dem Marktplatz von Jesi, einer Kleinstadt in Mittelitalien. Die Chronisten schreiben den 26. Dezember des Jahres 1194. Konstanze, Tochter des Normannenkönigs Roger II. von Sizilien, macht auf dem Weg zu ihrem Gemahl Kaiser Heinrich VI. von Hohenstaufen in Jesi Station, als bei ihr die Wehen einsetzen. Das Weihnachtsfest ist ein gutes Omen für die Geburt, doch die Sterne über der Stadt sind von Wolken verhüllt.

Die Kaiserin ist erst nach langer Kinderlosigkeit im für jene Zeit erstaunlichen Alter von 40 Jahren schwanger geworden. Sofort kommen Zweifel an ihrem Zustand auf. Das Kind eines Schlachters solle als Thronerbe untergeschoben werden, behaupten böse Zungen. Um den für die Erbfolge gefährlichen Gerüchten entgegenzutreten, macht Konstanze die Geburt öffentlich. Die weibliche Einwohnerschaft versammelt sich im Marktzelt und wohnt der Niederkunft bei, so jedenfalls weiß es die Legende. Als letzten Beweis habe die Kaiserin der Menge ihre nackten, von Muttermilch tropfenden Brüste gezeigt.

Geheimnisvolle Weissagungen begleiten die ersten Schreie des Neugeborenen. Der bretonische Zauberer Merlin habe vorausgesagt, das Kind werde ein Lamm sein, zu zerreißen zwar, aber nicht zu verschlingen, und unter den seinen ein wütender Löwe. Der ehemalige

**54   Die Norman-
nen haben in
ihrem Königreich
Sizilien großar-
tige Kathedralen
errichtet – der
Stauferkaiser
baut Festungen.
Cappella Pala-
tina in Palermo.**

Zisterzienser-Abt Joachim von Fiore soll Heinrich VI. gemeldet haben,
daß die Kaiserin, von einem Dämon beschlafen, schwanger sei, ohne
davon zu wissen. Außerdem prophezeit Joachim nach genauem
Bibelstudium das baldige Ende der Welt und dem Kaiserkind die
Mittäterschaft dabei. Für seine Zeitgenossen keine unglaubliche Botschaft; schon seit langem erwarten sie die Apokalypse und fürchten
das Jüngste Gericht.

All diese Verkündigungen haben einen machtpolitischen Hintergrund. Kaiser Heinrich VI. hat sich geschickt eines großen Reiches bemächtigt. Von Nord- und Ostsee bis hin zu allen Küsten des Mittel-
meers reicht sein Einfluß. Er scheint den Traum des Staufer-Hauses
verwirklichen zu können, als Erbe der römischen Imperatoren den
ganzen bekannten Erdkreis zu beherrschen. Durch seine Heirat mit
Konstanze droht dem Papst eine Vereinigung des Kaiserreichs mit dem
Königreich Sizilien, dessen Territorium sich auf dem italienischen
Festland bis vor die Tore Roms erstreckt. Der Kirchenstaat gerät so in
eine erdrückende Umklammerung, die der Papst mit allen Mitteln ver-

hindern muß, um nicht den Kampf um die Vorherrschaft gegen den Kaiser endgültig zu verlieren.

ZWISCHEN ORIENT UND OKZIDENT

Doch schon bald scheint sich das Erbe Friedrichs in Luft aufzulösen. Kaiser Heinrich stirbt 1197, kurz darauf auch Konstanze. Das Kind ist jetzt als Vollwaise ein Mündel des Papstes, hilflos den Machtkämpfen konkurrierender Heerführer ausgesetzt. Zwar trägt er schon als Kleinkind die Krone Siziliens, lebt aber wie ein Gefangener im Königspalast von Palermo. Immer wieder ist sein Leben in Gefahr. Als Siebenjähriger habe er sich, so wird berichtet, beim Anblick seiner Häscher voller Schmerz die Kleider zerrissen und »sein junges Fleisch mit den gleich Messern schneidenden Fingernägeln zerfetzt«. Mag dieser Bericht auch übertrieben sein, läßt er doch ahnen, wie tief die Überzeugung von der einzigartigen Bedeutung seiner Person und der Hoheit der königlichen Würde bereits in den Heranwachsenden eingepflanzt ist. Diese Jahre haben Friedrich offensichtlich geprägt, schärfen sein Urteil über Menschen, machen ihn mißtrauisch gegen fremden Rat und wecken in ihm früh ein starkes Bewußtsein seiner eigenen Fähigkeiten und seiner überlegenen Stellung.

55 In Sizilien vermischten sich arabisches und christliches Erbe zu einem eigenen Kunststil.

Das Palermo seiner Jugend ist Treffpunkt vieler Kulturen. Moscheen stehen neben Synagogen und der Kathedrale. Seine Vorfahren mütterlicherseits haben zwar die Muslime in langen Kämpfen von der Macht verdrängt, sich aber deren Lebensweise zu eigen gemacht. Die grobschlächtigen Haudegen aus dem hohen Norden wandeln sich in der südlichen Sonne in kurzer Zeit zu toleranten Förderern von Architektur, Philosophie und Literatur. In orientalischen Landvillen pflegen die Normannenfürsten mit ihren Geliebten einen luxuriösen Lebensstil inmitten großer Parkanlagen. Morgenländische Pracht beherrscht auch die Gemächer des Königs, deren Wände mit kostbaren Mosaiken geschmückt sind. Wie in einem Kalifenpalast sorgen Springbrunnen für Kühlung und Entspannung.

Ein arabischer Reisender lobt König Roger, weil er aus unfruchtbarer Dürre üppige Gärten und blühende Gefilde macht. Weizen und

Palmöl werden in Nordafrika gegen Gold getauscht und damit der Bau von Kirchen und Palästen finanziert. Von überall her strömen Handwerker und Baumeister in den Süden Italiens; die fremden Einflüsse vermischen sich zu einem neuen Stil. Für den Rest Europas ist Sizilien ein Schlaraffenland.

Durch die Gassen der Weltstadt Palermo soll der junge König gestreift sein, halb verwahrlost und hungernd, auf die Almosen mitleidiger Familien angewiesen. Es heißt, im Umgang mit Dirnen und Straßenhändlern habe Friedrich schlechte Manieren gelernt, aber auch frühe Lebenserfahrung und Menschenkenntnis. Doch das ist wohl eine Legende; eine angemessene Erziehung durch vielsprachige Lehrer ist trotz aller Turbulenzen im Königspalast wahrscheinlich. Dem päpstlichen Vormund in Rom wird von Friedrichs exzellenten Reit- und Fechtkünsten berichtet und von seinem großen Wissensdurst.

Mit der Vollendung des 14. Lebensjahres tritt der nun volljährige König 1208 die Herrschaft in einem chaotischen Staat an. Die Kaiserkrone hingegen ist in scheinbar unerreichbare Ferne gerückt, nachdem der Papst 1209 Otto aus dem Geschlecht der Welfen – seit Generationen Widersacher der Staufer – salbte. Damit hat der Papst die Hände frei, um die eigene Macht weiter auszubauen. Der neue Kaiser Otto ist ungebildet, verarmt und mit geringem Anhang, verspricht also, eine gehorsame Kreatur Roms zu sein. Als Otto aber eigene Machtgelüste in Italien entwickelt, läßt ihn der Papst sofort fallen, und Friedrich der Staufer ist wieder Teilnehmer am Machtkarussell; eine deutsche Fürstenversammlung bietet ihm die Königskrone an.

DER GRIFF ZUR KAISERKRONE

Jung verheiratet und als Siebzehnjähriger schon Vater eines Sohnes, bricht Friedrich zu einer der abenteuerlichsten Unternehmungen auf, die ein König im zweiten Jahrtausend gewagt hat. Angespornt von jugendlichem Übermut, verläßt er im Jahr 1212 Sizilien. Über Rom und Genua gelangt er, von wenigen Getreuen begleitet, nach Norditalien. Im Zickzack schlängelt er sich an den stauferfeindlichen lombardischen Städten vorbei, entgeht nur knapp der Gefangenschaft durch die Mailänder, als er mit dem Pferd den Fluß Lambro durchschwimmt. Von Verona aus überquert er die Alpen, wo auf deutscher Seite die welfenfreundlich gesinnten Herzöge von Meran und Bayern lauern. Durch die

Schweiz eilt er nach Konstanz, das sich schon auf den Empfang des wiedererstarkten Welfenkaisers vorbereitet.

Als Friedrich am Stadttor um Einlaß bittet, weist ihn der Bischof zuerst ab, doch die Verlesung des päpstlichen Kirchenbanns gegen Otto öffnet schließlich das Tor. Jetzt verbarrikadieren die Konstanzer die Rheinbrücke, um den Welfen am Vormarsch zu hindern. Da Otto IV. nicht über ausreichende Truppen verfügt, tritt er den Rückzug an. Sein Plan, Friedrich den Weg nach Deutschland zu versperren, ist gescheitert. »Wäre Friedrich drei Stunden später in Konstanz eingetroffen, so wäre er niemals in Deutschland aufgekommen«, notiert der Geschichtsschreiber.

Wie ein Lauffeuer verbreitet sich die Nachricht vom wunderbaren Erscheinen des Staufers. Sein Erfolg könne nur ein göttliches Zeichen sein, ist die einhellige Auffassung. Gefolgt von immer mehr Anhang, zieht Friedrich durch die festlich geschmückten süddeutschen Städte, die ihm freudig die Tore öffnen und den ungeliebten »Sachsenkaiser« Otto immer weiter nach Norden drängen.

Auf dem Schlachtfeld von Bouvines, im Norden Frankreichs, entscheidet sich endgültig Ottos Schicksal. Als Verbündeter des Königs von England rückt er im Frühjahr 1214 gegen die französischen Truppen vor und erleidet eine vernichtende Niederlage. König Philippe Auguste von Frankreich läßt dem erbeuteten Kaiseradler die Flügel richten und schickt ihn zusammen mit einer großzügigen Geldspende an Friedrich. Jetzt steht der Wahl zum deutschen König nichts mehr im Weg.

Im Aachener Dom besteigt der junge Staufer 1215 den Thron seines großen Vorfahren Karl. Die Bürger haben für dessen Gebeine gerade einen herrlichen Silberschrein arbeiten lassen, den ringsum die Ahnenreihe der Kaiser ziert. Auch Friedrich II. ist hier verewigt. Als er den neuen Schrein eigenhändig verschließt, heftet er sich das Kreuz an die Schulter, als Versprechen, bald zur Befreiung Jerusalems aufzubrechen. Doch bis dahin wird noch viel Zeit vergehen; Friedrich hat Wichtigeres zu erledigen. Einige Jahre lang ordnet er die deutschen Angelegenheiten, doch gerade nur soweit, um den Rücken für seine großen Pläne frei zu haben. Seither verbindet sich der Vorwurf, er habe Deutschland in einer entscheidenden Phase vernachlässigt und der Kleinstaaterei preisgegeben, mit seinem Namen.

Friedrich kehrt zurück nach Italien und läßt seinen minderjährigen Sohn Heinrich als Statthalter in Deutschland zurück. Im Süden warten

56   In Aachen besteigt der junge Friedrich den Thron Karls des Großen. Wie dieser will er ein umfassendes abendländisches Reich schaffen.

die Kaiserkrone, 1220 in Rom vom Papst überreicht, und das Königreich Sizilien. Dieses will er wieder zu alter Blüte führen. Geschickt und mit Härte spielt er die selbstherrlichen Adligen gegeneinander aus und festigt mit jeder vereinnahmten Burg seine Macht. Zwischen 1221 und 1231 organisiert er das Staatswesen neu; eine dem Kaiser treuergebene Beamtenschaft leitet die Verwaltung. Sie darf in ihrem Amtsbezirk weder Geld noch Land besitzen; jeglicher Handel, Kauf oder Verkauf, Tausch oder Schenkung sind ihr verboten, ebenso die Heirat im eigenen Bezirk. Zudem müssen die Amtsinhaber alljährlich wechseln.

Um »für die kaiserlichen Dienste kluge und gewitzte Männer heranzubilden, denen er die Rechtspflege in seinem Reich anvertrauen« könne, gründet Friedrich 1224 in Neapel eine Universität. Hier sollen die Beamten in seinem Geiste ausgebildet werden; der Besuch ausländischer Hochschulen ist ihnen verwehrt.

Die Ein- und Ausfuhr von Waren wird genau überwacht, Handelsprivilegien anderer Seemächte werden beschnitten. Ein ausgeklügeltes Steuersystem beteiligt den Staat an allen Warenbewegungen; Produktionsmonopole für militärisch wichtige und gewinnbringende Güter garantieren zuverlässige Einnahmen für die Staatskasse. In der Landwirtschaft führt Friedrich neue Nutzpflanzen ein und enteignet brachliegendes Land zugunsten arbeitswilliger Bauern. Dabei greift er oft auf kurzzeitig in Vergessenheit geratene Gesetze seiner normannischen Vorfahren zurück. Sein Königreich Sizilien funktioniert und wirft genügend Gewinne ab, um neue Festungen und Soldaten zu unterhalten – Machtdemonstration der erstarkten Zentralgewalt und Vorbereitung auf kommende Kriege.

Auf Sizilien geht er energisch gegen die im Land verbliebenen Sarazenen vor. Obwohl schon seit langer Zeit der Herrschaft verlustig, sorgen sie in ihren entlegenen Rückzugsgebieten im Inneren der Insel immer wieder für Unruhe. Ihre Führer werden hingerichtet und 16 000 Muslime von der Insel nach Apulien deportiert. In Lucera entsteht eine richtige muslimische Stadt mit Moscheen, von deren Minaretten die Muezzins zum Gebet rufen. Eine Provokation gegen den Papst, dessen Besitzungen nicht weit entfernt sind. Die Lucerer danken dem Kaiser ihre Unterwerfung mit treuer Gefolgschaft. Eine nur ihm gehorsame und auf ihren schnellen Pferden schlagkräftige Elitetruppe umgibt ständig den deutsch-römischen Kaiser.

57 Deutsche Kaiserkrone.

Für die freie Ausübung ihrer Religion zahlen die Einwohner eine Kopfsteuer; laut Gesetz gelten sie wie die Juden als Kammerknechte des Herrschers. In den großen Werkstätten arbeiten Handwerker für die staatliche Waffenkammer, und Sarazenenfrauen weben Stoffe für den Hof. Hingerissen von ihren Verlockungen, habe er sich der Mädchen umfassend bedient, argwöhnt der Papst. Beweisen kann er es nicht, aber Archäologen finden in Friedrichs Palastruine Hinweise auf einen Harem. Er entspricht der Tradition im orientalisch geprägten Königreich Sizilien.

Um seinen Ruf im christlichen Abendland zu schädigen, wird dem Kaiser immer wieder ein unmoralischer Kontakt mit »ungläubigen« Frauen nachgesagt. In Palästina habe er Christinnen unzüchtig vor den

Muslimen tanzen lassen und sie jenen dann zum Geschlechtsverkehr übergeben; er selbst soll ein Kind mit der Sultanstochter gezeugt haben. Eine Anekdote führt sogar den Gesichtsschleier der muslimischen Frauen auf Friedrich zurück. Sie hätten ihren Liebling bei seiner Abreise aus Jerusalem so lange mit schwarz verhülltem Antlitz betrauert, bis daraus eine Tradition wurde. Mögen die Gerüchte noch so absurd erscheinen, spekuliert die Kirche, so bleibt doch immer etwas davon am Kaiser hängen.

Die besondere Feindschaft des Papstes hat sich Friedrich zugezogen, als er nach mehreren vergeblichen Anläufen endlich 1228 den seit vielen Jahren versprochenen Kreuzzug antritt. Doch statt mit militärischer Gewalt über die Muslime im Heiligen Land herzufallen, hat Friedrich verhandelt und mit diplomatischem Geschick einen Vertrag mit den Arabern ausgehandelt, der den Christen für zehn Jahre die Herrschaft über Jerusalem zuspricht. Ein Kreuzzug ohne Blutvergießen sei Verrat an der christlichen Sache, so tönt es von den Kirchenkanzeln.

Nach dem Ende der Staufer-Herrschaft und der Machtübernahme durch Karl von Anjou werden in Apulien die Muslime ermordet oder als Sklaven verkauft. Überreste der Sarazenen-Stadt sucht man im modernen Lucera vergebens; auch Friedrichs Palast wird gesprengt und findet als Steinbruch Verwendung.

DER NEUGIERIGE KAISER

Obwohl Friedrich die Hälfte seines Lebens unterwegs ist, Schlachten schlägt, Städte belagert und Reichstage veranstaltet, bleibt ihm Zeit für seine persönliche Vorliebe, die Wissenschaft. Was er in der Natur beobachtet, wie den Vulkanismus zum Beispiel, will er genau ergründen. Er stellt den Gelehrten präzise Fragen: »Woher kommt das Feuer, welches die Erde ausspeit sowohl in der Ebene wie aus den Bergen? Ebenso erscheint Rauch bald hier, bald dort. Wo wird er genährt, und was bewirkt seine Ausbrüche?«

In Ägypten bittet er um Aufklärung über optische Phänomene: »Warum sieht man Ruder, Lanzen und alle geraden Körper, von denen ein Teil in klares Wasser taucht, nach der Wasserfläche zu gekrümmt?«

Auch dem bedeutendsten Mathematiker im mittelalterlichen Abendland, Leonardo von Pisa, genannt Fibonacci, der 1240 siebzigjährig stirbt, läßt Friedrich ein schwieriges Problem zur Lösung vorlegen: Gibt es eine Quadratzahl, aus der, wenn man fünf hinzuzählt oder abzieht, jedesmal eine Quadratzahl hervorgeht? Die Frage ist bis heute nicht auf Anhieb mit elementaren Methoden zu lösen. Fibonacci verfaßt ein geniales Buch über die Quadratzahlen und widmet es Friedrich. Auch die anderen Schriften des Mathematikers sind Persönlichkeiten gewidmet, die mit dem kaiserlichen Hof in Verbindung stehen.

Fibonacci lernt die indische Methode des Rechnens mit neun Ziffern im arabischen Nordafrika zu schätzen. Nach vielen Studienreisen veröffentlicht er die für Europa neuen Kenntnisse im »Liber Abaci«, den auch der Kaiser liest. Zum Inhalt gehört die berühmte Kaninchenaufgabe: »Jemand hat ein Kaninchenpaar an einen umgrenzten Ort gebracht, um festzustellen, wie viele Kaninchenpaare das erste Paar innerhalb eines Jahres gebären wird. Ihre natürliche Beschaffenheit sei so, daß sie pro Monat ein weiteres Paar hervorbringen und ab dem zweiten Monat nach ihrer Geburt gebärfähig sind. Weil das zuerst beschriebene Paar im ersten Monat der Rechnung gebären wird, mußt du dieses verdoppeln; es werden zwei Paare nach einem Monat sein. Von diesen gebiert eines, nämlich das erste, im zweiten Monat. Und so sind es im zweiten Monat drei Paare. Von diesen werden in einem Monat zwei schwanger; im dritten Monat werden also zwei Kaninchenpaare geboren. So sind es im selben Monat fünf Paare; von diesen werden im selben Monat drei Paare schwanger. So sind es im vierten Monat acht Paare. Wenn man so fortfährt, erhält man in einem Jahr 377 Paare, die das erste Paar als Nachkommen hat.

Du kannst nämlich beistehend sehen, wie wir dies ausgerechnet haben. Zuerst addieren wir die erste und die zweite Zahl, nämlich 1 mit 2, dann die zweite mit der dritten, und die dritte mit der vierten, und die vierte mit der fünften und so der Reihe nach weiter, bis wir die zehnte mit der elften addiert haben, nämlich 144 und 233. So erhielten wir die Summe der oben beschriebenen Kaninchen, nämlich 377. Und so könntest du für eine unbegrenzte Zahl von Monaten fortfahren.«

Ob Friedrich die ihm von Fibonacci gestellten Aufgaben selbständig lösen kann, ist nicht überliefert. Die Araber jedenfalls hat er bei seinem Aufenthalt in Palästina mit seinem Wissen beeindruckt. Er sei ein sehr gelehrter Mann, ein gründlicher Kenner der Geometrie, der Arithmetik und der anderen spekulativen Wissenschaften, schreibt der Historiker al-Makrizi.

tau etiam temp
ger sicut et cer
Set qm in er
foras falconar
conem transit
et d facili poss
re falconm m
uerleraret ill
transeundum e
porcam ut n
ni quotiens
rus cum fal

scilicz timebitur s̄ agr̄inta
te falconis ad que loca de fo
ris prius portandus est · ;
    ostium autem orient
    portam falconarius ipe
uadat ad loca in quibz nlla
erit mlntitudo rerū insuetarz
falcom · 7 si foris est aliqś
partes unde non possit tran
sire · quis illuc uadat 7 uer
tat se sic q̄ teneat dorsum
falconis uersus parietem

58 Das be-
rühmte Falken-
buch Friedrichs
ist geschrieben
wie ein Comic.
Zeichnungen
verdeutlichen
durchgehend die
im Text geschil-
derten Zusam-
menhänge.

In den unter arabischem Einfluß stehenden Ländern, die sich in einem breiten Band von Afghanistan über die afrikanische Mittelmeerküste bis hin nach Spanien ziehen, blühen seit dem 8. Jahrhundert Philosophie und Wissenschaft. Die Mathematik erlangt innerhalb von 400 Jahren dank des Forscherdrangs arabischer Gelehrter einen seit den Griechen nicht mehr dagewesenen Glanz. Fürsten richten kostbare Observatorien und Bibliotheken ein, lassen genaue astronomische Tafeln anfertigen und versuchen, Handschriften von Werken der großen antiken Gelehrten Griechenlands zu erwerben. Die wichtigsten Bücher der indischen und griechischen Mathematik werden ins Arabische übersetzt und bereiten einen fruchtbaren Boden für Generationen von Wissenschaftlern. Vor allem in der Optik, Astronomie und Algebra erzielen sie herausragende neue Erkenntnisse.

Dieses Wissen will Friedrich für das Abendland nutzbar machen. Vorbild ist, neben Spanien, der Hof seiner normannischen Vorfahren in Palermo, wo arabische Gelehrte in großer Zahl zu Gast waren. Der Kartograph al-Idrisi schuf hier eine Weltkarte, die in einen silbernen Tisch eingraviert wurde. Für al-Idrisi gab es keinen Zweifel: Die Erde ist eine Kugel. Das lernt sicher auch der junge Friedrich, als christliche Wissenschaftler noch von der Scheibenform der Erde fabulieren.

Der Sultan von Ägypten schenkt dem Kaiser ein wertvolles Astrolabium. Das ist ein astronomisches Gerät, meist aus Bronze oder Messing, zur Messung der Höhe von Fixsternen, der Sonne und des Mondes über dem Horizont, um eine Menge astronomischer und topographischer Daten ohne eine einzige mathematische Formel zu gewinnen. Eine Hauptaufgabe des Astrolabiums ist die Messung der Uhrzeit, für Muslime von besonderer Bedeutung bei der Bestimmung der Gebetsstunden. Friedrich stehen also ausreichende Hilfsmittel zur Verfügung, um die Konstruktion des Castel del Monte als Sonnenuhr durchführen zu können.

IN DER SCHATZKAMMER DES VATIKAN

Die größte naturwissenschaftliche Leistung Friedrichs II. ist ein Werk der Vogelkunde mit dem Titel »Über die Kunst, mit Vögeln zu jagen«. Wer es heute im Original in die Hand nehmen möchte, muß im römischen Vatikan gepanzerte Türen und klimatisierte Tresorschränke öffnen. Erst dann kann er in dem Manuskript mit seinen immer noch leuchtenden Farbzeichnungen blättern – fast unmöglich für den Normalsterblichen. Auch unser Kamerateam muß anfangs vergeblich um Einlaß bitten, immer wieder gibt es neue Gründe für eine Absage.

Herrscher über die immensen Bestände der päpstlichen Bibliothek ist der irische Pater Boyle, selbst ein führender Schriftgelehrter. Wie ein Zerberus wacht er über die Schätze von unermeßlichem Wert und bringt fast auch unsere Bemühungen um Zutritt zum Scheitern. Der Vatikan habe von einem eigenen Filmteam alles Sehenswerte dokumentieren lassen und verkaufe nun dieses Material in eigener Regie, lautet die lakonische Auskunft. Wir sichten die Aufnahmen, aber sie entsprechen keinesfalls unseren Qualitätsansprüchen.

Ein neuerlicher Anlauf läßt uns bis zur Pforte von Pater Boyles Reich vordringen. Doch die unfreundlichen Beamten der päpstlichen Privatpolizei verhindern energisch den Eintritt zur Bibliothek. Der Pater ist wegen einer Verabredung zum Mittagessen mit dem Präsidenten der »Bank of America« nicht zu sprechen. Da kommt uns in diesen heiligen Hallen ein Schutzengel zu Hilfe und wendet das Blatt. Der Pater hat sich den Magen verdorben und läßt das Mittagessen ausfallen. Er erbarmt sich unser, und unter seiner Führung öffnen sich die mehrfach gesicherten Türen. Vorbei an endlosen Regalen mit Büchern in vielen Sprachen, geleitet er uns in das Allerheiligste. Als er endlich die Tresortür öffnet, stehen wir vor einer Anzahl großformatiger Folianten von unscheinbarem Äußeren. Der geschätzte Versicherungswert beträgt mehrere hundert Millionen Mark. Aber ob sie wirklich versichert sind, verrät der Pater nicht; er übergeht neugierige Fragen mit Schweigen. Zuerst schlägt er eine Handschrift aus Fulda auf, beschrieben in seltsamer Buchstabenanordnung und mit herrlichen Farben bemalt. Dann greift er zu dem Werk, um das zu sehen wir so viele Hindernisse überwinden mußten: das älteste im Original erhaltene Exemplar von Friedrichs Falkenbuch.

Es ist eine Ironie der Geschichte, daß hier im Machtzentrum seiner einstigen Hauptfeinde der wichtigste Nachlaß des Stauferkaisers so sorgsam aufbewahrt wird. Als Kriegsbeute kommt er nach Frankreich, wird im 16. Jahrhundert als Besitz einer Nürnberger Arztfamilie erwähnt und gelangt dann nach Heidelberg in die berühmte kurfürstliche »Bibliotheca Palatina«. Als die katholischen Truppen im Dreißigjährigen Krieg Heidelberg erobern, schenkt ihr Heerführer Tilly die wertvolle Bibliothek kurzerhand dem Papst. Seit 1623 befindet sie sich in Rom.

59 Friedrich gibt große Geldsummen aus, um Falken für die Jagd zu kaufen und zu dressieren; nicht immer mit dem Beifall seiner Zeitgenossen.

Friedrich II. ist wie viele Fürsten seiner Zeit ein leidenschaftlicher Jäger. Zur Hatz benutzt er nicht nur Hunde, sondern auch Luchse und exotische Leoparden. Am meisten aber liebt er die Jagd mit Falken. Er gibt ein Vermögen aus, um seltene Raubvögel zu erwerben. Auf der Insel Malta werden für ihn Falken gefangen und aus dem hohen Norden die besonders begehrten Ger- und Sakerfalken über die Hansestadt Lübeck herbeigeholt. Über 50 Falkner hegen den kaiserlichen Bestand. Friedrichs Ziel ist es, einen noblen Sport zu vervollkommnen und die Jagd so erfolgreich wie möglich zu machen. Die Raubvögel werden durch gezieltes Training zur vollen Entwicklung ihrer erstaunlichen naturgegebenen Fähigkeiten dressiert.

»Die Jagd ist nämlich«, schreibt Friedrich, »nichts anderes als Bewegung und Übung in der Absicht, wilde Tiere zu fangen.« Folglich beobachtet er die Bewegung der jagdbaren Vögel bis in den Ursprung zurück, bis zu Flügelschlag, Muskulatur, Sehnen, Nerven, Gehirn und Knochenbau, setzt sie in Beziehung zu ihrem Lebensraum, zu Luft, Wasser und Landschaft. Sein für die Zeit revolutionäres Motto lautet: »Die Dinge, die sind, so sichtbar zu machen, wie sie sind.«

Wie gering die wissenschaftliche Erkenntnis zu Friedrichs Zeiten oft ist, zeigt die damals weitverbreitete Legende über die Fortpflanzung der Ringelgänse. Der Kaiser spürt ihr nach:»Gleichwohl geht die Meinung um, daß die Ringelgänse aus morschen Bäumen entstehen würden. Sie sagen nämlich, es gäbe in den weit entfernten nördlichen Gegenden Hölzer von Schiffen, in denen durch Fäulnis ein Wurm entstünde; aus diesem solle dann weiter jener Vogel entstehen, indem er mit seinem Schnabel an dem morschen Holz hinge, bis er fliegen könne. Aber Wir haben sehr lange nachgeforscht, ob diese Meinung irgendeine Wahrheit enthielte, und Wir haben mehrere unserer Boten dorthin geschickt. Wir veranlaßten, daß jene Hölzer zu Uns gebracht wurden, und Wir haben gesehen, daß muschelartige Gebilde am Holz hingen und daß diese Muscheln in keinem ihrer Teile irgendeine Form eines Vogels zeigten. Daher glauben Wir dieser Meinung nicht, außer wenn Wir für diese bessere Beweise erhalten sollten.«

Trotzdem wird diese Legende noch Jahrhunderte später in vogelkundlichen Schriften für bare Münze genommen. Friedrich ist seiner Zeit weit voraus; das Falkenbuch bleibt für lange Zeit unerreicht.

Horst Stern berichtet, der große Verhaltensforscher und Nobelpreisträger Konrad Lorenz habe im Gespräch mit ihm darauf hingewiesen, wie genau die Tierbeobachtungen des Stauferkaisers waren. Erst die moderne Wissenschaft konnte mit den Hilfsmitteln Fernglas und Nachtsichtgerät ihre Genauigkeit bestätigen und übertreffen. Einen Tierfreund im heutigen Sinne nennt Horst Stern, der sich viele Jahre mit Friedrichs Lebensgeschichte beschäftigt hat, den Kaiser aber nicht. Zu grausam wurde auch durch ihn die Jagd betrieben. Selbst das Falkenbuch ist von Anleitungen zur Tierquälerei nicht frei. Einem Kranich beispielsweise, der dem Falken bei der Dressur als lebende, aber wehrlose Beute dienen muß, werden die Krallen abgesengt, und man bindet den Schnabel durch die Nasenlöcher zu, damit der Vogel nicht beißen, vernäht die Augen, damit er nicht sehen kann. Notfalls werden auch noch die Beine gelähmt und gefesselt. Solche Tierquälerei gilt in diesen Zeiten als normal, auch Menschen behandelt man oft nicht besser. Der wissenschaftliche Wert des Falkenbuches wird dadurch kaum geschmälert.

DAS VERSCHOLLENE MANUSKRIPT

Das einzigartige Werk liegt in der bibliophilen Schatzkammer des Papstes vor uns. Pater Boyle weist beim Blättern von Seite zu Seite auf den überraschend guten Erhaltungszustand der zweiteiligen Handschrift hin. Der erste Band beschäftigt sich mit dem Verhalten von Vögeln im allgemeinen, der zweite mit den Falken.

Verzeichnet ist auch der Hinweis, Friedrichs Sohn Manfred habe die Ausgabe nach Aufzeichnungen des Vaters und einer Originalschrift angefertigt. Eine Illustration zeigt Manfred, wie er, vor seinem Vater kniend, die Bitte ausspricht, ein Buch über die Falkenjagd zu schreiben. Die Suche nach der geheimnisvollen Originalschrift ist bis heute ohne Erfolg geblieben.

Im Jahre 1248 belagert der Kaiser die Stadt Parma, einen wichtigen Verkehrsknotenpunkt zwischen Nord- und Süditalien. Dem Papst verbundene Truppen haben mit Unterstützung des Erzfeindes Mailand die Macht in der Stadt an sich gerissen und bedrohen die kaiserlichen Nachschubwege. Friedrich belagert Parma einen ganzen Winter lang, um die Bevölkerung auszuhungern. Nach der Eroberung soll die Stadt dem Erdboden gleichgemacht werden. Vorsorglich hat der Kaiser schon eine neue Konkurrenzstadt gegründet mit dem siegesbewußten Namen »Vittoria«, die ihm als Heerlager dient. Es scheint auch alles nach Plan zu verlaufen; die Belagerten sind fast am Ende. Friedrich und sein Gefolge nutzen die Wartezeit zu einem Jagdausflug in die Umgebung; Jagdfalken dürfen dabei nicht fehlen. Da geschieht das Unerwartete. Mit dem Mut der Verzweiflung wagen die Parmeser einen Ausfall und greifen mit Hilfe einer Finte Vittoria an. Überrascht und führerlos fliehen die kaiserlichen Soldaten; es wird eine katastrophale Niederlage. Das Blutbad im Heer fordert viele Opfer unter den Getreuen, der Kronschatz geht ebenso verloren wie der Harem und die wissenschaftliche Sammlung; eine unermeßliche Beute. Noch schmerzender ist der Gesichtsverlust; der Kaiser gilt nicht mehr als unbesiegbar.

Bei der Beute soll sich auch die kostbare Urschrift des Falkenbuchs befunden haben. In den Archivpapieren des Grafen der Provence und Nachfolgers der Staufer auf dem sizilischen Thron, Karl von Anjou (1226 – 1285), ist ein Brief erhalten, mit dem der Mailänder Kaufmann Bottatius eine Prachthandschrift über Vögel und Hunde aus dem angeblichen Besitz Friedrichs II. zum Kauf anbietet. Der Händler preist das mit Gold und Silber reich geschmückte Werk in höchsten Tönen und beschreibt seinen Inhalt. Obwohl die Angaben nicht mit den erhaltenen Fassungen von Friedrichs Falkenbuch übereinstimmen, gilt der Brief als Hinweis auf den Verbleib der Urversion.

Der deutsche Historiker Johannes Fried hat die verschiedenen Ausgaben gründlich untersucht. Er hält es durchaus für möglich, daß die von Bottatius angebotene Prachthandschrift aus dem Besitz Friedrichs stammte und zur Beute der Parmeser gehörte, sieht in ihr aber nur eine Textsammlung verschiedener Autoren, die der Kaiser als eine Art Handbibliothek mit sich führte. Laut Fried ist der Verbleib der Urschrift des Falkenbuches weiterhin rätselhaft, falls der Kaiser eine solche, trotz dreißigjähriger Vorarbeit, überhaupt fertiggestellt habe.

Der Kaisersohn Manfred, König von Sizilien, gibt in seiner zweibändigen Ausgabe des Buches verschiedene Hinweise, daß er nach dem Tode des Vaters kein fertiges Werk vorfand, sondern eine Handschrift voller Lücken, die der Ergänzung durch Material aus einem »Zettelkasten« Friedrichs bedurfte. Manfred bemüht sich um die literarische Fertigstellung des wissenschaftlichen Vermächtnisses seines Vaters, vollenden kann er das Werk aber ebensowenig. Der Krieg mit dem Thronkonkurrenten Karl von Anjou und sein früher Tod auf dem Schlachtfeld von Benevent 1266 verhindern dies.

DER FLUCH DES SÜDENS

Wer in öffentlichen oder privaten Gebäuden von kunsthistorischer Bedeutung Filmaufnahmen machen möchte, muß in der Regel bezahlen. Das hat auch seine Berechtigung, denn diese Bauten wollen erhalten und gepflegt sein. Da ist es verständlich, wenn die nutznießenden Medien zur Kasse gebeten werden. Aber es gibt erhebliche regionale Unterschiede bei der Handhabung der Drehgebühren. Wer mitteleuropäische Maßstäbe beim Umgang mit Kulturbeamten auf den Süden Italiens anwendet, gerät schnell an die Grenzen der nervlichen Belastbarkeit.

Ich habe in arabischen, afrikanischen und lateinamerikanischen Staaten manche unerfreuliche Erfahrung mit unberechenbaren Bürokraten machen müssen, aber der Mezzogiorno, der tiefe Süden des italienischen Stiefels, hält Überraschungen bereit, mit denen ich hier nicht gerechnet habe. Wenn in Ägypten oder Mexiko Hindernisse im Genehmigungsprozeß auftreten, hilft eine dezent überreichte »Spende« bald weiter. Es hat dort alles seine Ordnung. Im Mezzogiorno kann man sich darauf nicht verlassen. Manchmal ergeben sich sogar Schwierigkeiten dabei, die von uns letztlich nur zähneknirschend akzeptierten, weil überhöhten, offiziellen Gebühren zu entrichten.

Als drastisches Beispiel mag hierfür das Castel del Monte dienen. Es untersteht der Oberaufsicht aller Kultur- und Kunstgüter im Regierungsbezirk Bari und diese dem Kulturministerium in Rom. Selbst der Oberbürgermeister von Bari hat darum keinen Einfluß auf dieses Amt.

Wir schicken ein höfliches Schreiben an die zuständige Referentin mit der Bitte um eine Drehgenehmigung. Einige Wochen später erkundigen wir uns nach dem Fortgang der Angelegenheit. Die Referentin ist nicht anwesend, aber ein Kollege hat vom Eintreffen unseres Briefes gehört. Der sei aber unbearbeitet geblieben und inzwischen verschollen. Er bittet um Übersendung eines neuerlichen Antrags, aber diesmal in doppelter Ausfertigung, da seiner Kollegin schon wiederholt etwas abhanden gekommen sei. Wir schreiben und üben uns in weitere Wochen in Geduld. Die Zeit vergeht, und der geplante Drehtermin Ende September rückt näher. Die Referentin ist zuerst krank gemeldet und dann monatelang im Urlaub; es gibt keine Vertretung. Wir hören nichts von der Behörde. Einige Tage vor dem Drehtag gelingt uns endlich ein telefonischer Kontakt. Natürlich sei alles bestens vorbereitet, verkündet die Referentin mit strenger Stimme, jetzt müßten wir nur noch das vom Gesetzgeber geforderte Entgelt bei der Bank einzahlen und ihr der Beleg vorliegen, dann könne sie die Erlaubnis abstempeln. Dies sei allerdings wegen ihres übervollen Terminkalenders nur noch am übernächsten Tag zwischen acht und zehn Uhr vormittags möglich.

Wir handeln wie befohlen, bewältigen sogar das morgendliche Verkehrschaos in Bari und erhalten das ersehnte Papier. Es bleiben ausreichende zwei Stunden, um pünktlich zum mittäglichen Schattenphänomen am Tag der Herbst-Tagundnachtgleiche in das Castel del Monte zu gelangen; sogar die drohenden Regenwolken verziehen sich zur Mittagszeit. Doch der Aufseher vor Ort, mit dem der Ablauf unserer Dreharbeiten vorsorglich schon frühzeitig abgesprochen war, vermißt im Schreiben seiner Vorgesetzten die Sondergenehmigung zum Betreten des Schloßdachs. Ein Versicherungsproblem, erklärt er uns. Wir sind zuerst sprachlos, dann bitten wir um sofortigen Anruf bei der Signora in Bari. So etwas könne nicht telefonisch geregelt werden, ist die Begründung für seine kategorische Weigerung. Wir greifen selbst zum Telefon. Eine Amtsperson informiert uns inoffiziell über die bereits erfolgte Abreise der Referentin an den Strand; er könne leider in dieser Angelegenheit nichts für uns unternehmen. Offiziell ist heute in ganz Italien ein normaler Arbeitstag.

Die Sonne steigt höher; ratlos drohen wir mit internationalen Verwicklungen und Kürzung des deutschen Beitrages für den europäischen Regionalfonds zugunsten Süditaliens. Plötzlich haben wir Erfolg: Der Aufseher scheint wohlinformiert über die politischen Realitäten und genehmigt nach Hinterlegung einer Kaution unseren Aufstieg. Punkt zwölf Uhr mittags kann der Kameramann sein Gerät hinunter in den Schloßhof schwenken.

Wir bitten einen einheimischen Kenner der Verhältnisse um Erklärung. Mit einem mitfühlenden Lächeln breitet er die Geschichte des Südens vor uns aus. Der Mezzogiorno habe nie Anschluß gefunden an die wirtschaftliche Entwicklung des Nordens, und nur die von dort kommenden Hilfsgelder würden den völligen Zusammenbruch verhindern. Es hat sich darum ein Klima der Abhängigkeit und Bequemlichkeit breitgemacht. Da Staatsdiener ihr Gehalt mit einiger Zuverlässigkeit direkt aus Rom beziehen, wurden immer mehr überflüssige Beamtenstellen für Freunde und Verwandte einflußreicher Politiker eingerichtet. Deren Inhaber haben nichts zu tun. Damit aber ja niemand auf die Idee kommt, ihre Daseinsberechtigung in Frage zu stellen, kehren sie ihre Wichtigkeit besonders eindringlich hervor. Das führt zu absurden Arbeitsabläufen. Der erste Beamte nimmt ein Telefonat entgegen, der zweite schreibt die Nachricht auf, der dritte leitet sie an einen vierten weiter, der wiederum eine Urkunde ausfertigt, die vom dritten abgestempelt wird, bevor der zweite einen Briefumschlag adressiert, den der erste zur Post bringt. Sonst ist man am Strand, bei vielen offiziellen Empfängen oder geht privaten Geschäften nach. Auch die Wein- und Olivenernte will beaufsichtigt sein.

MIT DEN WÖLFEN HEULEN

Fairerweise muß ich aber auch die Ausnahmen von der Regel erwähnen, überaus freundliche Menschen, die uns ohne Eigennutz geholfen haben. Zu ihnen gehören einige ältere Herren, die ich beim Friseur in der kleinen Stadt Andria kennenlerne. Laut Statistik zählt sie zu den kriminellen Hochburgen Italiens, und wir lassen unsere Gerätewagen keinen Moment aus den Augen.

Am späten Vormittag betreten mehrere wohlgenährte Männer den Frisiersalon. Anstatt sich auf den unbesetzten Sesseln an meiner Seite niederzulassen, nehmen sie im Warteraum Platz. Ein Kellner bringt unaufgefordert Espresso aus der benachbarten Bar, ganz selbstverständlich auch für mich. Jugendliche parken ihre Motorroller vor der Tür und überbringen der Herrenrunde prall gefüllte Briefumschläge. Eine Szene von kleinstädtischem Charme; die Unterhaltung ist angeregt. Unter allgemeinem Gelächter wird mir von einem Gefängnisaufenthalt in Frankreich wegen Zuhälterei erzählt, damals, als man noch jung war. Ich berichte über unsere Dreharbeiten in der Stadt; die lokalpatriotische Begeisterung der Anwesenden wächst. Der Beleibteste in der Runde lädt das Team zum Essen in sein Restaurant ein, das beste in Andria, versichert er mit bescheiden gesenktem Kopf. Auf meine Frage, ob er auch einen sicheren Parkplatz für unsere Geräte habe, antwortet er ernst, niemand würde es hier wagen, seine Gäste zu bestehlen. Die Herrenrunde nickt zustimmend. Das abendliche Essen ist ein voller Erfolg. Als ich im Hotel von der Einladung erzähle, werfen sich die Angestellten erstaunte Blicke zu. Wir werden nun auffällig zuvorkommend behandelt.

Die regionale Erscheinungsform der Mafia trägt in Apulien den klingenden Namen »Heilige Krone«. Ob ein Bezug zum nahen Castel del Monte besteht, das ebenfalls wie eine Krone die Landschaft beherrscht, konnte ich allerdings nicht in Erfahrung bringen.

GATTENMÖRDER ODER FRAUENLIEBLING

Nachgewiesen ist Friedrichs Vaterschaft bei 16 Kindern, die er mit wahrscheinlich zehn Frauen hatte. Anzunehmen sind aber weitere Bastarde, wie Historiker unehelichen Nachwuchs von gekrönten Häuptern immer noch gerne nennen.

Zum ersten Mal tritt der Staufer mit 14 Jahren vor den Traualtar. Seine Braut hat der päpstliche Vormund nach politischen Gesichtspunkten ausgesucht. Konstanze von Aragon ist zehn Jahre älter und bereits Witwe. Ihre wichtigste Mitgift, 500 spanische Ritter, rafft bald eine Seuche dahin. Trotzdem ist die Ehe ein Erfolg; Friedrich läßt ihren Leichnam in der Familiengruft bestatten und schreibt einen letzten zärtlichen Reim auf den Sarkophag:

»Siziliens Königin war ich, Konstanze, Dir angetraute Kaiserin;
hier wohne ich nun, Friedrich, die Deine.«

Mit ins Grab legt der Kaiser die eigene, juwelengeschmückte Krone.

Die zweite Gemahlin, Jolanthe von Brienne, bringt die Krone Jerusalems mit in die Ehe. Obwohl die Heiligen Stätten in Palästina längst wieder von den Arabern erobert wurden, ist auch deren symbolische Regentschaft dem Kaiser ein ausreichender Heiratsgrund. Noch immer ist auch sein Versprechen unerfüllt, Jerusalem für die Christenheit zurückzugewinnen. Doch bevor er 1228 zum Kreuzzug aufbrechen kann, stirbt Jolanthe siebzehnjährig im Kindbett. Ihr Vater, der Friedrich die Ansprüche auf Jerusalem neidet, streut sofort das Gerücht, der Kaiser habe die Ehefrau vergiften lassen. Auch nach dem Tod Isabellas von England, der dritten Ehefrau, wird der Gatte des Mordes verdächtigt. Immer ist der Papst an den Verleumdungskampagnen beteiligt.

Im 800. Geburtsjahr des Kaisers, 1994, wollen Wissenschaftler den Kriminalfall um Jolanthe und Isabella lösen. In Anwesenheit von Medizinern, Denkmalschützern und eines Notars läßt der Bischof von Andria jene zwei Gräber in der Krypta seines Doms öffnen, in denen wahrscheinlich die sterblichen Überreste der Kaiserinnen ruhen. Die zutage geförderten Holzsärge werden nach Pisa in ein Universitätsinstitut geschafft. Hier untersucht Professor Fornaciari, weltweit anerkannter Fachmann für Paläopathologie, den Inhalt. Röntgenaufnahmen von Mumien oder zertrümmerte Totenschädel geben seiner Fachrichtung Auskunft über Krankheiten und Todesursachen vor vielen tausend Jahren. Mit Hilfe moderner Analysetechnik untersucht er die Knochen aus Andria. Im Vorfeld ist allerdings ein schwieriges Identifikationsproblem zu lösen. In einem Sarg liegen unvollständige Skelettteile von fünf, im anderen von vier Personen. Die Knochen müssen nach Geschlecht und Sterbealter zugeordnet werden. Am Ende der Untersuchung bleiben zwei Skelette übrig, die von den Kaiserinnen stammen könnten. Der Wissenschaftler entnimmt Knochenproben, die – zermahlen und in Wasser gelöst – im Isotopenspektograph verdampfen. Die Apparatur mißt mit Hilfe eines Computers selbst winzige Spuren chemischer Elemente. Fornaciari sucht nach Arsen und anderen gebräuchlichen Giften aus der Zeit Friedrichs, die im Skelett bis heute nachweisbar sein müßten. Die Indizien scheinen Friedrich vom Gattenmord freizusprechen; das Meßgerät vermeldet

60 Im Grab seiner ersten Ehefrau wurde eine von Friedrichs juwelengeschmückten Kronen entdeckt – er hatte deren mehrere: Kronen und Ehefrauen.

keine Giftrückstände. Aber es ist ein Urteil aus Mangel an Beweisen, zu willkürlich sei die angewandte Methode, kritisieren Kollegen des Professors.

Als galanter Verehrer weiblicher Tugenden zeigt sich der Kaiser in seinen Gedichten. Er fördert bei Hofe die heitere Kunst der Troubadoure und legt damit den Grundstein für eine Poesie in der italienischen Volkssprache. Selbst seine Beamten reimen, hoffentlich mit größerem Talent als ihr Herr. Trotzdem soll eine Kostprobe kaiserlichen Dichtens nicht unterschlagen werden:

> »Weh mir, denn ich vermag es nicht zu fassen,
> Daß es mir brächte solche Herzensnot,
> Von meiner Herrin Abschied zu erbitten.
> Denn kaum, daß meine Süße ich verlassen,
> Da schien mir wünschenswert nur noch der Tod.«

Minnegedichte widmet Friedrich auch Bianca Lancia, von der es heißt, sie sei die große Liebe seines Lebens gewesen. Obwohl nie offiziell vermählt, überdauert ihre Beziehung viele Jahre und beschert den Historikern drei Bastardkinder, darunter Friedrichs Lieblingssohn Manfred.

Einer Legende nach lebte seine Mutter Bianca in Gioia del Colle im Kerker, weil Friedrich von Verratsängsten und blinder Eifersucht

61   Die Franziskaner predigen im ganzen Reich gegen Friedrich, der seine Gegner mit wachsender Härte verfolgt.

besessen war. Zur Wiedererlangung der Freiheit soll sie sich, um in Zukunft gegen jeglichen Verdacht gewappnet zu sein, die Brüste abgeschnitten haben. Diese ließ sie dem Kaiser auf einem silbernen Tablett zusammen mit dem Neugeborenen bringen. Zur Erinnerung an diese traurige Begebenheit bildet ein unbekannter Steinmetz Biancas Brüste auf einem Quader des Gefängnisturms ab. Der Reiseführer erzählt die Anekdote immer wieder; sie wird von Besuchern des Palastes gerne gehört.

DIE GEHEIMWAFFE DES PAPSTES

»Seine zweite Wahnidee war, daß er ein Experiment machen wollte, welche Art Sprache und Sprechweise Knaben nach ihrem Heranwachsen hätten, wenn sie vorher mit niemandem sprächen. Und deshalb befahl er Ammen und Pflegerinnen, sie sollten den Kindern Milch geben, daß sie an den Brüsten saugen möchten, sie baden und waschen, aber in keiner Weise mit ihnen schöntun und zu ihnen sprechen. Er wollte nämlich erforschen, ob sie die hebräische Sprache sprächen, als die älteste, oder griechisch oder lateinisch oder arabisch oder die Sprache ihrer Eltern, die sie geboren hatten. Aber er mühte sich vergebens, weil die Kinder alle starben. Denn sie vermöchten nicht zu leben ohne das Händepatschen und das fröhliche

Gesichterschneiden und die Koseworte ihrer Ammen und Näherinnen. Friedrichs sechste Neugier und Wahnidee bestand darin, daß er bei einem Mahle zwei Männer trefflich speiste und den einen von ihnen schlafen, den anderen auf die Jagd sandte und am nächsten Abend in seinem Beisein ihren Bauch aufschneiden und entleeren ließ, um zu erkennen, wer besser verdaut habe. Und die Ärzte fällten das Urteil, daß der, der geschlafen habe, eine bessere Verdauung hatte.

Ferner gab Friedrich noch andere Beweise von Wahnideen, Neugier, Flucherei, Ungläubigkeit, Verruchtheit und Mißbrauch. So soll er einen Mann lebendig in ein Faß gesperrt haben, bis jener darin starb, um zu sehen, ob aus demselben die Seele des Sterbenden herauskomme. Nachdem nichts zum Vorschein gekommen war, stellte der Kaiser zufrieden fest, dies bezeuge die Nicht-Existenz der Seele. Doch da bemerkte einer der Höflinge, daß selbst die Schreie, die man doch aus dem Faß hatte hören können, nicht zu sehen gewesen waren. Auf Grund dieser Feststellung war Friedrich in langes Schweigen versunken, dann verordnete er, sein voriges Urteil in ›unbewiesen‹ abzuändern.«

Dieser Bericht scheint auf den ersten Blick glaubwürdig. Salimbene schildert die Experimente in für seine Zeit durchaus nüchternen Worten, die ihre beabsichtigte Wirkung bei vielen Lesern erreicht haben dürfen. Er hat in ähnlicher Weise über Ereignisse in seiner Heimatstadt Parma geschrieben und erfreut sich wegen dieser zuverlässigen Berichterstattung großen Respektes bei Historikern. Sie sahen darum auch keinen Grund, an dem Friedrich betreffenden Text zu zweifeln, obwohl nur bei Salimbene über diese grausamen Menschenversuche zu lesen ist. Stutzig hätte man jedoch beim Studium der folgenden Versuchsanordnung werden müssen: »Seine vierte Wahnidee war, daß er einen gewissen Nicola gegen seinen Willen mehrfach auf den Boden des Faro sandte, der auch mehrere Male von dort zurückkehrte. Da er aber erfahren wollte, ob jener wirklich und wahrhaftig bis zum Grunde getaucht und von da zurückgekehrt sei oder nicht, so warf er einen goldenen Becher da ins Meer, wo er glaubte, daß es am tiefsten sei. Und jener tauchte hinab, fand ihn und brachte ihn ihm, und es erstaunte den Kaiser. Als er jenen aber noch einmal hinabsenden wollte, da sprach der zu ihm: 'Schickt mich um keinen Preis wieder dorthin, weil das Meer in der Tiefe so aufgeregt ist, daß, wenn Ihr mich hinschickt, ich niemals zurückkehren werde!' Und dennoch sandte er ihn hin, und niemals kehrte er zurück, indem er da unten zugrunde ging.«

Keinem aufmerksamen Leser dürfte entgangen sein, daß dieser Text mit dem Gedicht »Der Taucher« von Friedrich Schiller übereinstimmt. Der deutsche Poet muß allerdings beim Dichten nicht unbedingt seinen Namensvetter als Tyrannen im Sinn gehabt haben; die Erzählung ist viel älter. Schon in der Antike hat sie der Reiseschriftsteller Herodot, auf den ägyptischen Pharao Psammetich gemünzt, vernommen.

Salimbene schrieb eine alte Standarddenunziation gegen angebliche Despoten einfach ab. Das wirft ein schlechtes Licht auf die Glaubwürdigkeit seiner übrigen Schilderungen. Trotzdem wurden und werden sie von ernsthaften Gelehrten geglaubt. Friedrichs gesamtes Verhalten erscheint ihnen so zwielichtig, daß sie ihm selbst diese Menschenversuche zutrauen.

»Durchtrieben, verschlagen, sinnlich, bös und jäh«, so wird er von Zeitgenossen bezeichnet. Anderen gilt er als »wohlgebaut und stattlich von Person mit einem heiteren Wesen«. Beide Beschreibungen scheinen nicht erfunden zu sein; der Staufer verfügt über zwei Gesichter. Selbst ein Freund urteilt, er habe die Augen einer Schlange.

Im Gargano, auf dem Sporn des italienischen Stiefels, liegt das Franziskaner-Kloster San Matteo. Schon zu Friedrichs Zeiten wirkten hier Mönche. Von Bruder Villani wollen wir erfahren, warum die Franziskaner erbitterte Feinde des Kaisers waren.

Der Ordensgründer Franziskus gilt als großer Gegenspieler Friedrichs, doch der Bruder winkt ab. Erst der Papst habe die Mönche zur Rebellion gegen den Kaiser gezwungen, entgegen der Ordensregel. Der heilige Franziskus hat anderes im Sinn. Sein Reformorden soll die Kirche wieder auf den rechten Weg führen, hin zu Besitzlosigkeit und Respektierung aller Lebewesen. Franziskus selbst zieht bettelnd und hungernd umher. Zuerst als Ketzer beargwöhnt, drängt er in den Schoß der Kirche. Dem Papst kommt der neue Orden sehr gelegen. Im ganzen Abendland sind Sekten und Freikirchen entstanden, die immer radikaler gegen die verweltlichte Amtskirche kämpfen. Die Franziskaner können nun mithelfen, den Unmut der Gläubigen aufzufangen und das Papsttum zu retten. Nicht nur Ketzern erklären sie den Glaubenskrieg, auch der Kaiser wird Zielscheibe der eifernden Mönche in den braunen Kutten. Überall im Reich ergreifen sie Partei für den Papst und entfesseln eine ungezügelte Propagandakampagne gegen Friedrich.

difficilia emergunt
brun̄ aris. R
miquem; n̄
ex sola suā nobū
deuerteuer̄ ꝗ au au
pito ipm legn suā
ming bꝛdoꝛ̄
cum ars hau
pꝛia ꝙ admoꝛ̄
ꝗ nos non in
drea.lannoꝛ ꝟba
omnibꝰ
quobanrur̄ esse
cellagꝛ posser uitem
bun͏
tum
num
am̄
om
um
ioam pars ꝺ gꝛi
tunꝫ cam eoum ꝗ
eiuol̄tiā ꝗnoꝛ

Laut Bruder Villani sind so auch die Tiraden Salimbenes zu verstehen. Für den Franziskaner von heute ist der Staufer kein Gegner des Christentums gewesen. Zwar könne man ihn nicht als leuchtendes Vorbild bezeichnen, aber ein »Antichrist« war er nicht. Das beweise sein Wunsch, in der Kutte der Zisterzienser-Mönche zu sterben. Diesen Letzten Willen hatte auch der heilige Franziskus – es war eine Demonstration tiefer Gläubigkeit.

WER IST DER ERSTE NACH GOTT?

Auf dem Konzil in Lyon stellt Papst Innozenz IV. im Jahre 1245 die Machtfrage: »Ferne sei es, einem Manne oder seinem Schlangengezücht weiterhin das Zepter über das christliche Volk zu belassen, den übermäßiges Glück so aufgeblasen hat, daß er seine Abstammung von Menschen vergaß, unmenschlich gegen Menschen wütet, die seine tierische Wut vernichtet wie Schafe, und sich dadurch gegen den Schöpfer der Menschheit erhebt, dessen Antlitz er in dem menschlichen verachtet und in der Kreatur.«

Ein Pamphlet des Erzbischofs Rainer von Viterbo heizt die Stimmung gegen Friedrich weiter an: »Und da er das Stirnhorn der Macht hat und einen Mund, der Ungeheuerlichkeiten hervorbringt, so glaubt er, Gesetze und Zeiten verwandeln zu können, daß die Wahrheit im Staube liege, und deshalb schwatzte er gegen den Höchsten und stieß Schmähungen aus gegen Moses und Gott.

Habt kein Mitleid gegen den Ruchlosen! Werft ihn zu Boden vor der Könige Antlitz, daß sie ihn sehen und fürchten, im Handeln ihm zu folgen! Werft ihn hinaus aus dem Heiligtum Gottes, daß er nicht länger herrsche über das christliche Volk! Vernichtet Namen und Leib, Sproß und Samen dieses Babyloniers! Die Barmherzigkeit möge seiner vergessen!«

Der Bannspruch gegen den Kaiser scheint vernichtend. Friedrich sei schuldig des Meineids, des Friedensbruchs, der Gotteslästerung und der Ketzerei. Er wird als Kaiser und König abgesetzt; die deutschen Fürsten sollen einen Nachfolger bestimmen; Sizilien fällt an den Papst.

Der Konzilsbeschluß stiftet Unruhe und Verwirrung, entmachten kann er Friedrich nicht. Doch seine Gegner in Deutschland und Italien fühlen sich gestärkt und wagen immer wieder offene Rebellion. Der

62 (linke Seite) Das Kirchenkonzil von Lyon hat den Stauferkaiser gebannt und als Ketzer verurteilt. Die letzten Lebensjahre kämpft er mit dem Rücken zur Wand gegen immer stärker werdende Feinde (Miniatur aus dem Falkenbuch).

Wind der Geschichte bläst dem Staufer ins Gesicht; der Ton am Kaiserhof wird schärfer. Hat der Papst oft schon Beschwerde über Schikanen gegen die Geistlichkeit geführt, lernt er jetzt richtigen Terror kennen. Seine Bischöfe werden rücksichtslos verfolgt; Beziehungen zu ihm kosten das Leben. Friedrich spricht klare Worte: Nicht mehr Amboß wolle er sein, sondern Hammer der Welt.

Doch jetzt rächt es sich, daß der Kaiser nie eine dauerhafte Übereinkunft mit den reichen Handelsstädten in Norditalien traf. Obwohl auch sie zum Reich gehören, wehren sie alle kaiserlichen Versuche ab, Steuern zu erheben und Recht zu sprechen. Eine Partnerschaft zu beiderseitigem Vorteil kann sich Friedrich, wie schon seine Vorfahren, nicht vorstellen; sie widerspricht seinem politischen Weltbild. Die Wirtschaft soll dem von kriegerischen Machtinteressen geprägten Herrscherwillen unterworfen sein.

In den einflußreichen Städten findet der Papst seine wichtigsten Verbündeten. Der Kaiser scheitert an dieser Notgemeinschaft, die der Bedrohung durch das Haus Staufen entkommen will. Am Ende triumphieren die Städte. Sie prägen das heraufziehende neue Zeitalter der Renaissance; Kaiser- und Papsttum verlieren ihre Vormachtstellung im Abendland.

DER UNTERGANG DES HAUSES STAUFEN

Im Winter des Jahres 1250 stirbt Friedrich bei einem Jagdausflug. Der Papst frohlockt, wenig christlich, bei der Nachricht vom Tod seines großen Widersachers· »Jubeln soll der Himmel, frohlocken die Erde, daß der entsetzliche Sturm sich in linden Tauwind umgewandelt hat, nachdem jener aus der Welt genommen, der die Kirche Gottes in Verwirrung stürzte.«

Eine Prophezeiung hatte den Kaiser angeblich vor Orten gewarnt, die im Namen das Wort »Blume«, italienisch fiore, führen. Darum habe sich der abergläubische Kaiser immer davor gehütet, die Stadt Florenz zu betreten. Das Schicksal ereilt ihn in Castelfiorentino, dem »Schloß der Blumen«. Friedrich von Hohenstaufen, »der größte unter den Fürsten der Erde, das Wunder und der Verwandler der Welt«, wie seine Anhänger ihn preisen, ist tot. Er hinterläßt kein gesichertes Erbe. 16 Jahre nach seinem Tod verliert sein Sohn Manfred das Königreich Sizilien an Karl von Anjou, der, vom Papst mit dem politischen Großreinemachen beauftragt, mit fanatischem Eifer die letzten Staufer verfolgt. Friedrichs Sohn Manfred fällt 1266 auf dem Schlachtfeld in Benevent, sein Enkel Konradin wird 1268 in Neapel hingerichtet. Drei weitere Enkel sterben auf grausame Weise als Gefangene im Castel del Monte. Eine Epoche endet, aber die Welt geht nicht unter. Sie wandelt sich ohne den Kaiser. Ob er die Welt verändern wollte, bleibt zweifelhaft; als ihr Herrscher ist er gescheitert.

Sein Sterbelager ist heute ein wüster Ort, den die Besucher meiden. Im nahen Lucera warnt uns der Pizzabäcker vor albanischen Schafhirten, die in Castelfiorentino hausen und zu jeder Schandtat bereit sein sollen. In der Gegend seien Reisende spurlos verschwunden, anderen wurden alle Habseligkeiten geraubt. Beunruhigt nähern wir uns dem Hügel mit der Schloßruine; der Kameramann umklammert schützend sein Gerät. Ein Feldweg führt bergauf und ist hinter der nächsten Kurve von einer riesigen Schafherde blockiert, die von zähnefletschenden Hunden und finster dreinschauenden Gestalten gehütet wird. Das müssen die Albaner sein, geht es uns durch den Kopf. Der Fahrer steuert den Wagen im Schrittempo durch die blökende Herde. Uns erfaßt leichte Panik, als ein Mann mit geschulterter Schrotflinte im Eingang einer baufälligen Baracke auftaucht. Aber unbehelligt erreichen wir unser Ziel.

Ein paar Mauerreste stehen dort vor uns, zu wenig, um den »Hauch der Geschichte« zu spüren. In dieser spätsommerlichen Abendstunde weht hier oben ein überraschend kalter Wind. Unten im Tal entzünden die Schafhirten große Feuer; uns fröstelt beim Gedanken an die Heimfahrt. Zwar wissen wir, daß der Volkszorn in Apulien bei jedem Verbrechen zuerst die Flüchtlinge aus Albanien als Täter beschuldigt, aber die Zeitungen berichten auch von überführten Raubmördern aus dem Nachbarland. In dieser Einöde wollen wir es jedenfalls nicht auf eine Überprüfung der Gerüchte ankommen lassen. Der Kameramann wartet den Sonnenuntergang ab für eine letzte Aufnahme, dann brausen wir davon in Richtung Pizzabäcker.

RETTUNG FÜR DIE MUMIE

Friedrichs Leichnam wurde aus Castelfiorentino nach Palermo überführt. Im Dom ruht er in einem Sarkophag aus rotem Porphyr, einst nur den Cäsaren des römischen Imperiums vorbehalten. Sein Totenkleid

*63   Der Sarko-
phag von Kaiser
Friedrich II. im
Dom zu Palermo
bietet keinen
Schutz mehr:
Die kaiserliche
Mumie wird von
Luftsauerstoff
und Pilzen
zersetzt.*

ist keine Mönchskutte, sondern ein orientalisches Seidengewand mit arabischen Schriftzeichen. Bei einer Graböffnung im Jahre 1781 wurde der mumifizierte Tote noch gut erhalten vorgefunden. Die damals entnommenen kostbaren Grabbeigaben sind heute im Domschatz zu bewundern.

Der aktuelle Zustand der Kaisermumie bereitet den Wissenschaftlern allerdings Sorgen. Durch einen Spalt führen sie eine Miniaturkamera in den Sarkophag ein; die Videobilder aus dem Inneren bestätigen alle Befürchtungen. Der Leichnam ist stark verwest; sein Schädel zerbrochen. Ein verschnürter Sack liegt mitten im Sarg und drückt auf das Skelett; ein Reichsapfel aus Metall zerbröckelt. Jetzt denken die Fachleute über eine neuerliche Sargöffnung nach, um seinen Inhalt zu konservieren.

Friedrichs Andenken hat in Sizilien nicht gelitten; er bleibt ein Hoffnungsträger auf bessere Zeiten. Der Legende nach ritt er hoch zu Roß in den Vulkan Ätna, um dort eines Tages wieder aufzusteigen und die Welt wie ein Messias zu retten.

Literaturverzeichnis

Abulafia, David: Friedrich II. von Hohenstaufen. Herrscher zwischen den Kulturen. Berlin 1992.

Friedrich II.: Die Kunst, mit Vögeln zu jagen. Faksimile-Ausgabe: Graz 1969.

Götze, Heinz: Castel del Monte. München 1984.

Heinisch, Klaus J.: Friedrich II. Sein Leben in zeitgenössischen Berichten. München 1977.

Kantorowicz, Ernst: Kaiser Friedrich der Zweite. Berlin 1927 (Nachdruck: Düsseldorf/München 1963).

Rösch, Eva Sybille und Gerhard: Kaiser Friedrich II. und sein Königreich Sizilien. Sigmaringen 1995.

Stern, Horst: Mann aus Apulien. München 1986.

Stürner, Wolfgang: Friedrich II. Teil 1. Darmstadt 1992.

CDARCO

Hans-
Christian Huf

DIE PHANTASTISCHEN REISEN DES

polo

IL MILIONE ODER DIE HÄLFTE DER GESCHICHTE?

Noch auf dem Sterbebett, wahrscheinlich im Jahre 1324, soll Marco Polo als siebzigjähriger Greis von seinen Freunden aufgefordert worden sein, seine Lügengeschichten von den Wundern Asiens zu widerrufen. Seine Antwort, er habe von allem, was er gehört und gesehen, sogar nur die Hälfte erzählt, wird gemeinhin heute noch geglaubt.

Wie kein anderer Ostasienreisender wurde Marco Polo als venezianischer Held glorifiziert und zählt unverrückbar zu den großen Pionieren der Entdeckung. Selbst Alexander von Humboldt hat Marco Polo den größten Landreisenden aller Jahrhunderte genannt und sein »Buch der Wunder« als ein »vortreffliches Werk« bezeichnet. Christoph Kolumbus hatte den Reisebericht »La Division du Monde«, wie das Buch eigentlich hieß, bei seiner spektakulären Fahrt nach Westen mit sich an Bord. Die sogenannte Zelada-Fassung, die mit zahlreichen Randnotizen von der Hand des Kolumbus versehen ist, liegt heute in der »Biblioteca Colombina« in Sevilla. Ohne die Schilderungen der Reichtümer Asiens, ohne den Bericht von den goldenen Dächern Cipangus, hätte »der Größte aller Entdeckungsreisenden« Amerika wohl nie entdeckt.

Obwohl es zahlreiche Ungereimtheiten und offensichtliche Unwahrheiten in Marco Polos berühmter Reisebeschreibung gibt, die bis heute ungeklärt sind, wird der Bericht von der überwiegenden Mehrheit der Wissenschaftler nicht in Zweifel gezogen. Dennoch könnte es sein, daß Marco Polos Freunde zu Recht an der Wahrheit seiner Geschichten zweifelten? Ist die Menschheit einem Märchenerzähler, einem Lügner auf den Leim gegangen? Dem »Messer Milione«, wie ihn seine Landsleute auch nannten, der von so phantastischen Dingen, von so großen Zahlen – nur von Millionen – erzählte. Ist es möglich, daß Messer Marco fälschlich behauptet, dem Großkhan Kublai 17 Jahre als Gouverneur und Gesandter gedient zu haben, und daß er vieles von dem, was er berichtet, gar nicht mit eigenen Augen gesehen hat – ja, daß er möglicherweise sogar nie selbst in China war? Begeben wir uns auf eine spannende Spurensuche.

64 Seit jeher wurden die Luxusgüter wie Seiden und Gewürze aus China auf Kamelen durch die Wüsten und Steppen Zentralasiens in den Westen transportiert.

VENEDIG, DIE STADT VON SAN MARCO

Nähert man sich wie wir vom Flughafen Venedigs, der nach dem berühmten Reisenden »Marco Polo« benannt ist, mit dem Vaporetto der Stadt, so ist man jedesmal wieder überwältigt und verzaubert von ihrer makellosen Schönheit. Noch heute erinnern uns bei der Ankunft auf dem Markusplatz die morgenländisch anmutenden Spitzen und Bögen des Dogenpalastes und des Markusdomes an die enge Verbindung Venedigs zum Orient.

Zu Marco Polos Zeit allerdings ist Venedig zwar eine der bedeutendsten Städte des Mittelmeerraumes, aber noch ist sie alles andere als die Perle der Adria. Mit der prunkvollen, schönen und anmutigen Stadt von heute kann sie nicht verglichen werden. Die Straßen sind nicht gepflastert, und vor dem Markusdom suhlen sich die Schweine. Die Plätze liegen unter einer dicken Schicht von Müll und Exkrementen, so daß viele Frauen Schuhe mit hohen Stelzensohlen tragen, um einigermaßen unbeschadet darüber hinwegzukommen. Von den vielen prachtvollen Palästen, die wir heute am Canal Grande bewundern können, stehen damals nur wenige, darunter etwa der Fondaco dei Turchi und der Palazzo Loredan. Auch die Markuskirche mit ihrer an den byzantinischen Formenkanon angelehnten Architektur gibt es bereits, und sie sieht schon weitgehend so aus wie heute, wie es das Mosaik am Portal auf der linken Seite der Fassade belegt. Ebenso erheben sich schon der Dom von Torcello und die Kirche Santa Maria e Donato in Murano. Die meisten Häuser Venedigs sind im 13. und 14. Jahrhundert allerdings noch aus Holz gebaut – und fallen, wie so viele Städte und Stadtteile im Mittelalter, immer wieder den zahlreichen verheerenden Bränden zum Opfer.

Spätestens seit dem Jahr 1204, als der Doge Enrico Dandolo an der Spitze eines Kreuzfahrerheers Konstantinopel erobert, plündert und vor allem als Handelskonkurrenten im östlichen Mittelmeer ausschaltet, ist Venedig eine der mächtigsten Städte des Mittelmeerraums. Die reiche Beute, die Dandolo aus seinem Unternehmen mit nach Hause bringt, soll das dokumentieren: Darunter sind die vier vergoldeten Rosse, von denen noch heute Kopien auf der großen Terrasse des Markusdoms zu bewundern sind.

All das gehört ebenso zur täglichen Umgebung in Marco Polos Kindheit wie die Tatsache, daß in der Vorhalle der Markuskirche Spieltische

65 Als Marco Polo nach seiner vierundzwanzigjährigen Reise in seine Heimatstadt Venedig zurückkehrte, wollte keiner seiner Geschichte Glauben schenken.

stehen. Die Sitten damals sind nicht gerade christlich, vielmehr rüde, ja grausam. Diebstahl, Straßenraub und Vergewaltigungen sind an der Tagesordnung. Die meisten Bewohner der Stadt sind arm und nach unseren Begriffen verwahrlost. Keinem der Patrizier und reichen Kaufleute oder auch der in Pelz und Seide gekleideten Adligen würde es einfallen, sich zu waschen, und so stinken sie wie die Pest.

Der florierende Seehandel zieht viele Menschen aus aller Herren Länder in die Stadt, um Geschäfte zu machen. Zahlreiche versuchen ihr Glück auch als Seeleute, angesichts der Piraten und Banden, die in der Adria ihr Unwesen treiben, ein riskanter Beruf. So zählt Venedig in dieser Zeit um die 100 000 Einwohner, darunter viele aus allen Ländern Europas und des Nahen Ostens sowie zahlreiche Sklaven. Besonders im geschäftigen Mittelpunkt der Stadt, dem Rialto-Viertel, bietet die Handelsmetropole ein buntes Bild. Hier findet man zahlreiche Läden, Geldwechselstuben, Banken und Versicherungen, kurz, all die Dienstleistungen, auf die die entstehende moderne Wirtschaft angewiesen ist. Die berühmte Rialto-Brücke ist damals noch aus Holz gebaut und kann in der Mitte hochgezogen werden, um größeren Schiffen Durchlaß zu gewähren.

Venedig ist eine stolze Stadt. Sie ist die Herrscherin über das Mittelmeer, die sich höchstens der Konkurrenz zweier anderer italienischer Seestädte stellen muß: Genua und Pisa. Zwischen diesen Städten kommt es häufig zu kriegerischen Auseinandersetzungen. In einem dieser Kriege – im Prolog seines Buches nennt Marco Polo das Jahr 1298 –, der zwischen Venedig und Genua um die Handelsprivilegien in Akko entbrennt, nimmt Marco Polo offenbar an einer Seeschlacht teil und wird dabei gefangengenommen. Im Gefängnis diktiert er angeblich seinem Mitgefangenen Ser Rusticiano aus Pisa, genannt Rustichello, seinen Reisebericht.

Über Marco Polo wissen wir nahezu nichts aus glaubhaften historischen Quellen. Aus seinen eigenen Angaben geht hervor, daß er wahrscheinlich 1254 in Venedig geboren wurde und 1271 als Siebzehn-

jähriger mit seinem Vater Nicolò und seinem Onkel Maffeo zu seiner abenteuerlichen Reise nach Osten aufgebrochen ist. Die Polos sind Kaufleute und treiben in Konstantinopel sowie in Soldaia an der Krim-Küste des Schwarzen Meeres Handel. Ein Onkel Marcos hat sogar ein Haus in Konstantinopel. Ob Marco Schulbildung genoß, ja, ob er überhaupt lesen und schreiben konnte, ist unbekannt.

VON APOKALYPTISCHEN REITERN UND VOM PARADIES

Die Polos haben wie alle, die mit dem Nahen Osten Handel treiben, darunter zu leiden, daß das Verhältnis zwischen Christen und Muslimen durch die seit fast zwei Jahrhunderten immer wieder unternommenen Kreuzzüge sehr gespannt ist. Abendländische Handelsniederlassungen in islamischen Ländern unterliegen nicht nur sehr strengen Bedingungen und hohen Zöllen, sondern sind stets durch die instabilen politischen Verhältnisse gefährdet. So sucht man nach alternativen Handelswegen. Im Mittelalter ist das Reisen in unerschlossene Gebiete auch immer eine Suche nach dem Paradies. Irgendwo im Osten vermutet man das Ende der Welt. Dort leben, so erzählen legendenhafte Berichte, hundsköpfige und einäugige Menschen sowie die sogenannten Schattenfüßler, die sich in die Sonne hocken und ihre Füße wie einen großen Schirm über ihren grindigen Schädel halten. Selbst in den Schriften so gelehrter Männer wie Aristoteles und Plinius finden sich Angaben über diese seltsamen Wesen, die in Indien beheimatet sein und wie Hunde bellen sollen.

Die geographischen Vorstellungen des Mittelalters sind sehr begrenzt. Das Interesse des mittelalterlichen Menschen gilt in erster Linie dem Oben und Unten, Himmel und Hölle, und weniger der Ferne. Mystik

66/67 Schon bald nach seinem Tod verbreitete sich Marcos phantastischer Reisebericht von den Wundern Asiens rasch und wurde im 15. Jahrhundert im Auftrag des Herzogs Johann Ohnefurcht von Burgund mit zahlreichen der prächtigsten Buchmalereien seiner Zeit ausgeschmückt.

und Kontemplation bestimmen das Denken. Das geographische Wissen der Antike, etwa das Weltbild des ägyptischen Geographen Claudius Ptolemäus aus dem 2. Jahrhundert nach Christus, ist nur sehr fragmentarisch bekannt; seine wissenschaftlichen Arbeiten geraten nach dem 5. Jahrhundert fast völlig in Vergessenheit. Daher sind die mittelalterlichen Karten viereckig oder scheibenförmig und entsprechen der Vorstellung einer flachen Erde. In ihrem Zentrum liegt immer Jerusalem, das mit dem himmlischen Jerusalem der Apokalypse gleichgesetzt wird, und so enthalten sie kaum brauchbare Informationen über Entfernungen zwischen Orten oder gar Kontinenten, und selbst auf der von Ptolemäus konzipierten Weltkarte erscheinen Europa und das Mittelmeer viel zu stark gestreckt, wodurch der Erdumfang und die Breite des zwischen Europa und, wie man glaubt, Asien liegenden Meeres viel zu gering erscheinen. Aufgrund der Berechnungen von Ptolemäus und der Berichte Marco Polos verschieben sich die Küstenlinien Ostasiens um weitere 30 Prozent nach Osten, und dadurch scheint die Entfernung zwischen Asien und Europa weiterhin verkleinert – ein wesentlicher Grund für Kolumbus, den Atlantik für überquerbar zu halten.

Doch daran denkt in der zweiten Hälfte des 13. Jahrhunderts noch niemand. Um Handel mit dem Osten zu treiben, reist man auch nach Osten, und zwar in erster Linie auf den seit alters bekannten Handelsstraßen.

Schon in der Antike waren China und Europa durch die Seidenstraße verbunden. Auf ihr gelangten die Waren von der Welt- und Handelsmetropole Xi'an bis in den Nahen Osten und von dort mit dem Schiff weiter nach Europa. Doch seit der Islam weite Bereiche Asiens beherrscht, ist diese Handelsverbindung unterbrochen. Erst mit den Eroberungen der Mongolen und der damit einhergehenden Handelsfreiheit einerseits und dem erwachenden Interesse Europas an neuen Handelswegen andererseits gewinnt die alte Seidenstraße im 13. Jahrhundert wieder an Bedeutung – wenn auch bei weitem nicht in dem Maße wie in der Antike.

Auch das Verhältnis des mittelalterlichen Europa zu den Mongolen ist zwiespältig und schwankt zwischen Extremen. Zum einen gelten sie als Heilsboten aus dem Reich des sagenumwobenen christlichen Priesterkönigs Johannes, in dem man einen möglichen Verbündeten sieht, um den Islam in die Zange nehmen zu können. Zum anderen aber erlebt man sie in Mittel- und Osteuropa als brutale Invasoren, ja als die gefürchtete Ankunft des Antichrist, und Berichte über ihre Grausamkeit versetzen ganz Europa in Panik und Schrecken. Durch ständigen Umgang mit Pfeil und Bogen ist dieses Reitervolk aus den Steppen der Mongolei den schwerfälligen, gepanzerten Heeren des Mittelalters überlegen. Auf ihren schnellen, kleinen Pferden überrennen sie Städte und Dörfer und lassen keinen Stein auf dem anderen. Wie ein Wirbelsturm fegen sie durch die Weiten Osteuropas. 1241 dringen sie bis nach Polen, Schlesien, Mähren und Ungarn vor und bringen bei Liegnitz einem deutsch-polnischen und in der Schlacht am Sajo-Fluß einem ungarischen Ritterheer vernichtende Niederlagen bei. Doch plötzlich verschwinden sie wieder, scheinbar grundlos.

Dennoch hoffen viele immer noch, die Mongolen als Bundesgenossen gegen die verhaßten Muslime und für eine dauerhafte Befreiung des Heiligen Landes gewinnen zu können. Schon der erste Mongolenherrscher Dschingis Khan galt vielen Menschen in Europa als der Fürst der Hölle, als die Geißel Gottes. Dschingis Khan wurde 1167 an den Ufern des Flusses Onon in der nordostasiatischen Steppe östlich des Baikal-Sees geboren. Er machte Karakorum 1206 zu seiner Hauptstadt und hinterließ bei seinem Tod 1227 ein Reich, das vom Pazifik bis zum Schwarzen Meer reichte. Ein persischer Historiker, der im Auftrag des Großkhans eine Geschichte des Welteroberers verfaßte, schrieb: »Er befahl, daß die Leute von Balkh, ob hoch oder niedrig, in großen oder kleinen Gruppen aus der Stadt in die Ebene getrieben wurden, um, dem Brauch entsprechend in Mengen von 100 oder 1000 eingeteilt, durch das Schwert zu sterben, so daß auch nicht die Spur von Leben blieb. Noch lange haben sich die wilden Tiere an ihrem Fleisch satt gefressen.«

Kein Wunder also, daß viele Menschen damals glauben, daß die sagenumwobenen Völker Gog und Magog in Gestalt der Mongolen über Europa hereingebrochen waren. Aber viele hoffen auch, daß sich im Fernen Osten das himmlische Paradies des Priesterkönigs Johannes befinde – eine Hoffnung, auf die Marco Polo Bezug nimmt, als er behauptet, das ehemalige Reich des Priesterkönigs am Gelben Fluß gefunden zu haben.

Der Wunsch, mit den Mongolen, dem Volk des Priesterkönigs Johannes, ein Bündnis zu schließen, führt im 13. Jahrhundert dazu, daß der französische König und der Papst eine Reihe von Gesandtschaften nach Karakorum schicken. Dabei geht es nicht nur um die christliche

Venedig

Istanbul/
Konstantinopel/
Byzanz

*Schwarzes
Meer*

Trabzon

Kaspisches Meer

TÜRKEI

Mittelmeer

Baghdad

Kairo

**IRAN/
PERSIEN**

Hormus

Nil

**ARABISCHE
HALBINSEL**

Bombay

SUQUTRA

Indischer Oze

DIE REISE DES MARCO POLO
(1271 – 1295)

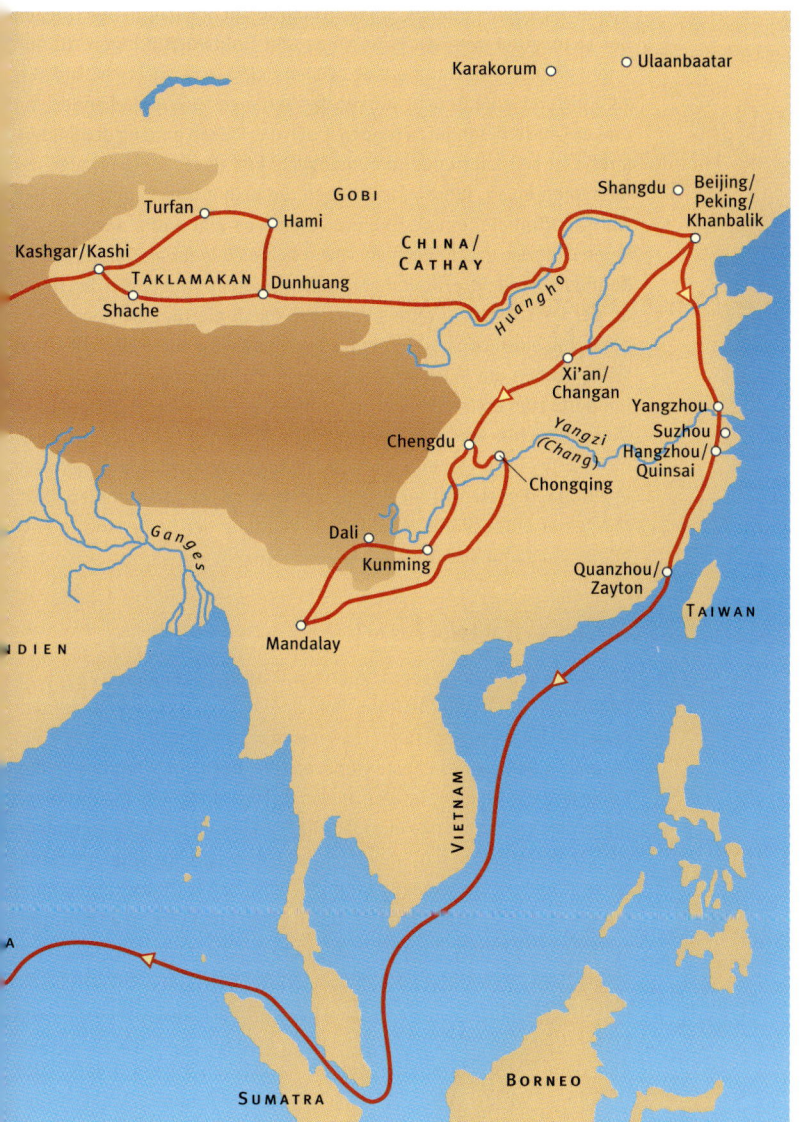

Suche nach dem Paradies, sondern man versucht auch, zu den Quellen der Luxusgüter wie Seide, Gewürze und Gold vorzudringen, zu den unermeßlichen Reichtümern des Ostens. Und jede Nachricht, jede Erzählung und jeder Bericht stärken das Verlangen des Abendlandes, mit diesen Ländern Handel zu treiben. Doch das Reisen entlang der Seidenstraße ist seit Jahrhunderten unmöglich. Erst die Eroberungszüge der Mongolen im 13. Jahrhundert haben die bisher unter verschiedenen Herrschaften stehenden Gebiete vereint, es gibt kaum noch Kriege, keine Grenzen und folglich vor allem keine Zölle mehr. Damit können Kaufleute, Gesandte, Diplomaten und Missionare wieder von den Häfen an der Ostküste des Mittelmeerraums durch die Ukraine nach Innerasien reisen. Ihre Schilderungen der verschiedenen Religionen und Völker geben uns Auskunft darüber, wie das Abendland des 13. Jahrhunderts zum ersten Mal auf völlig andersgeartete Zivilisationen trifft. Diese Berichte wie auch Marco Polos Reisebeschreibung sind der Auftakt für eine ungeheure Erweiterung der geographischen Kenntnisse in Europa, die letztlich zur Suche nach dem Seeweg nach Indien führt. Mit seiner Entdeckung verfällt die Bedeutung der Seidenstraße endgültig und damit ihre orientalische Herrlichkeit.

WER ENTDECKTE CHINA?

Die Polos sind keineswegs die ersten Ostasienreisenden. 1243/1244 begibt sich der flämische Ritter Balduin von Hennegau von Konstantinopel nach Karakorum. 1245/1246 reist der Mönch Johannes von Plano Carpini im Auftrag des Papstes Innozenz IV. mit einem Schreiben an den König und das Volk der Tataren an den Hof der Mongolen. Johannes von Plano Carpini ist der erste europäische Ostasienreisende, der uns einen Bericht hinterlassen hat, in dem er das Leben und die Sitten der Mongolen schildert. Der Franziskanermönch bricht am Ostersonntag anno domini 1245 in Lyon auf und reist durch Polen und Rußland an den Mongolenhof. Er erreicht ihn am 22. Juli 1246 und kehrt ein Jahr später mit einem Brief des Mongolenfürsten im Gepäck nach Frankreich zurück. In diesem Schreiben fordert der Khan nicht weniger als die Unterwerfung ganz Europas unter seine Herrschaft. Er befiehlt den Königen Europas und dem Papst, an seinem Hof in Karakorum zu erscheinen. Das Dokument wurde in einer persischen Abschrift in den Archiven des Vatikan entdeckt und dokumentiert die Wahrheit des Berichts Carpinis.

In der Einleitung heißt es:»Durch die Kraft des ewigen Himmels Befehl von uns, dem ozeangleichen Khan des ganzen großen Volkes.«

König Ludwig IX. der Heilige von Frankreich schickt einen weiteren Mönch, den Dominikaner André de Longjumeau, an den Mongolenhof. Von dort aus regiert seit 1251 der Großkhan Möngke, ein Enkel Dschingis Khans, der mit einer Christin verheiratet ist, über das Mongolische Reich. Seine beiden Brüder Hülegü und Kublai herrschen über Persien beziehungsweise China, und sein Vetter Batü, Herr über Rußland und die Steppengebiete, gründet das Reich der Goldenen Horde.

Ein Ostasienreisender, der 1253 ebenfalls im Auftrag von Ludwig IX. nach Karakorum reist und außerordentlich genau über die Sitten und Gebräuche am Mongolenhof berichtet, ist der Franziskanermönch Wilhelm von Rubruk. Sein Bericht läßt keinen Zweifel daran, daß er das Geschilderte auch mit eigenen Augen gesehen hat. Mit großer Einfühlsamkeit und genauer Beobachtungsgabe schildert er die Menschen, die Städte und die Landschaften und vermittelt dem Abendland zum ersten Mal eine genaue geographische Vorstellung des Ostens.

Auch der spätere Bischof von Peking, Giovanni di Montecorvino, der die erste katholische Kirche in China errichten läßt, gehört in die Reihe der frühen Ostasienreisenden. Bereits 1305 sendet Giovanni mittels venezianischer Kaufleute seinen ersten Brief an den Papst.

Schließlich sei auch noch Odorico da Pordenone erwähnt, ein Franziskanermönch böhmischen Ursprungs, der sich 1324 in China aufhält. Ihm fallen die Frauen mit den gebunden Füßen sowie das Fischen mit Kormoranen auf, zwei Besonderheiten des Landes, über die Marco Polo kein Wort verliert.

So haben nachweislich schon vor den Polos europäische Reisende mit unterschiedlichen Aufträgen den Hof von Karakorum erreicht. Vielfach hinterließen sie uns detailgetreue Berichte, die wir mit denen Marco Polos vergleichen können. Außerdem gibt es aus dieser Zeit auch arabische Beschreibungen – etwa die Berichte von Raschid ad-Din , die unschätzbare Informationen über China enthalten.

Im Vergleich zu den Berichten anderer Ostasienreisender zeichnen sich Marco Polos Reiseschilderungen allerdings durch mehrere Dinge aus. Der Venezianer schildert dem erstaunten Europa nicht nur die Sitten und Gebräuche der Menschen des Fernen Ostens, sondern auch die neue Hauptstadt der Mongolen, Khanbalik – das heutige Peking (Beijing) –, sowie den Süden und Südosten Chinas bis hin zu den Gren-

68 Marco Polo war zu Lebzeiten als Person unbedeutend und wurde nie gemalt. Hier erscheint er mit Pfeil und Bogen im Tatarenkostüm, wie man ihn im 18. Jahrhundert gerne sah.

zen Burmas und Tibets. Ja, mehr noch, Marco Polos Bericht erhebt sogar den Anspruch, eine Weltbeschreibung zu sein. Sowohl auf seiner Hin- wie auf seiner Rückfahrt beschreibt er zahlreiche Länder, allein im Chinesischen Meer nennt er 7448 Inseln. Er berichtet unter anderem von Japan, Indien und Madagaskar. Was er von all dem wirklich mit eigenen Augen gesehen hat, davon wird an späterer Stelle zu sprechen sein.

»La Division du Monde« entsteht durch die Beteiligung Rustichellos auf altfranzösisch und verbreitet sich aufgrund dessen rasch an den Höfen Europas, während die oft wesentlich genaueren, aber auf lateinisch verfaßten Schilderungen der Missionare und Mönche wie die eines Wilhelm von Rubruk meist nur der Kirche und einer engen Zahl von Gelehrten vorbehalten bleiben. Interessant an Marcos Bericht ist, daß es der einzige Text eines Europäers aus dieser Zeit ist, der ausführlich über den Handel, Verbindungen und Waren Auskunft gibt, und das, obwohl die Informationen darüber zu den von Kaufleuten streng gehüteten Geheimnissen gehören und in der Regel nicht preisgegeben werden. Marco Polo versichert glaubhaft, er sei der einzige westliche Ostasienreisende, der angibt, 17 Jahre als enger Vertrauter des Kublai Khan die Provinzen des großen Mongolischen Reiches bereist zu haben. Er selbst preist sich in seiner Einleitung als begabter und gewissenhafter Berichterstatter. Auch andere haben das getan: der Engländer John Mandeville beispielsweise, der behauptet, er habe 34 Jahre lang die Welt bereist und länger als ein Jahr im Auftrag des großen Khans gewirkt. Seine Behauptungen sind inzwischen eindeutig widerlegt, und sein Bericht ist als Fälschung entlarvt. Man weiß heute, daß der Belgier Jean de Bourgogne das Buch aus verschiedenen Quellen abgeschrieben und zusammengestellt hat – unter anderem von Odorico da Pordenone sowie aus dem »Buch der Wunder der Welt«. Könnte es sein, daß auch Marco Polo seine Informationen aus anderen Quellen bezog?

WER SCHRIEB »DIE WUNDER DER WELT«?

Im Prolog heißt es: »Ihr Herren, Kaiser, Könige, Herzöge, Fürsten, Grafen, Ritter und alle, die ihr den Wunsch habt, Kunde zu erlangen von den mannigfaltigen Völkern des Menschengeschlechts und den verschiedenen Reichen, Provinzen und Ländern im Osten der Welt: Lest dieses Buch, und ihr werdet darin die wunderbarsten und denkwürdigsten Beschreibungen der Menschen, besonders in Armenien, Persien, Indien und im Lande der Tataren finden, wie sie in diesem Buch von Marco Polo niedergelegt worden sind, einem klugen und gelehrten Bürger der Stadt Venedig, der genau unterscheidet zwischen dem, was er mit eigenen Augen gesehen, und dem, was er von anderen erfahren hat. Denn dieses Werk soll nur wahre und zuverlässige Angaben enthalten. Man muß nämlich wissen, daß seit der Erschaffung Adams bis auf den heutigen Tag kein Mensch, mag er nun Heide, Sarazene oder Christ sein oder sonst einem Völkerstamm oder Geschlecht angehören, jemals so viele und so gewaltige Dinge gesehen hat wie der erwähnte Marco Polo. Da dieser den Wunsch hatte, alle Dinge, die er sah und hörte, zu berichten zu Nutz und Frommen aller Menschen, die sie nicht mit eigenen Augen sehen konnten, ließ er im Jahre 1298 unseres Herrn im Gefängnis zu Genua alles, was in dem vorliegenden Werk enthalten ist, von Ser Rusticiano, einem Bürger der Stadt Pisa, der in Genua in demselben Gefängnis weilte, niederschreiben; und er teilte das Werk in drei Teile.«

Eine der rätselhaften Angaben, auf die wir bereits in der Einleitung des mittelalterlichen Berichts stoßen, ist seine Urheberschaft. Schon das Eröffnungskapitel des Buches macht deutlich, daß die phantastische Reisebeschreibung Marco Polos durch die Zusammenarbeit mit dem italienischen Romancier Ser Rusticiano aus Pisa entstanden sein soll. Die Romanistin Barbara Wehr hat die interessante These aufgestellt, daß Rustichello, wie er auch genannt wurde, lediglich auf eine Vorlage des Textes von Marco Polo zurückgriff und seine literarische Bearbeitung nur als »Diktat im Gefängnis von Genua« ausgab. Schon aus der Vorrede zu Marco Polos Buch, die im Stil der französischen Ritterromane verfaßt ist, kann geschlossen werden, daß es sich nicht um eine reine Reiseaufzeichnung des Venezianers handeln kann, sondern daß durch den Pisaner Rustichello, der auch als Autor von Ritterromanen bekannt ist, andere epische Elemente hinzugefügt wurden.

Die gleiche Anrede wie in Marco Polos Prolog »Ihr Herren, Kaiser, Könige, Herzöge, Fürsten, Grafen, Ritter und Bürger« sowie die Formulierung »Diktat im Gefängnis von Genua« finden wir nahezu wörtlich in einem seiner Artusromane wieder, der in der Nationalbibliothek in Paris aufbewahrt wird. Ist es glaubhaft, daß in zwei verschiedenen Büchern die gleiche Einleitung benutzt wird? Trotz der berechtigten Zweifel der Romanistin geht bis heute die gesamte Marco-Polo-Forschung immer noch fest von der Zusammenarbeit der beiden aus. Das ist unverständlich, denn bei genaueren Recherchen stößt man bei der Frage der Autorenschaft auf große Widersprüche, ja sogar auf falsche Angaben.

Marco Polo ist nach eigenen Angaben 1295 von seiner großen Reise mit seinem Onkel und Vater zurückgekehrt. Im September 1298, so berichtet 200 Jahre später der Chronist Gian Battista Ramusio, ein Gelehrter, der in venezianischen Staatsdiensten steht und Marco Polos Bericht ergänzt und kommentiert, sei er bei der Seeschlacht von Curzola als Flottenkommandeur der Galeere des Andrea Dandolo gefangengenommen worden. »Wie das Kriegsglück es wollte, wurde unsere Flotte geschlagen und Marco Polo gefangengenommen, denn er hatte es gewünscht, mit seiner Galeere in der Vorhut die Flotte des Feindes anzugreifen, und so tapfer und beherzt er für das Land seiner Geburt und für die Sicherheit seines Volkes kämpfte, folgte doch niemand seinem Beispiel; er wurde verwundet und gefangengenommen, und nachdem er sofort in Eisen gelegt worden war, wurde er nach Genua geschickt.« Doch in den Archiven Venedigs läßt sich kein Flottenkommandeur mit dem Namen Marco Polo finden. Warum sollte auch jemand ohne Kriegserfahrung, der gerade von einer vierundzwanzigjährigen Reise zurückgekehrt und völlig unbedeutend war und dem noch dazu keiner glaubte, zum Flottenkommandeur ernannt werden? Es gibt keine einzige Aufzeichnung, die Marco Polo zwischen seiner Rückkehr 1295 bis zu seiner angeblichen Gefangenschaft 1298 in Genua auch nur erwähnt.

Ein anderer, der Zeitgenosse Jacobo d'Aqui, versichert, Marco sei bei der Seeschlacht von Laijas gefangengenommen worden. »Im Jahre des Herren 1296 fand eine Schlacht in der Armenischen See in der Nähe eines Ortes namens Laijas zwischen 15 Galeeren genuesischer und 25 venezianischer Kaufleute statt, und nach einem großen Gefecht wurden die Galeeren der Venezianer besiegt, und alle wurden getötet oder gefangengenommen, unter ihnen wurde Messer Marco der Vene-

zianer, gefangen, der bei jenen Kaufleuten war.« Doch die Schlacht von
Laijas fand ein Jahr vor Marcos Rückkehr statt, und zwar am 22. Mai
1294 und nicht erst 1296, wie der Dominikanermönch Jacobo d'Aqui
schreibt.

Ein weiteres Rätsel eröffnet sich bei der Frage, wie Marco Polo
seinen Bericht überhaupt diktiert haben will. Selbst wenn uns die Tatsache nicht stört, daß sich in den Gefängnisarchiven von Genua kein
Nachweis über Marcos Inhaftierung findet, so ergeben sich an seinem
Diktat grundsätzliche Zweifel. Venedig und Genua – beides mächtige
Seestädte – sind seit langer Zeit erbitterte Rivalen. Wir wissen aus zuverlässigen Quellen, daß viele Gefangene, die mit schweren Fußeisen
und Handschellen gefesselt waren, im Gefängnis zu Genua, dem Palazzo del Capitano del Popolo, heute di San Giorgio, eines jämmerlichen
Todes starben. Uns ist außerdem überliefert, daß in der Schlacht unter
Andrea Dandolo am 7. September 1298 allein 7400 Venezianer in Gefangenschaft gerieten. Wie kann unter den schrecklichen Bedingungen
einer solchen Kriegsgefangenschaft ein so umfangreiches Buch entstanden sein? Und wie konnte Marco Polo diesen detailreichen, langen
und komplizierten Text diktieren? Aus dem Gedächtnis? Auch hierfür
hat sein Biograph Ramusio eine Erklärung. Er habe sich, so meint er,
seine Aufzeichnungen von seinem Vater ins Gefängnis schicken lassen.
Ist das wirklich glaubhaft? Marco Polo mit seinem Sekretär Rustichello
im Kerker – oder ist das nur eine romantische Legende? In unzähligen
Büchern wurde diese bezaubernde Geschichte ausgemalt. »Die ganze
Stadt kam zu Marco, um mit ihm zu sprechen, weil er über seltene
Eigenschaften verfügte und die wunderbare Reise gemacht hatte, und
sie behandelten ihn nicht wie einen Gefangenen, sondern wie einen
sehr lieben Freund und hochgeehrten Herren und erwiesen ihm so viel
Ehre und Zuneigung, daß keine Stunde des Tages verging, da er nicht
von den edelsten Herren dieser Stadt besucht und mit allem Notwen-
digsten für seinen täglichen Bedarf beschenkt wurde.«

Und in welcher Sprache hat Marco diktiert? Denn Französisch sprach
er ja nicht. Diktierte er also in seiner Heimatsprache, auf altvenezia-
nisch? Übersetzte Rustichello während des Diktats ins Altfranzösische,
oder wurde die Übertragung erst später vorgenommen? Und selbst
wenn Marco Polo wirklich beim Seegefecht von Curzola gefangengenommen wurde und tatsächlich seinen Reisebericht im Gefängnis
diktierte, so wäre dieses umfangreiche Werk in nur wenigen Monaten

69 Wie Ritterabenteuer wurden die unglaublichen Erzählungen des Venezianers Marco Polo und des italienischen Romanciers Ser Rusticiano aus Pisa an den spätmittelalterlichen Höfen gelesen. Diese Miniatur schildert den Aufbruch von Vater und Onkel Polo aus Konstantinopel.

entstanden. Wie unwahrscheinlich! Ist der Ghostwriter Rustichello allein für die französische Fassung verantwortlich und auf eine obskure Weise an die Reiseaufzeichnungen Marcos gelangt?

Es gibt eine weitere, eine lateinische Fassung des Mönches Fra Francesco Pipino da Bologna. Diese entstand noch zu Lebzeiten Marco Polos. Pipinos lateinische Version basiert möglicherweise auch auf einer venezianischen Fassung aus dem beginnenden 13. Jahrhundert. Woher kam diese? Merkwürdigerweise fehlen in dieser lateinischen

Version sowohl das Einleitungskapitel als auch zahlreiche höfische Ausmalungen, die wir im Text Rustichellos finden. Pipinos Fassung ist außerdem viel kürzer. Warum? Fragen über Fragen, die nicht endgültig beantwortet werden können, solange kein Urtext vorhanden ist. Aber gab es je einen Urtext?

Marco Polos berühmtes Buch wurde später im Auftrag des Herzogs Johann Ohnefurcht von Burgund reich illustriert. Darin finden sich die herrlichsten Darstellungen, die in prachtvollen Farben und in reicher Ornamentik die Wunder der Welt schildern. Das sogenannte »Livre des Merveilles«, das 1410 in Paris entstand – aus dem einige der Miniaturen hier abgedruckt sind –, wurde 1413 dem berühmten Bücherliebhaber Duc de Berry geschenkt. Es liegt heute mit seinen 262 Miniaturen in der Nationalbibliothek von Paris und ist Teil einer Sammlung von Texten über den Orient.

*70 Der Groß-
khan überreicht
Nicolò und Maf-
feo Polo goldene
Tafeln, eine Art
mittelalterlichen
Reisepasses.*

EINE GEHEIMNISVOLLE MISSION

Im Jahr 1260 brechen Nicolò Polo, der Vater, und dessen Bruder Maffeo von der Krim aus zu einer Handelsfahrt auf und reisen über das Schwarze Meer zum Kaspischen Meer. Da jedoch zwischen dem mongolischen Herrscher Berke und dem Herrscher über Persien Hülegü Krieg ausgebrochen ist, können die Polos nicht nach Konstantinopel zurückkehren. Im Gegenteil, die mongolischen Kriege verschlagen sie weiter nach Osten. Schließlich gelangen sie nach Karakorum.

Die Behauptung, daß die Polos auf einer Geschäftsreise durch Kriegswirren nach Karakorum gelangten, klingt einleuchtend. Die Beschreibung dieser Reise und ihrer Erlebnisse am Hofe Kublai Khans, der 1260 den Thron bestieg, wird im ersten Kapitel des Buches geschildert. In der Einleitung schreibt Marco: »Es sei seine Absicht, sagte Kublai-Khan, Seine Heiligkeit den Papst zu bitten, daß er ihm hundert gelehrte Männer schicke, die sowohl mit den Grundsätzen der christlichen Religion als auch mit den sieben freien Künsten – der Grammatik, Logik, Rhetorik, Arithmetik, Geometrie, Musik und Astronomie – vertraut seien und die Fähigkeit besäßen, den Gelehrten seines Reiches mit klugen und überzeugenden Beweisgründen darzulegen, daß der Glaube, zu dem sich die Christen bekannten, höher stehe und auf tieferer Wahrheit beruhe als jeder andere und daß die Götter der Tataren und die Götzenbilder, die in ihren Häusern verehrt würden, nichts anderes seien als böse Geister und daß die Tataren ebenso wie alle anderen Völker des Ostens einem Irrtum verfallen seien, wenn sie sie als Gottheiten verehrten.«

Nach der Beschreibung in Marcos Buch kehren die Polos also mit einem missionarischen Auftrag nach Venedig zurück. Sie sollen dem Großkhan auch Öl aus der Lampe Christi mitbringen. Um den Polos freies Geleit in seinem Reich zu sichern, gibt er ihnen goldene Tafeln mit, in die das kaiserliche Zeichen eingeritzt ist.

Als sie zur zweiten Reise aufbrechen wollen, ist gerade Papst Clemens IV. gestorben, und es ist noch kein Nachfolger bestimmt. In Akko treffen sie auf den päpstlichen Legaten Theobaldo von Piacenza, der sie dazu anhält zu warten, bis der neue Papst gewählt sei. 1271, nachdem Theobaldo selbst zum Papst ernannt worden ist, machen sie sich auf zu ihrer großen Reise und nehmen den erst siebzehnjährigen Marco mit sich. Vom Papst bekommen sie, so heißt es im Vorwort, nicht hundert Gelehrte, sondern nur zwei Mönche mit auf den Weg, Nicolò da Vicenza und Fra Guilelmo da Tripoli, die aber schon bald wieder umkehren – eine unwahrscheinliche Geschichte! War die Sendung von gelehrten Missionaren an den Hof der Mongolen noch einleuchtend, so ist es die von zwei Kaufleuten und einem Halbwüchsigen überhaupt nicht. Außerdem kommen die Gesandten des Papstes erst 24 Jahre später von ihrer angeblich so wichtigen Mission zurück.

Während Wilhelm von Rubruk außerordentlich kenntnisreich über die Sitten der Mongolen, ihre Riten und besonders ihre Religion berichtet, so erscheinen die Angaben in Marcos Buch immer wieder schematisiert und vage. »In diesem Lande gibt es große Klöster und Abteien, so daß sie wie kleine Städte aussehen; einige von ihnen beherbergen wohl 2000 Mönche, die besser gekleidet sind als das übrige Volk; sie scheren Haupt- und Barthaare und begehen die Feste ihrer Götzen mit ausgesuchter Feierlichkeit, indem sie dabei im Chore singen und brennende Fackeln tragen . . . Buddha wäre, wenn er Christ gewesen wäre, ein großer Heiliger wegen des guten und ehrenwerten Lebens, das er geführt hat.« Für einen »Abgesandten des Papstes« ist diese Beschreibung höchst dürftig und schablonenhaft. Tatsächlich ist Marco

Polo nicht einmal in der Lage, die drei religiösen beziehungsweise welt-
anschaulichen Grundströmungen – den Daoismus, den Konfuzianismus
und den Buddhismus – voneinander zu unterscheiden. Für ihn sind alle
unterschiedslos Götzendiener.

Vom christlichen Bekehrungsauftrag ist im Buch später nie mehr die
Rede. Wilhelm von Rubruk beschreibt sein Gespräch mit dem Khan ausführlich, Marco hingegen verliert über die in der Einleitung angekün-
digte päpstliche Mission kein Wort mehr. Auch haben die Polos ihr wertvolles Wissen der Kirche nicht zukommen lassen, wie das bei den
anderen Missionaren nachweislich der Fall war. Obwohl sich selbst in
mongolischen Aufzeichnungen Gesandtschaften aus dieser Zeit finden
lassen, gibt es weder in den chinesischen Geschichtswerken noch im
vatikanischen Archiv einen Hinweis auf die Reise der Polos. Aus einer
chinesischen Chronik wissen wir zum Beispiel, daß im 11. Monat des
Jahres 1260 eine Gesandtschaft von Falang nach Shangtu, der Sommerresidenz der Mongolen gelangte, die dort auch empfangen wurde.
Falang ist die chinesische Übersetzung des Namens der Franken, mit
dem im Nahen Osten alle Europäer bezeichnet wurden.

Marco Polo beschreibt zwar den Weg, den sie von Akko aus nahmen,
aber wir sind dennoch nicht in der Lage, die Reise in allen Details und
schlüssig zu rekonstruieren. Die Ortsangaben sind heute in einigen
Fällen nicht mehr eindeutig zuzuordnen. Aber über die Hauptstationen
herrscht Einigkeit. Dem Bericht nach sind die Polos durch Persien und
Afghanistan gereist und über das Karakorum-Gebirge nach Kaschgar
gelangt. Neben sehr detaillierten Beschreibungen, wie es sie etwa vom
Erdöl oder der Herstellung von Musselin gibt, finden sich auch sehr all-
gemeine, ja oft unverständliche Darstellungen, die nur vom Hörensagen
stammen können. Auch auf die schillernden, im Mittelalter beliebten
Legenden wird nicht verzichtet. Natürlich berichtet Marco Polo von der
Arche Noah auf dem Berg Ararat und von den Heiligen Drei Königen.
Besonders interessant wird seine Schilderung allerdings, als er das
Reich Kublai Khans betritt.

Kaschgar war der westliche Außenposten in Kublais Herrschaftsgebiet. Was hat Marco Polo in den 17 Jahren in China wirklich mit
eigenen Augen gesehen, was hat er übersehen, was hat er möglicherweise aus Berichten anderer abgeschrieben? Wir sind Marco Polos
Spuren gefolgt von Kaschgar, der ersten großen Station im Reiche
Kublai Khans, durch die großen Wüsten und Oasen bis nach Peking. Mit

71 Ein Schreiben an den Großkhan soll der Papst den Polos mit auf die Reise gegeben haben. Doch im Gegensatz zu anderen Missionen an den Mongolenhof findet sich in chinesischen und in vatikanischen Archiven kein Nachweis dafür.

seinen Beschreibungen im Kopf bereisten wir auch den Osten und Südosten Chinas. Wir suchten in den Archiven der Mongolenzeit nach seinem Namen und befragten chinesische, englische und italienische Gelehrte nach der Wahrheit über Marco Polo. Die Geschichtsschreibung schildert ihn bis heute als mutigen Abenteurer und klugen Kaufmann, der kein Risiko scheut und sich, von Wissensdurst und Neugierde getrieben, aufmacht in die gefährlichen Fernen des unbekannten Asien.

AUF DER SEIDENSTRASSE

Kaschgar zählt zu den Städten, die mit dem Niedergang des Karawanenhandels unbedeutend geworden sind. Aber mehr als an anderen Plätzen haben sich hier Bilder aus der Glanzzeit des Fernhandels der Seidenstraße erhalten. Dazu trägt vor allem auch der Sonntagsmarkt bei, der als der größte der Welt gilt. Hier versammeln sich allsonntäglich bis zu 100 000 Menschen, um mit Kleidung, Stoffen – Baumwolle, Seide und leider auch mehr und mehr Synthetikmaterial –, Fellmützen und den bunt bestickten Käppchen der Uiguren zu handeln. Es gibt hier Teppiche und andere Webwaren, allerlei Hausrat, Strohbesen, Körbe, Tongefäße und Porzellan sowie in ganz Zentralasien bekannte und begehrte Messer mit verzierten Griffen.

Wichtig ist auch heute noch der Kamel- und Pferdemarkt. Hier versorgten sich von alters her die Karawanenführer und Händler mit ausgeruhten Lasttieren, denn oft hatten die Karawanen auf ihrem gefährlichen Weg über die Pässe und durch die Sandwüsten viele ihrer Tiere verloren. Schon zu Marcos Zeiten war Kaschgar muslimisch. Die Bewoh-

72 Das Leben der Handwerker und Händler auf dem Markt von Kaschgar hat sich seit den Zeiten Marco Polos kaum geändert.

ner der Stadt, die Uiguren, beschreibt der Venezianer nicht sehr vorteilhaft: »Das Volk dort hat eine eigentümliche Sprache. Es lebt vom Handel und Gewerbe, Kaufleute aus diesem Lande reisen in alle Welt. Aber in Wahrheit ist es ein schmutziges, habsüchtiges Volk, das schlecht ißt und noch schlechter trinkt. Die Einwohner sind Mohammedaner.«

Auch heute treffen sich in Kaschgar noch alle Völker Zentralasiens – Uiguren, Kasachen, Usbeken, Hui- und Han-Chinesen –, und gehandelt wird wie zu Marco Polos Zeiten. Auch für uns ist das eine Reise ins Mittelalter, nur wenig hat sich geändert. Hunderte von Uiguren reisen auf ihren Eselskarren zum Markt in diese Stadt. Alte Männer im Turban sitzen auf den Plätzen und trinken Tee, Friseure rasieren am Straßenrand ihre Kunden, Pferde werden beschlagen, islamische Gelehrte schreiben auf handgeschöpftes Papier, das hier noch in mehreren komplizierten Arbeitsgängen aus der Rinde des Maulbeerbaums gewonnen wird, genauso wie Marco Polo es beschreibt. Zahnausreißer hantieren mit selbstgemachten Zangen, Bohrern und Schleifmaschinen. Ihre Werkzeuge wirken eher angsterregend und wenig heilsam, und trotzdem sind die Menschen hier stolz auf das Ergebnis: goldglänzende Metallhülsen, die sie auf ihre schwarzen Zahnstümpfe aufgesetzt bekommen. Auch die Herstellung von Teigwaren findet auf den Straßen statt. Mit großem Geschick und in kürzester Zeit versteht es hier ein Mann, aus einem Klumpen Teig Hunderte von feinen Spaghetti zu machen. Aber es sind gar keine Spaghetti, sie erinnern uns nur an diese. Und die allgemein verbreitete Auffassung, daß Marco sie von seiner Reise mitgebracht hat, gehört ins Reich der Legende. Vermutlich kommen die Teigwaren ursprünglich aus Persien.

Auch Seide wird hier noch von fleißigen Frauenhänden aus den Kokons der Seidenraupe gesponnen. Seide war bereits zur Römerzeit ein kostbares Gut in Europa. Ihre Herstellung und der Weg, auf dem sie von China in den Okzident gelangte, waren von Geheimnissen umwittert. Für uns ist es faszinierend zu sehen, daß die Seide hier noch heute, nach 700 Jahren, mit der Hand gesponnen wird, genauso wie es Marco Polo in seinem »Buch der Wunder« beschreibt.

Mit Sicherheit hatten die wenigen kühnen Reisenden, die damals über die Seidenstraße bis nach Kaschgar gekommen waren, einen unendlich beschwerlichen Weg hinter sich. Den Polos, die in Konstantinopel und an der Schwarzmeerküste Handel trieben, dürfte die Atmosphäre solcher Märkte nicht unvertraut gewesen sein. Doch die unendliche Weite und Fremdartigkeit des Ostens muß sich ihnen erst dort eröffnet haben.

Schon seit Tausenden von Jahren reisten die Karawanen entlang der Seidenstraße am Rande von hohen Gebirgsketten von Oase zu Oase. Wie die Polos diese ungeheure Strecke überwunden haben, ob sie mit persischen oder uigurischen Führern reisten, beschreibt Marco Polo nicht. Er beschreibt allerdings sehr eindringlich die Gefahren, denen die Reisenden ausgesetzt waren. Größte Herausforderung auf dem Weg nach Osten war die Wüste Taklamakan. Taklamakan heißt: »Ohne Wiederkehr«. Die Wüste machte ihrem Namen alle Ehre.

Ausgerüstet mit allradgetriebenen Geländefahrzeugen, Handys, sachkundigen Fahrern und Dolmetschern, können wir uns heute die Mühsal einer solchen Karawanenreise kaum mehr vorstellen. Nur wenige kannten die richtigen Verbindungen zwischen den großen Oasen wie Kaschgar, Turfan und Dunhuang auf dem langen Weg zum heutigen Peking. Noch im Jahre 1926 verlor Sven Hedin hier auf den Spuren Marco Polos sechs Begleiter.

Zu den qualvollen Strapazen der Reise kamen noch Ängste vor Räuberbanden, vor gefährlichen Tieren und Ungeheuern, die noch zusätzlich durch die vielen mittelalterlichen Legenden genährt wurden. Auch Marco Polo weiß davon zu berichten: »Es ist auch bekannt, daß sich viele böse Geister in dieser Wüste tummeln, die den Reisenden mit allerlei Blendwerk ins Verderben locken. Wird einer müde am Tag, schwach, durstig und verliert den Zusammenhalt mit seinem Zug, hört er eine vertraute Stimme, die ihn bei seinem Namen ruft. Er folgt dem Ruf in die falsche Richtung und kommt jämmerlich um.« Auch für uns ist diese Reise sehr anstrengend, und wir ahnen, was es heißt, dieser Wüste ausgeliefert zu sein. Marco Polos böse Geister leben noch heute.

Wir sind überrascht, als wir nach langer Fahrt die Oase Dunhuang erreichen. Im Abendlicht erblicken wir am Rande der Wüste zahllose Höhlen. Hier muß Marco Polo entlang gekommen sein. Merkwürdig, daß der größte und kulturell wichtigste Knotenpunkt der nördlichen und südlichen Seidenstraße, Dunhuang, bei ihm keine besondere Erwähnung findet, obwohl ein solcher Ort doch für einen jungen Venezianer des Mittelalters wie ein Wunder erschienen sein müßte. Viele reiche Kaufleute aus aller Herren Länder stifteten hier buddhistische Wandmalereien und Statuen, die Hunderte von Höhlen schmücken. Neben den Abbildungen von Heiligen und Bildern vom Paradies finden sich auch viele Szenen aus dem Alltag, und so sind die Gemälde ein einzigartiges Zeugnis für das Leben auf der alten Seidenstraße. Aber warum finden wir darüber nichts in dem großen Buch über die Wunder Asiens? War Messer Marco als kühler venezianischer Rechner etwa nur an Waren und Preisen interessiert?

Es wurde immer wieder darüber gestritten, was Marco Polo mit seinem Reisebericht eigentlich bezwecken wollte. Vielfach wurde vermutet, er wollte ein Handbuch für Kaufleute schreiben. Und in der Tat, zieht man die Ausschmückungen ab, die möglicherweise durch Rustichello hinzugefügt wurden, wäre dies durchaus eine plausible Erklärung. Das würde auch die völlig schematischen Wiederholungen von Entfernungen, Preisen, Nahrungsmitteln und Handelsgütern erklären. Aber warum finden wir immer wieder unzureichende Beschreibungen von Orten? Wichtige Handelsstationen, die Marco Polo gesehen haben müßte, werden gar nicht erwähnt. Warum?

Von allen Sprachen, die im Reich Kublai Khans gesprochen wurden, beherrscht Marco Polo wahrscheinlich nur die persische Sprache gut, die »lingua franca«, mit der sich viele Völker Asiens untereinander verständigen. Es ist sehr fraglich, ob – wie mehrfach behauptet wurde – er auch der mongolischen Sprache mächtig war. Chinesisch sprach er mit Sicherheit nicht. Die meisten der von ihm beschriebenen Orte

73 Eindrücklich beschreibt Marco Polo die Gefahren, denen eine Kamelkarawane durch die Taklamakan-Wüste ausgesetzt ist. Noch im Jahr 1926 verlor der Entdeckungsreisende Sven Hedin dort sechs seiner Begleiter.

erscheinen eigenartigerweise in ihrer persischen Bezeichnung. Von 60 Ortsnamen, die Marco Polo in seinem Buch nennt, sind nur drei chinesisch, und selbst das Wort »Khanbalik« für Peking beruht auf dem türkischen Wort für »Royal City«. Vielleicht hat Marco Polo vieles von dem, was wir in seiner Weltbeschreibung finden, nur an Lagerfeuern gehört und ist einen ganz anderen Weg gereist? Sind Türken und Perser, deren Völker schon seit Jahrhunderten den Handel mit China betrieben, seine verheimlichten Informanten? Hat er aus persischen Reiseberichten abgeschrieben? Das würde schlüssig erklären, warum Marco Polo für die meisten Orte auch persische Umschreibungen benutzt.

Herbert Franke, der bekannte Sinologe und Spezialist der Mongolenzeit, war der erste, der Marco Polos Bericht anzweifelte. In einem Interview, das uns der ehemalige Präsident der Akademie der Wissenschaften in München gibt, sagt er, daß er sich die auffälligen Auslassungen im Buche Polos nicht anders erklären könne als so, daß Marco vieles von dem, worüber er berichtet, gar nicht mit eigenen Augen gesehen hat. Daß zahlreiche seiner Informationen aus persischen Quellen stammen müssen, schließt Franke nicht aus ihrer persischen Umschreibung, sondern vor allem aus ihrer Einseitigkeit. Besonders unerklärbar ist ihm, daß der Venezianer, der von sich behauptet, 17 Jahre als Gouverneur des Großkhans zugebracht zu haben, nicht einmal das chinesische Schriftsystem erwähnt, das jedem Fremden aufgefallen sein muß.

Geht man davon aus, daß Marco Polo ein neugieriger und begabter Beobachter war, wie er selbst von sich sagt, so ist es unerklärlich, warum er die Sprachen, von denen er ständig umgeben war, nämlich das Mongolische wie das Chinesische, nicht verstand. Es ist völlig unglaubwürdig, daß ein Gouverneur, der ausschließlich mit Verwaltungsfragen beschäftigt ist, in einem Land, in dem das Papier erfunden wurde, das chinesische Schriftsystem, das einen Europäer ungemein fremd anmuten mußte, nicht aufgefallen sein soll.

Als Marco durch Asien gereist sein will, standen die islamischen Reiche schon unter mongolischer Herrschaft. Die Mongolen

hatten mit ihrer neuen Kampfweise in kürzester Zeit die mächtigsten Reiche der damaligen Welt unterworfen. Marco Polo aber, der von sich behauptet, im päpstlichen Auftrag an den Hof des Kublai Khan gereist zu sein, berichtet so gut wie nichts über die ganz Europa bedrohenden Kriegstechniken der mongolischen Reiterhorden. In einer Passage, die Bearbeitern und Kommentatoren immer wieder Rätsel aufgegeben hat, behauptet Marco, er, sein Vater und sein Onkel hätten für die Mongolen Katapulte gebaut, mit deren Hilfe die chinesische Stadt Xiangyang erobert worden wäre. Tatsächlich überliefern die chinesischen und persischen Quellen die Namen der Erbauer: Es waren der persische Konstrukteur Talib und seine drei Söhne. Außerdem war Xiangyang schon ein Jahr erobert, bevor die Polos China erreicht haben können. Zwar berichtet der Venezianer von den Katapulten, die die Polos angeblich im Auftrag des Großkhans gebaut haben, das Schießpulver, das in Europa bis dahin noch unbekannt war, läßt er jedoch merkwürdigerweise unerwähnt. Warum? Denn diese Errungenschaft hätte die Kriegstechnik des gesamten Abendlandes revolutioniert.

Marco Polo beschreibt auch die ehemalige Hauptstadt der Mongolen, Karakorum, obwohl er dort wohl nie gewesen ist. Das läßt die von ihm angegebene Route jedenfalls vermuten. Zu Polos Zeiten residierte der Großkhan im Winter in Khanbalik, dem heutigen Peking, im Sommer in Schangdu. Marco Polo beschreibt den Empfang am Hofe von Schangdu. Er spricht von 10 000 Hengsten und Stuten, von Sterndeutern und einem Palast aus Marmor und goldenen Säulen. Der Großkhan habe sie mit »allergrößtem Wohlwollen« empfangen und lange Ge-

74 Die exotische und fremdartige Welt Asiens überstieg die Vorstellungskraft der zeitgenössischen Maler, deshalb stellten sie sich das Leben am Hof des Großkhans so vor, wie sie es von den abendländischen Höfen kannten.

spräche mit ihnen geführt. Marco Polo sei dabei dem Khan besonders aufgefallen, und auf seine Frage nach dem schönen jungen Mann habe sein Vater Nicolò erwidert, »es ist mein Sohn, Euer Untertan, den ich als das Liebste auf der Welt durch viele Gefahren und mit großer Mühe aus meiner Heimat mitgeführt habe, damit er Euer ergebener Diener sei«.

Von der Mission der Polos, von ihrem Auftrag, den Sohn des Himmels, wie der Großkhan auch genannt wurde, vom Christentum zu überzeugen, ist keine Rede mehr. Keine Rede ist auch von der Großen Mauer. Und die wäre selbst dann, wenn sie damals teilweise verfallen war, jedem China-Reisenden auf dem Weg nach Peking aufgefallen. Warum hat Marco Polo, der diesen Weg nach Khanbalik gekommen sein muß, dieses spektakuläre Bauwerk übersehen? Warum erwähnt er die Große Mauer, das »achte Weltwunder« nicht, dafür aber die »Lugou Qiao«, die heute bei Touristen auch als »Marco-Polo-Brücke« bekannt ist und kurz vor Peking liegt.

Bei unserer Ankunft stehen zahlreiche Touristenbusse vor der Brücke. Die Brücke gehört nicht zuletzt aufgrund von Marcos Beschreibungen zu den Sehenswürdigkeiten Chinas und wird von zahlreichen Touristen besucht. Eine chinesische Mädchenklasse hat einen Ausflug dorthin gemacht. Auf meine Frage, was sie über Marco Polo wissen, lachen sie zunächst nur schüchtern, sagen mir dann aber, daß der berühmte Marco Polo im 13. Jahrhundert hier gewesen sei und diese Brücke in seinem Buch ausführlich beschrieben habe. Beim Überprüfen von Marcos Informationen stellen wir allerdings fest, daß statt der von ihm genannten 24 Bögen nur 11 tatsächlich vorhanden sind. Hat er etwa auch diese Brücke niemals gesehen?

DIE HAUPTSTADT DES KHAN: KHANBALIK

Marco Polo gilt als der erste Europäer, der die chinesische Haupstadt, das Khanbalik der Mongolenzeit, beschreibt. Genau in der Achse der quadratischen Stadt liegt die ummauerte Chinesenstadt, die Verbotene Stadt. Die roten Dächer der Paläste liegen hintereinander wie Zelte. Kaiserliche Drachen, Phönixe, Kraniche und andere Fabeltiere krönen die Giebel. Rot sind die acht Meter hohen Mauern. Auch die Tore, die Säulen und das Gebälk der Paläste sind alle in leuchtendem Rot gehalten. In der Zeit, als Marco Polo die Kaiserstadt betreten haben will, war der Prozessionsweg, die Straße des Himmels, von Norden nach

Süden vom Stadttor bis zum Haupttor des Kaiserpalastes über die Zhoubrücke noch imposanter als heute. Diesen Weg mußte jeder durchschreiten, der im amtlichen Auftrag zum Kaiserpalast gelangen wollte. Wie mag sich ein Europäer beim Anblick dieser Pracht gefühlt haben? Klein ist man, ganz klein auch heute noch, hat man die mächtigen Torbögen des Mittagstors »Wumen« durchschritten und betritt zum ersten Mal den Kaiserpalast. Die Macht des erhabenen himmlischen Kaisers ist noch heute für uns gegenwärtig.

Obwohl wir, unterstützt von der chinesischen Fernsehanstalt CCTV, eine Drehgenehmigung für die frühen Morgen- und Abendstunden vor und nach den Besucherzeiten haben, ist es uns verboten, im Inneren der Gebäude zu drehen. Bernardo Bertolucci, der berühmte italienische Filmregisseur, drehte hier sein großes Werk über den letzten Kaiser Pu Yi. Da während der Filmarbeiten in einem der Paläste Feuer ausbrach, sind die Behörden mit der Erteilung von Drehgenehmigungen mittlerweile vorsichtig geworden. Obwohl unsere Produktionsleiterin Cheng Wei, eine bekannte chinesische Kinderbuchautorin, alle Überredungskünste einsetzt, will man es uns nicht einmal gestatten, die Absperrungen vor der Halle der Höchsten Harmonie für unsere Dreharbeiten zu entfernen. Nach langen Verhandlungen haben wir schließlich Erfolg. In Gegenwart von chinesischen Wächtern dürfen wir in den Abendstunden auch vor und in der Halle der Höchsten Harmonie Aufnahmen machen. Das majestätische Gebäude ist gekrönt durch ein doppelstufiges Dach und umgeben von einer acht Meter hohen dreistufigen Terrasse. Der Kaiserpalast, den wir heute vor uns haben, entstand in der den Mongolen nachfolgenden Ming-Dynastie. Er wurde auf den Fundamenten des Palastes von Dadu, der Dynastie Kublai Khans, errichtet. Dabei griff man in der Anlage auf die Tradition des Kaiserpalastes der Yüan-Dynastie zurück.

Marco Polo schildert die schachbrettartige geometrische Ausdehnung der Straßen und Plätze, er beschreibt die Feste, das Papiergold, das schon Wilhelm von Rubruk 25 Jahre früher erwähnte. Er berichtet dem erstaunten Publikum in Europa vom sagenhaften Reichtum und der Größe dieser prachtvollen Residenz.

Das kleine Volk der Mongolen beherrschte die gewaltige Masse der Chinesen. Kublai Khan mißtraute ihnen, fürchtete ihren Widerstand und schloß sie so weit wie möglich von den Regierungsgeschäften aus. Lieber nahm er Ausländer – Araber, Perser und Inder – in seine Dienste.

75 *Der Reichtum am Mongolenhof und seine verschwenderischen Festgelage erregten in Europa ungläubiges Staunen, aber auch den Wunsch, Handelsbeziehungen zu errichten.*

Die Beamtenpositionen waren in drei Gruppen aufgeteilt: Ein Drittel der Stellen war den Mongolen vorbehalten, das zweite Drittel erhielten die Nordchinesen, wozu neben den Han-Chinesen auch die Uiguren und andere zentralasiatische Völker zählten. Die Südchinesen, verächtlich »Manzi« (Südbarbaren) genannt, mußten sich mit dem letzten Drittel zufrieden geben, obwohl traditionell die Familien aus dem Süden den Hauptteil der Beamtenschaft gestellt hatten.

Gegenüber von seinem Palast, auf der anderen Seite des Flusses, ließ Kublai die Stadt Taidu erbauen, eine Art Ghetto, das den Chinesen zugewiesen war. Am Ende des 13. Jahrhunderts hatte die Hauptstadt etwa 1,2 Millionen Einwohner. Venedig dagegen, als drittgrößte Stadt Europas, gerade 100 000. Ein brodelndes Völkergemisch traf sich hier, trieb Handel und versuchte vom Reichtum des Mongolenhofes zu profitieren. Es war die größte Stadt der Welt.

Über diese Masse von feindlich gesinnten Untertanen führten die Mongolen ein strenges Regiment, das jedes Aufflackern von Unbotmäßigkeit im Keim ersticken sollte. Nach dem dritten Läuten vom Glockenturm, einem Bauwerk, das typisch für die alten chinesischen Städte ist, durfte sich niemand mehr auf die Straße wagen. Selbst hinter den meterdicken Mauern fühlten die Mongolen sich nicht sicher. Sie unterhielten Leibgarden aus zentralasiatischen Völkern. Der Kaiser war seinen Untertanen völlig entrückt. Nur wenigen Auserwählten trat er, »der Herrscher der Welt«, nach einem komplizierten Hofzeremoniell vor Augen. So öffneten sich die mächtigen Türen, hinter denen sich der Gebieter über die apokalyptischen Reiter verbarg, nur für ausgewählte

76 Immer wieder berichtet Marco Polo von unglaublichen Dingen, die dem spätmittelalterlichen Menschen wie Wunder erschienen sein müssen. Die Buchmaler verwoben abendländische Legenden und die Berichte Marco Polos zu einer fabelhaften Märchenwelt.

Diplomaten, Fürsten, Gesandte und Minister. Der ganze Kaiserpalast war ein Abbild des Kosmos, in dem der Sohn des Himmels über die Welt herrschte. An die Herkunft des Herrschers aus der Steppe erinnern heute nur noch die zeltförmigen Ziegeldächer. Der Palast des Kublai Khan war jedoch in seiner Anlage dem heutigen durchaus ähnlich. Die Hallen reihten sich auf einer Achse, und in der mittleren thronte der Sohn des Himmels.

Marco Polo behauptet, er sei nicht nur einer der hohen Beamten, sondern sogar ein enger Vertrauter des Großkhan gewesen. Ein Italiener als Beamter am mongolischen Hof? Marco Polo war der erste, der in seinem Buch die Bankettes in Khanbalik am Hofe des Mongolenfürsten in ihrer ganzen Pracht beschrieb. Damit löst er in Europa Staunen und Ungläubigkeit aus. Er erzählt von Tausenden von Hofdamen in seidenen Gewändern, von Perlen, Gold und Edelsteinen, von weißen Pferden und von Elefanten. Doch es ist unwahrscheinlich, daß er all dies mit eigenen Augen gesehen hat. Er nennt den Großkhan »Facfur«, eine übliche Bezeichnung in muslimischen Quellen. Hätte man nicht erwartet, daß Marco Polo ihn als enger Vertrauter auch in seinem chinesischen wie mongolischen Namen benannt hätte?

Marco ist der erste Europäer, der den Herrscher selbst beschreibt. »Der große Kublai-Khan ist von ansehnlicher Größe, weder zu klein noch zu riesig. Er ist in gefälliger Weise mit Fleisch bedeckt, nicht zu fett und nicht zu mager. Sein Gesicht ist weiß, die Augen schwarz und prächtig.« Sehen wir genau hin, so enthält Marcos Beschreibung nichts weiter als Allgemeinplätze. Sie entsprechen der mittelalterlichen Auffassung des schönen, guten und weisen Herrschers, haben aber mit dem wirklichen Bild von Kublai Khan, den man sich schon eher als fettleibigen Mongolen vorstellen muß, nichts zu tun.

War Marco Polo wirklich ein enger Vertrauter des Großkhan? Der Sohn des Himmels unterhielt persische Architekten und Waffentechniker, türkische Finanzberater, indische Astrologen und tibetanische Sterndeuter. Was hatte ein italienischer Kaufmannssohn, der nicht einmal des Chinesischen kundig war, im Machtzentrum des Weltherrschers zu suchen? In den reichen historischen Aufzeichnungen der Chinesen finden sich detaillierte Angaben über die Beamten im Dienste des Kublai Khan. So widmet die offizielle Geschichte der Yüan-Dynastie der Palastrevolution des muslimischen Finanzministers Achmed, von der auch Marco Polo berichtet, ein ganzes Kapitel. Von Marco Polo findet sich auch in diesen zuverlässigen Dokumenten keine Spur.

VON MERKWÜRDIGEN SITTEN UND ZWEIBEINIGEN SCHLANGEN

Marco Polo behauptet, auf seinen Reisen im Dienste des Großkhan ganz China durchquert zu haben. Jedenfalls ist sein Bericht die erste europäische Beschreibung des Chinesischen Reiches von Kaschgar im äußersten Westen bis Shandong an der Ostküste und von Khanbalik im Norden bis Zayton im Süden. Selbst eine so entlegene Region wie die Provinz Yünnan, die im Südwesten an Tibet, Burma und Vietnam grenzt, will er mit eigenen Augen gesehen haben. Marcos Schilderungen der Sitten und Gebräuche beruhen teils auf genauen Beobachtungen, teils auf märchenhaften Erfindungen. Viele Geschichten werden selbst im wundergläubigen europäischen Mittelalter als groteske Übertreibungen betrachtet.

Unsere Fahrt von Kunming nach Dali dauert 16 Stunden. Es ist eine Fahrt über schlecht oder gar nicht asphaltierte Pisten in einer Kolonne von Hunderten von Lastwagen. Die Mongolen haben solche Entfernungen in die entlegensten Provinzen ihres Reiches, in die Kornkammern des Südens, auf ihren kleinen Pferden damals schneller zurückgelegt als wir. Noch heute wird in dieser noch überwiegend von der Landwirtschaft geprägten Gegend Reis angebaut. Viele Frauen und Kinder arbeiten auf den Reisfeldern. Der malerische Anblick ihrer bunten Trachten darf nicht über die Härte der Arbeit auf den Feldern hinwegtäuschen.

Wasserbüffel sind hier im Süden das Zugtier der Landwirtschaft. Reisanbau ist ohne diese Lasttiere nicht denkbar. Sie sind ein kostbares Gut. Marco Polo erwähnt sie nicht. Von hier, aus den südchinesischen Provinzen, aus Manzi, bezog man schon zu Kublai Khans Zeiten den Reis und wichtige landwirtschaftliche Produkte. Das Leben ist auf den Märkten Südchinas am farbigsten. Und sieht man von der Veränderung der Kleider ab, so hat sich seit 700 Jahren wenig verändert. Selbst die Waren sind im Grunde die gleichen geblieben. Marco Polo beschreibt die exotische Zubereitung von Nahrungsmitteln und die großen Fischteiche des Südens. Mit großem Geschick führen die Chinesen Messer und Beil, die chinesischen Küchengeräte. Wie kein anderes Volk schätzen sie es, Tiere bei lebendigem Leib zu begutachten. Mit großer Sorgfalt prüfen auch heute noch die Frauen auf den Märkten den Zustand der Enten, Gänse und Hühner. Die Art und Weise, wie anders hier mit den Tieren umgegangen wird, erleben wir immer wieder hautnah beim Essen. Es kommt sehr häufig vor, daß man die Tiere zunächst lebendig an den Tisch bringt, um den Gast von ihrer Frische und Qualität zu überzeugen. Hier im Süden bringt uns ein Mädchen eine Schüssel mit darin schwimmenden Fischen an den Tisch. Ohne sie zu töten, wirft sie sie in den glühendheißen Wok und hält lächelnd den Deckel mit den Händen fest, damit die Fische in ihrem Todeskampf nicht wieder herausspringen.

Marco Polo erzählt zwar von großen Bankenten am Hofe Kublai Khans, auch von auserlesenen und exotischen Speisen ist die Rede, aber einfache Dinge, die jedem Reisenden hätten auffallen müssen, beschreibt er nicht. So erfahren wir nichts über die Zubereitung von Schweinefleisch, und besonders verräterisch ist, daß Marco Polo an einer Stelle von unreinem Fleisch spricht, was eindeutig auf muslimische Quellen verweist. Immer wieder stoßen wir nicht nur auf solche Auslassungen in seinem Bericht, sondern sogar auf Stellen, die ganz eindeutig aus muslimischen Quellen kopiert sein müssen. Und immer wieder muß man sich mit sehr allgemeinen und unpersönlichen Beschreibungen abfinden, die nicht auf eine eigene Beobachtung schließen lassen. So beschreibt Marco Polo die verschiedenen Völker des Südens und ihre Traditionen. In seinen Beobachtungen macht er allerdings keine großen Unterschiede. Neben den Hochreligionen gibt es ganz verschiedene Kulte, die er nicht unterscheiden kann, die über eigene Rituale und Schöpfungsmythen verfügen.

77 Marco Polo ist der erste Europäer, der auch die südlichsten Provinzen des mongolischen Reiches, ihre Völker, Sitten und Gebräuche beschreibt.

Über eines der Völker schreibt er: »Die Einwohner dieser Provinz haben ebenfalls die schamlose Gewohnheit, es gern zu sehen, wenn die Reisenden ihre Frauen, Töchter oder Schwestern mißbrauchen. Sobald Fremde ankommen, bemüht sich jeder Hausherr, einen von ihnen zu sich zu nehmen und ihm alle Frauen seiner Familie zu übergeben; er läßt ihn als Herrn des Hauses zurück, während er selbst auszieht. Die Frauen hängen sogleich ein Zeichen über die Tür, das dort hängen bleibt, bis der Gast seine Reise wieder fortsetzt, worauf der Hausherr dann zurückkehren kann. Das tun sie zu Ehren ihrer Götzen, denn sie glauben, daß sie auf diese Weise deren Segen auf sich herabrufen und mit Überfluß gesegnet werden.«

So kurios dieser Brauch erscheinen mag, gibt Marco in dieser Beschreibung sogar Tatsachen wieder: Die Sitte der Gastprostitution wurde noch in unserem Jahrhundert in verschiedenen völkerkundlichen Berichten erwähnt. Im Süden berichtet er nicht nur von der merkwürdigen Angewohnheit der Männer, ihre Frauen den Fremden zu überlassen, sondern auch vieles andere, was den Menschen in Europa seltsam anmuten mußte. Häufig kann man sich auch die Auswahl der Dinge, die er nennt, und derer, die er unerwähnt läßt, nicht erklären. Wir hören von Schlangen mit zwei Beinen – damit meint er seltsamerweise Krokodile –, von Kaurischnecken, aber auch von Salz als Währung.

Im Buch Marco Polos finden wir immer wieder Angaben über Salz und Salzgewinnung, dem Gold des Mittelalters. Einige Forscher vermuten, daß er als Kaufmann im äußerst lukrativen Salzhandel tätig war. Denn auffällig oft reist er immer wieder Routen entlang großer Salinen. War Marco Polo Salzhändler?

Auf unserer Reise in den Südosten gelangen wir durch Zufall an einen ehemaligen Salzsee. Eine unendlich weite weiße Fläche, die uns wie eine Mondlandschaft vorkommt. Ein heftiger Wind treibt uns die

feinen Salzkörner in die Augen. Hunderte von mit Tüchern vermummten Männern arbeiten mit Hacken und Schaufeln. Sie bauen hier Salz in härtester körperlicher Arbeit ab. Selbst der Transport erfolgt mit der Schubkarre. Auf der anderen Seite des Sees erkennt man undeutlich einförmige graue Betonsilos. Die Atmosphäre, die Arbeitsbedingungen lassen uns an ein Straflager denken, an einen chinesischen Gulag.

Marco Polo will auf dieser Strecke nach Yangzhou gereist sein. Dort soll er dreieinhalb Jahre lang Gouverneur für den Großkhan gewesen sein. Doch über die Stadt und über die ganze Zeit finden wir bei ihm so gut wie keine Angaben. Wie merkwürdig. Schon damals war Yangzhou eine prächtige und reiche Handelsstadt, die für den Salzhandel berühmt war. Davon zeugt noch heute die sogenannte Salzhändlerbrücke. Marco Polo erwähnt lediglich, daß die Einwohner besonders von der Herstellung von Waffen und Rüstungen leben. Warum hat er uns diese kommerzielle Metropole Chinas, in der er so lange gelebt haben will nicht ausführlicher geschildert? Warum findet er nichts weiter erwähnenswert? Immer wieder fällt verdächtig ins Auge, daß der Venezianer Orte, an denen er jahrelang gewesen sein will, völlig unzureichend umschreibt, andere hingegen, die er angeblich nur durchreist hat, sehr ausführlich. Warum?

78 Noch heute existieren in China verschiedene Glaubensgemeinschaften. Marco Polo nennt sie unterschiedslos Götzendiener.

Schon im 13. Jahrhundert waren in Yangzhou zahlreiche Ausländer zu finden. Auch italienische Händler hatten sich in den Küstenstädten des Reiches niedergelassen und handelten mit Seide, Gewürzen und anderen Kostbarkeiten. Der Mönch Odorico von Pordenone berichtet einige Zeit später, daß man in Yangzhou etlichen Venezianern begegne. Tatsächlich bestätigt dies eine archäologische Entdeckung. Bauarbeiter fanden einen Stein mit einer geheimnisvollen Aufschrift, die später als Grabinschrift entziffert wurde. Die Genueserin Caterina de Viglione starb in Yangzhou ein Lebensalter, nachdem Marco Polo hier als Gouverneur gewirkt haben will. Immer wieder gibt es Hinweise auf die wenigen Europäer, die damals als Händler in China ansässig waren. Von Marco Polo hingegen, der behauptet, ein hoher Beamter gewesen zu sein, fehlt jede Spur.

Der französische Forscher Paul Pelliot hat behauptet, daß er den Namen Polo in den Archiven der Yüan-Zeit gefunden habe. Er meinte, damit beweisen zu können, daß Marco Polo als Gouverneur tätig war. Doch wir wissen durch die Forschungsarbeiten des chinesischen Wissenschaftlers Yang Zhijiu, daß der betreffende Begriff nur eine Amtsbezeichnung bedeutet und keinen Eigennamen. Man kann heute mit Sicherheit davon ausgehen, daß Marco Polo niemals Gouverneur von Yangzhou gewesen ist.

DAS PARADIES AUF ERDEN

Die nächste Station auf unserer Reise ist Hangzhou. Noch heute bestechen die Schönheit des Sees und die vielen anmutigen Villen. Damals wie heute leben hier, in der ehemaligen Hauptstadt der Song-Dynastie, mächtige Minister, Beamte und reiche Mandarine. Auch Mao Zedong und Deng Xiaoping verbrachten die Sommermonate hier. Wir sind in den Gästehäusern ihrer Sommerresidenz untergebracht. Mehrere Villen im traditionellen chinesischen Pagodenstil und der langgestreckte »Sommerpalast« Maos liegen hier. Seine Residenz ist besonders bewacht, und es ist uns leider nicht möglich, die Innenräume zu besichtigen. Sie werden angeblich renoviert. Die Gästehäuser sind sehr gepflegt. Hin und wieder passieren dunkle Limousinen, und im Park kann man keinen Schritt unternehmen, ohne von einem der vielen Wächter beobachtet zu werden. Aber trotz der Kontinuität des Lebensstils hier am Westsee ist nur wenig von dem erhalten, was an die damalige Zeit erinnert. In Hangzhou entdecken wir in den umliegenden Bergen ein altes Teehaus. Noch heute lieben es die Chinesen, hier bereits morgens um fünf Uhr zu tanzen und Karten zu spielen. Alte Männer sind mit ihren Vögeln hierhergekommen und lauschen hingebungsvoll ihrem Gesang. Mit großer Leidenschaft werden die Tiere begutachtet. Das Züchten von Singvögeln ist eine alte Tradition, die die Chinesen sehr schätzen. Schon zu Marco Polos Zeiten gab es eine Reihe von Büchern über die Vogelzucht. Nur echte Experten wußten die Güte der Tiere einzuschätzen. Marco Polo erwähnt dies nicht. Aber vielleicht ist das auch nicht weiter verwunderlich für einen italienischen Kaufmannssohn, der als Gesandter unterwegs war. Verdächtig ist allerdings, daß er weder Tee noch Teehäuser erwähnt. Tee wurde bereits in der Han-Dynastie getrunken und ist seit dem 8. Jahrhundert in Nordchina sehr bekannt. Zu Marco Polos Zeit war Tee ein Standardgetränk in ganz China. Die Stadt Hangzhou beispielsweise, die Marco Polo ausführlich beschreibt, ist heute noch berühmt für ihren grünen Tee. Teestuben finden sich heute wie damals in ganz China. Schon immer trafen sich dort die unterschiedlichsten Menschen, tauschten Informationen aus, fanden Ruhe und Muße. Gerade ein Beamter Kublai Khans und Spion im Dienste der Mongolen hätte solche Treffpunkte aufgesucht.

Keine Stadt schildert Marco so ausführlich und so hingebungsvoll wie Hangzhou, diese südlich des heutigen Shanghai gelegene Residenz der ehemaligen Song-Dynastie. Er nennt sie das Paradies auf Erden. Von Tausenden von Brücken und Palästen erzählt er und von Mandarinen und Konkubinen in Seide, die sich dem Laster hingeben. Auffällig, daß hier immer wieder die Zahl 12 auftaucht. Von 12 000 Brücken, 12 Zünften, 12 000 Werkstätten und 12 Handelshäusern ist die Rede. Von all dem, was Marco Polo hier schildert, sehen wir heute nur noch den großen Damm und einige Brücken. Die Wiederholung der Zahl 12 deutet darauf hin, daß Marcos Information vermutlich auf chinesischen Quellen beruht. Nach chinesischen Vorstellungen ist die Welt nach kosmischen Gesetzmäßigkeiten geordnet; die Zwölf entspricht dabei den zwölf Monden des Jahres und den zwölf Doppelstunden des Tages.

Tatsächlich gab es bereits im 13. Jahrhundert zahlreiche Beschreibungen, die diese prächtige Stadt, das Quinsai Marco Polos, verherrlichten. Hat der Venezianer diese Quellen etwa gekannt? Hat er sie möglicherweise benutzt? Folgen wir seinen Schilderungen:»An den Ufern des Sees stehen viele große und schöne Häuser, die hochstehenden

79 Die in Samt und Seide gehüllten Konkubinen beschreibt der Venezianer in leuchtenden Farben als die schönsten Frauen Chinas, doch warum fallen ihm ihre aus Schönheitsgründen absichtlich verkrüppelten Füße nicht ins Auge?

Persönlichkeiten gehören, und außerdem viele Tempel mit ihren Klöstern, in denen viele Mönche ihren Dienst verrichten. Etwa in der Mitte des Sees befinden sich zwei Inseln; auf jeder von ihnen steht ein prächtiger Palast mit zahllosen Zimmern und besonderen Pavillons.«

Hangzhou war bis zur mongolischen Eroberung die Hauptstadt der Song-Dynastie, die insbesondere unter ihrem letzten Kaiser als eine Epoche der Dekadenz galt. Vieles von der luxuriösen Atmosphäre war zu Marcos Zeiten noch zu spüren. Nicht nur einem Europäer mußte die Stadt wie ein Paradies auf Erden erscheinen: In unglaublichem Luxus und Pracht lebten hier die Reichen, die Mächtigen, die Minister, die Hofbeamten und Militärführer. Viel besungen wurde vor allem die malerische Schönheit des Westsees. Folgen wir Marco Polos Erzählung: »Will jemand in der Stadt eine Hochzeit feiern oder ein Bankett geben, lädt er auf eine dieser Inseln ein, auf der alles bereitsteht, was man nur verlangen kann: Gefäße, Schüsseln, Tischwäsche und so weiter ... Eine Menge von Booten und Gondeln befährt den See, die zwischen 10 und 20 Personen aufnehmen können. Einfach nur hinauszuschauen, dieser Genuß übertrifft jeden anderen auf dem Land, zumal der See sich auf der einen Seite längs der ganzen Stadt ausbreitet und man in einiger

at alle obsuure. Mais sy comme dieux voiloit sen sou et le couta en
on chastel qui bien pres oiluc estoit qui a anom colosalum et prop son
re sa compagnie qui nestiapn auer lui que .vij. persones re coute sa me
sue. Os vous ap compte comme il sunt si pions auant et vous
compterons autres choses.

On plam jaun et formose et de la valee doubteuse
J est vous que le plam one was ruby bian . v. iournees
puis si trauue son bue autre oince qui one bien .xx. qui est
moult manuaise vote et doubreuse. car il va moult te mau
uaise gens et robuns. et quant on a presonune este baller

80 Auf der Rückreise, die die Polos zur See unternommen haben wollen, schildert der Weltreisende zahlreiche Inseln und Länder, die er wohl nie gesehen hat. Von den 600 Passagieren erreichten nach zweieinhalb Jahren nur 18 den Hafen Hormus.

Entfernung vom Ufer eine herrliche Aussicht auf die Paläste hat, aber auch auf die anderen Boote mit fröhlichen Gesellschaften.

Auch ihre Damen und Ehefrauen sind höchst zarte und engelhafte Wesen, und sie werden mit der größten Sorgfalt erzogen, und sie kleiden sich so prächtig in Seide und Juwelen, daß der Wert ihrer Kleidung nicht abgeschätzt werden kann ... Und sie lieben sich derart, daß ein Stadtviertel, weil eine derartige Zuneigung zwischen den Männern und Frauen der Nachbarschaft besteht, als ein einziger Haushalt betrachtet werden kann. Ihre Vertrautheit ist so groß, daß ihre Frauen keine Eifersucht und keinen Argwohn kennen. Für ihre Frauen empfinden sie die größte Hochachtung, und der würde als höchst verwerflicher Mensch gelten, der es wagen würde, unehrerbietige Worte an eine verheiratete Frau zu richten.«

Immer wieder und in allen Gegenden des Reiches beschreibt Marco Polo die schönen Frauen, die in Seide und Samt gehüllten Konkubinen. Er schildert sie genau, und es fällt immer wieder ins Auge, daß unser Italiener ein großes Interesse am weiblichen Geschlecht hat.

In der Abendstimmung drehen wir auf einer der Inseln Szenen, die das damalige Leben illustrieren sollen. 40 junge chinesische Mädchen,

die einer Tanz- und Ballettgruppe angehören, erscheinen in den far-
benprächtigen Kostümen der Zeit. In langwieriger und komplizierter
Weise wurden ihre Haare zu kunstvollen Gestecken verwandelt. Sie
müssen dazu lange Haare haben, lang wie die von Rapunzel. Als sie aus
kleinen Ausflugsbooten steigen und tanzend und fröhlich singend die
Insel betreten, wird mir klar, daß einem genauen Beobachter sofort ihre
zierlichen Füße aufgefallen wären. Auf keinen Fall aber hätte ein Beobachter ihre verkrüppelten Füße übersehen, die sogar der Mönch
Odorico de Pordenone nicht unerwähnt läßt. Besonders Marco Polo,
der die schönen Frauen Chinas immer wieder leidenschaftlich in leuchtenden Farben beschreibt. Doch warum weiß er nichts davon?

Zweite phantastische Mission: Heimreise

Marco erwähnt, daß die Polos mehrmals versuchten, vom Großkhan
die Erlaubnis zur Heimreise zu erhalten.»Eines Tages, als Messer
Nicolò sah, daß der Großkhan guter Laune war, benutzte er die günstige Gelegenheit und bat ihn mit gebeugten Knien im Namen aller drei
um die Erlaubnis zur Abreise. Bei diesen Worten war der Khan ganz
bestürzt. Und er sprach mit ihm und fragte, welcher Grund ihn bewege,
so eine lange und gefährliche Reise zu ersehnen, auf der sie alle leicht
ihren Tod finden können. Und wenn es wegen ihres Besitzes oder aus
einem ähnlichen Grund sei, wolle er ihnen gern das Doppelte von dem
geben, was sie zu Hause hätten, und sie mit so vielen Ehren über-
häufen, wie ihr Herz verlange. Und aus der großen Liebe, die er für sie
empfand, verweigerte er Ihnen die Erlaubnis abzureisen.« Erst der Tod
der Frau Arghuns, des Khans von Persien, soll den Polos die
Gelegenheit gegeben haben, einen Grund für ihre Rückreise zu finden.
Denn Arghun, der Großneffe Kublai Khans, will eine Frau aus dem
Mongolenreich heiraten. Er schickt drei Gesandte, Oulatai, Apousca
und Coja, nach Khanbalik. Sie sollen ihm die Prinzessin Köketschin
nach Persien bringen. Die Polos behaupten nun, im Auftrag des
Großkhans selbst diese gefährliche Mission übernommen zu haben,
um endlich ihre Heimreise antreten zu können. »Und ich sage euch,
daß diese großen Damen in der Obhut dieser drei Sendboten (der
Polos) waren, und sie behüteten sie, als wären sie ihre Töchter, und die
Damen, die sehr jung und schön waren, betrugen sich zu ihnen, als
wären sie ihre Väter, denen sie gehorchten. Und diese drei übergaben

sie ihrem Herren, und ich sage euch in aller Aufrichtigkeit, daß Köketschin ... den Sendboten so viel Gutes wünschte, daß es nichts gab, das sie nicht für sie getan hätte ... Denn wisset, daß sie, als diese drei Sendboten sich von ihr verabschiedeten, um in ihr eigenes Land zurückzukehren, Tränen des Schmerzes vergoß ...«

Wir treffen den fünfundachtzigjährigen Yang Zhijiu, einen der großen chinesischen Erforscher der Yüan-Zeit. Wir fragen ihn, ob aus seiner Kenntnis der Akten etwas dafür spreche, daß Marco Polo in China gewesen sei. Er antwortet: »Warum soll Marco Polo nicht in China gewesen sein, wo doch damals so viele Fremde das Mongolenreich bereisten. Ich habe im ›Yongle Dadian‹ Hinweise für Marco Polos Aufenthalt in China gefunden. Marco Polo schreibt in seinem Buch, daß er schon 17 Jahre in China war und zurück wollte, Kublai Khan es aber nicht erlaubte. Damals sollten aber drei Gesandte die Prinzessin Cocachin (Köketschin) von Quanzhou nach Persien begleiten. Da diese keine Erfahrung zur See hatten, erlaubte Kublai Khan, daß Marco Polo, sein Onkel und sein Vater sie begleiteten. Die Namen der drei Begleiter habe ich im ›Yongle Dadian‹ gefunden, das ist der einzige wirkliche Beweis dafür, daß Marco Polo in China war.« Auf meine Frage, ob er auch den Namen »Marco Polo« in den Archiven gefunden habe, lächelt der alte Professor und sagt nein.

In Quanzhou wurde ein Schiff aus dem 13. Jahrhundert gefunden. Die Chinesen bauten damals schon die schnellsten Schiffe mit bis zu 60 Kabinen und waren in der Lage, bis nach Indien und Afrika zu segeln. Marco Polo erwähnt, daß die Schiffsrümpfe einzelne Kammern besaßen, die bei Leck einzeln repariert werden konnten, »so daß das Wasser, das durch ein Loch eindringt, nach unten läuft, wo sich niemals andere Dinge befinden. Dann sehen die Seeleute nach, in welcher Abteilung die Schiffshülle beschädigt ist, und dann entleeren sie diese Abteilung (Marco meint die darin verstauten Waren) in andere Abteilungen. Denn das Wasser kann nicht von einer Abteilung in die andere dringen, so fest sind sie voneinander abgeschlossen. Dann bessern sie die Beschädigungen aus und bringen die fortgeräumten Waren zurück.« Die Konstruktionsweise der chinesischen Lastschiffe beschreibt Marco, aber die viel wesentlichere Errungenschaft der Chinesen, den Kompaß, der in Europa noch unbekannt war, läßt er unerwähnt. Warum? Die Fahrt zu Wasser war damals noch sehr gefährlich. Wir wissen, daß von 600 Menschen 582 ums Leben kamen. Höchst unwahrscheinlich, daß zu den 18 Überlebenden, die nach zweieinhalb Jahren Hormus erreichten, alle drei Polos gehörten.

ZWEITE PHANTASTISCHE MISSION: HEIMREISE

Der Chronist Gian Battista Ramusio erzählt, daß keiner die Polos erkannte, als sie nach vierundzwanzigjähriger Abwesenheit nach Venedig zurückkehrten. Erst als sie aus dem Saum ihrer Gewänder Edelsteine und Perlen hervorzauberten, erkannte man, daß sie die Wahrheit sprachen. Doch das ist nur eine Legende, eine von vielen, die später entstanden und Marco Polo zu dem machten, den wir heute kennen, den berühmtesten Ostasienreisenden. Die Wirklichkeit sah anders aus.

Marco bleibt in seiner Heimatstadt völlig unbeachtet, er bekleidet kein öffentliches Amt. Wir wissen nichts über ihn, nur daß er zwei Prozesse wegen Kleinigkeiten führte und drei Töchter hatte. Im Stadtteil San Giovanni Chrisostomo erwirbt er ein kleines Haus, das auch heute noch unter dem Namen »Corte del milion« bekannt ist. Über die Herkunft des Namens »Il Milione« wurde viel gestritten, und es ist nicht endgültig geklärt, ob er den Namen nur wegen seiner Übertreibungen bekommen hat oder ob er sich vom Eigennamen Emilio herleitet. Man kann heute aber mit Sicherheit davon ausgehen, daß Marco in seiner Zeit in keiner Weise die Bedeutung hatte, die ihm später zunehmend zugeschrieben wurde. Einer von Marcos großen Verehrern ist der Venezianer Alvise Zorzi, dessen Urahne zur Zeit Marco Polos Doge war. Zusammen mit seiner Frau bewohnt er einen der wunderbaren Renaissancepaläste der Zorzi. Allerdings nur wenige Monate im Jahr und vermutlich mehr aus Patriotismus, denn sein Hauptwohnsitz ist in Rom. Alvise Zorzi gehört auch zu denjenigen, die keinen Zweifel an der Wahrheit der Geschichte Marco Polos hegen. Seine mit Begeisterung vorgetragenen Ausführungen machen Marco zum glorreichsten Weltreisenden aller Zeiten. Auf meine Frage, ob es denn einen wirklich stichhaltigen Beweis für die Anwesenheit Marcos in China gäbe, antwortet er, daß ein sicheres Indiz dafür die goldenen Tafeln seien, die die Polos vom Großkhan bekommen haben. Drei goldene Tafeln, sozusagen mittelalterliche Reisepässe, finden sich zuerst im Testament des Onkels Maffeo, eine dann in dem von Marco Polo. Doch kann auch Alvise Zorzi nicht beweisen, daß die goldene Tafel, die

MARCVS POLVS

81　Obwohl
Messer Marco
bis ins hohe
Alter keine
Anerkennung
erfuhr, wurde
sein Buch später
in viele Sprachen
übersetzt und er
zum größten
Weltreisenden
aller Zeiten.

wir in Marcos Testament finden, nicht zu denen gehörte, die die Polos bereits bei ihrer ersten Reise aus Karakorum mitbrachten. In Marcos Testament gibt es darüber hinaus nur wenige Indizien, die auf seine Anwesenheit im Reiche Kublai Khans schließen lassen. Von großem Reichtum jedenfalls findet sich keine Spur, und es ist nachvollziehbar, warum Marco von seinen Zeitgenossen als Angeber, als Lügenbaron verspottet wurde. Das Testament, das wohl kurz vor seinem Tode aufgezeichnet wurde, enthält keinen Hinweis auf überseeische Besitztümer, wie sie sein Onkel hatte. Der einzige Anhaltspunkt für eine Beziehung Messer Marcos zum Osten ist sein tatarischer Sklave Petrus Tartarino, den er in die Freiheit entläßt. Über diesen Petrus den Tataren erfahren wir, daß er sich selbst als Petrus Suliman bezeichnet, also wahrscheinlich ein Muslim war, der möglicherweise aus Persien stammte. Also ist auch er kein sicheres Indiz für einen Augenzeugenbericht.

So gibt es insgesamt viele Argumente, die gegen den »Kronzeugen« Marco Polo sprechen. Am Ende unserer Reise besuchen wir die britische Sinologin Frances Wood in London. Sie glaubt eine Erklärung für all die Widersprüche und Auslassungen in Marcos berühmtem Buch gefunden zu haben. Die Leiterin der chinesischen Abteilung der »British Library« ist überzeugt davon, daß Marco weder am Hofe Kublai Khans war, noch daß er China bereiste: »Ich glaube nicht, daß Marco Polo jemals wirklich in China war. Mein Eindruck ist, daß er ausschließlich zwischen dem Außenhandelsposten der Familie, der Krim, Konstantinopel und Venedig hin- und herreiste und Handel trieb. Ich glaube nicht, daß er weiter als bis dorthin gelangte. Auf diesen Reisen hatte er einen leichten Zugang zu persischen Quellen, die über die Geschichte der Mongolen Aufschluß gaben, und zu den vielen Handbüchern von Kaufleuten mit zahlreichen Informationen.« Interessanterweise hat Frances Wood zwischen den Berichten von Ibn Battuta, der 1304 in Tanger geboren wurde und bis 1355 den Fernen Osten bereiste, und Raschid ad-Din, einem 1247 geborenen Juden und Apothekersohn, sowie den Berichten Marco Polos in einigen Beschreibungen so auffallende Parallelen gefunden, daß sie vermutet, daß alle drei auf eine gemeinsame persische Quelle zurückgegriffen haben.

Mit Sicherheit werden die Erkenntnisse der britischen Sinologin Frances Wood nicht die letzten sein auf der spannenden und immer wieder mysteriösen Spurensuche nach der Wahrheit über Marco Polo.

Vielleicht findet man irgendwann tatsächlich die Quelle, aus der Marco oder sein Ghostwriter Rustichello abgeschrieben haben. Sicher ist aber, daß sein Buch gerade für die großen Entdeckungsreisenden der damaligen Zeit von ungeheurer Bedeutung war. Selbst jene Hälfte der Wahrheit, die Marco Polo erzählte, hat ausgereicht, daß Christoph Kolumbus auf seiner Fahrt nach Westen die sagenumwobenen Reichtümer des Fernen Ostens und die goldenen Dächer Cipangus suchte. Marco Polos phantastische Reisen und der Irrtum des Kolumbus vereinten sich zu dem, was man später die »Entdeckung Amerikas« nannte.

Literaturverzeichnis

Hart, Henry: Der Entdecker Marco Polo. Bremen 1959.
Polo, Marco: Von Venedig nach China. Die größte Reise des 13. Jahrhunderts. Neu hg. und komm. von Th. A. Knust. Stuttgart/Wien ^{10}1986.
Wood, Frances: Did Marco Polo Go to China. London 1995.
Zorzi, Alvise: Marco Polo. Eine Biographie. Hildesheim 1992.

Autor und Gustav Lübbe Verlag danken dem Faksimile Verlag Luzern für die freundliche Überlassung der Vorlagen und Abdruckrechte der wunderbaren Buchmalereien aus dem »Livre des Merveilles« des Marco Polo. Diesem Buch liegt eine Antwortkarte des Faksimile Verlages für weitergehende Informationen über die Faksimile-Edition bei. Sollte sie fehlen, wenden Sie sich bitte an den Faksimile Verlag Luzern, Maihofstraße 25, CH-6000 Luzern 6, Schweiz.

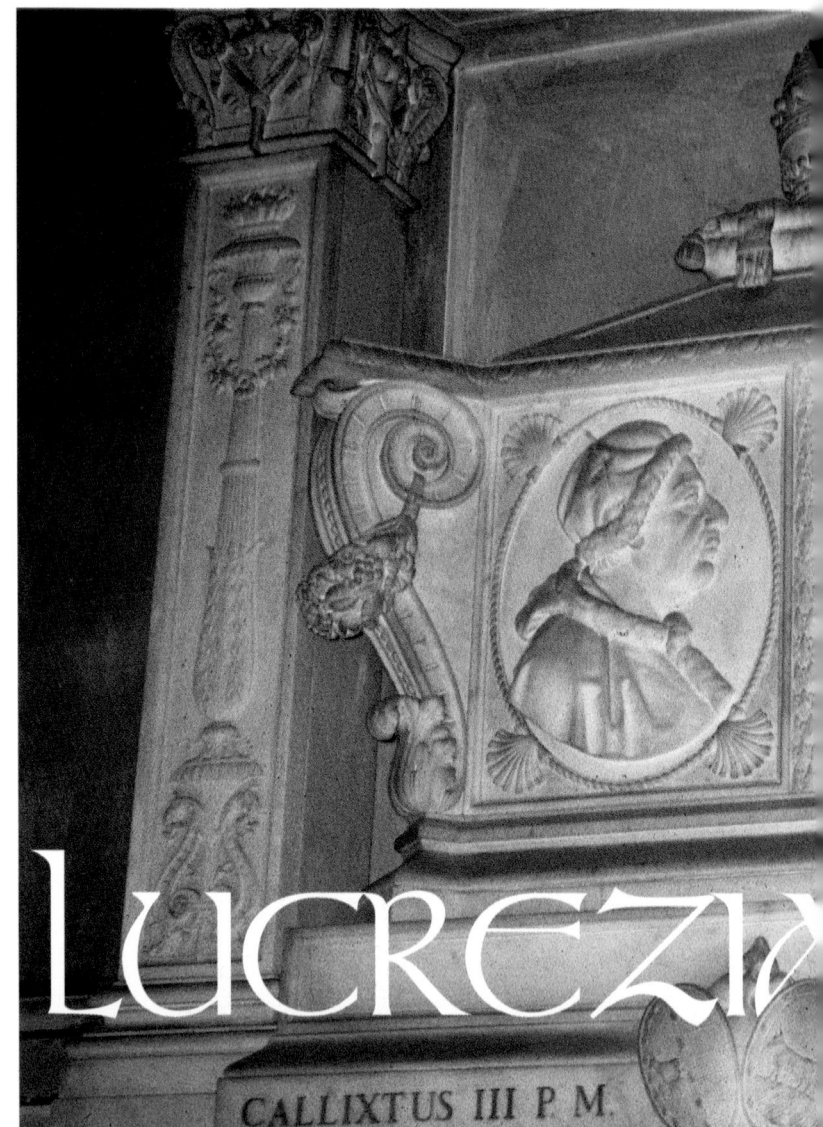

LUCREZIA

CALLIXTUS III P. M.

Ingo Hermann

BORGIA
UND DIE FAMIELIENBANDE IM VATIKAN

ALEXANDER VI P. M.

Lucrezia Borgia ist die unseligste *Ihre Gestalt reizte*
Frauengestalt der modernen Geschichte. *mich wie etwas Geheimnisvolles,*
Ist sie das, weil sie auch die schuldigste *was in sich selbst einen unerklärten*
der Frauen war? Oder ist sie es nur, *Widerspruch trägt und noch*
weil sie einen Fluch tragen muß, mit *zu enträtseln ist.*
dem sie die Welt aus Irrtum belegt hat?

Ferdinand Gregorovius

AM GRAB DER HERZOGIN

Via Pergolato in Ferrara. Nachmittags vier Uhr. Ich drücke auf den Klingelknopf neben der schmalen Klosterpforte von Corpus Domini. Ich will die Gräber der Herzogsfamilie Este besuchen. Hier liegt auch Lucrezia d'Este, geborene Borgia, begraben.

Ich läute abermals. Nichts geschieht. Bin ich an einen Seiteneingang geraten? Vielleicht ist die Klingel taub, und niemand hört mich. Natürlich, dies muß ein Nebeneingang sein. Der Zugang zu den Gräbern der Herzöge d'Este kann nicht gar so unauffällig und bescheiden sein. Schließlich haben die Este jahrhundertelang die Geschicke dieser Stadt, Bauen und Wohnen, Handel und Wandel, Krieg und Frieden, Leben und Tod ihrer Bürger, gelenkt.

Ich erschrecke, als sich die Pforte automatisch öffnet. Ich blicke in das Halbdunkel eines Raumes und erkenne zwei Türen und, in Brusthöhe, eine Durchreiche aus dunkelbraunem Holz. Aus einem kleinen Lautsprecher im Türbogen ertönt eine Stimme und fragt, was ich begehre.

82   Der Sarkophag der beiden Borgia-Päpste Alexander VI. (rechts) und Calixt III. (links) in der Spanischen National-Kirche in Rom.

Ich trete ein und erkläre der Durchreiche, ich wolle die Gräber der herzoglichen Familie besuchen. In der Durchreiche bewegt sich ein kleines Karussell. Papiere kommen zum Vorschein, darauf eine Zeichnung, wie man zu den Gräbern zu gehen hat. Ich drehe mich um und folge der gezeichneten Linie, gehe draußen rechts an der hohen Backsteinmauer entlang, um die Ecke bis zum Eingangsportal einer Kirche. Dort öffnen sich erst das Gittertor und dann die Kirchentür. Automatisch.

Ich betrete einen Kirchenraum. Mir gegenüber eine Wand mit einem Altar und einer Tür, die sich, wieder wie von unsichtbarer Hand, öffnet. Ich durchquere das Halbdunkel – noch immer habe ich keinen leibhaftigen Menschen gesehen – und finde mich in der zweiten Hälfte der Kirche wieder. Dunkelglänzendes Chorgestühl an beiden Seiten.

Dann wieder die Stimme. Ohne Lautsprecher erklingt sie ätherisch aus einem hölzernen Gitter, hinter dem ich das Schwarz-Weiß einer Schwesterntracht erahne. Wie an einem Geldschalter wird ein Papier durchgeschoben. Neben dem Schalter ein hölzerner Spendenkasten. Das Papier erklärt mir, wer wo liegt, Herzog Alfonso und Herzogin Lucrezia und die Kinder in einem Grab, ringsherum andere Mitglieder der Familie.

Jetzt spricht die Stimme zu mir. Sie erklärt, was ich auf dem Blatt gelesen habe. »Und dort die Herzogin Lucrezia Borgia, die oft hier zu uns ins Kloster kam, nachdem sie das wüste Leben im Rom ihres Vaters, Papst Alexanders VI., hinter sich gelassen hatte und eine treusorgende Mutter und Landesherrin geworden war.« – Ist das die Wahrheit?

Hat denn nicht fast jeder schon einmal von dieser verruchten Papsttochter gehört: in Filmen, Theaterstücken, Opern oder Büchern. Von der Femme fatale im Vatikan, der blonden Bestie, die die Männer reihenweise erst verführt und dann vergiftet ... Ist das die Wahrheit?

Wer kennt schon das wirkliche Leben dieser Frau und ihrer Familie? Wer weiß schon Genaues über die zerrissene Zeit, die man später die Renaissance nennt? Die Zeit, in die Kaiser und Könige, Adlige und Päpste, Maler und Musiker, Dichter und Architekten und all die Machiavellis und Savonarolas verstrickt sind?

WER IST LUCREZIA?

Das Leben der Lucrezia Borgia beginnt wahrscheinlich in Subiaco, wo sie am 18. April 1480 geboren wird und wo ihre Mutter, Vanozza de Catanei, sich häufig aufhält, um dem anstrengenden Rom zu entgehen. Über Lucrezias frühe Jugend ist wenig bekannt. Die ersten acht Jahre verbringt sie im Haus der Mutter, nahe dem Vatikan an der Piazza Pizzo di Merlo: glückliche Jahre. Der Vater, Kardinal Rodrigo Borgia, gibt die Tochter 1488 in die Obhut seiner Nichte Adriana de Mila. Einige Forscher

**83
Außenansicht
des Klarissen-
Klosters Corpus
Domini in
Ferrara. Hier
suchte Lucrezia
immer wieder
Trost in schwe-
ren Zeiten. Hier
ist sie auch mit
ihrem Mann
umgeben von
ihren Kindern
begraben.**

nehmen an, daß Rodrigo die eigentliche Ausbildung der Tochter in Sprachen, Literatur und Geschichte sicherstellen will und für die Erziehung die Anbindung an ein Kloster sucht.

Mit zwölf Jahren – Rodrigo ist gerade Papst geworden – wird Lucrezia gleich zweimal verlobt und immer wieder ins politische Spiel Alexanders gebracht: Mit 13 Jahren wird sie zum ersten Mal verheiratet, mit Giovanni Sforza, mit 18 Jahren – nachdem die erste Ehe für ungültig erklärt worden war – zum zweiten Mal, diesmal mit Alfonso d'Aragona, dem Herzog von Bisceglie. Durch Verlobungen und Verheiratungen soll die Bündnispolitik des Papstes verankert werden, und Lucrezia ist – wie jede andere Fürstentochter der Zeit – ein Joker in der Hand des Vaters, und wenn der diesen Joker mehrmals hintereinander ausspielen will, dann tut er das auch. Ebenfalls wie jede andere Fürstentochter nimmt Lucrezia am römischen und vatikanischen Hofleben teil. Wie eine Prinzessin erhält sie Ehrungen und Huldigungen, trägt kostbaren Schmuck und erlesene Kleider. Und immer ist sie zuallererst die loyale Tochter des Papstes. Trotzdem scheint es da etwas Neues, Ungewohntes zu geben: »Zu Lebzeiten Papst Alexanders hatte man immer wieder ... kritisiert, daß nicht nur so viele junge und schöne Frauen an seinem Hof verkehrten, sondern dort auch unerhört selbständig auftraten, sich dem Willen des Oberhauptes der Christenheit öffentlich widersetzten und ... nach eigenem Willen handelten.« (Schüller-Piroli).

84 Bildnis einer Frau der Renaissancezeit von Bartolomeo da Venezia (tätig 1502 – 1546), die nach vielen Quellen Lucrezia Borgia darstellen soll.

85 Alfonso I. d'Este als regierender Herzog von Ferrara. Das Porträt hängt heute an verborgener Stelle im Palazzo Ducale in Urbino.

Lucrezia führt zeitweise sogar stellvertretend die Regierungsgeschäfte des Kirchenstaates, wenn Alexander nicht »im Hause« ist. Auch die Zeit als Gouverneurin des Papstes in Spoleto bedeutet Arbeit und Verantwortung. Lucrezia ist in diesem Jahr (1499) gerade 19 Jahre alt. Die Monate in Spoleto dürften zu den glücklichsten ihres Lebens gehören, da sie erfüllt sind von einer zärtlichen Liebe zwischen Lucrezia und ihrem Mann Alfonso d'Aragona. Die Biographen erzählen von einer Wahrsagerin, die zur Gouverneurin auf der Burg vorgelassen wird und ihr einen Besuch des Ehemannes ankündigt. Er werde von Neapel aus direkt zu ihr reiten, ohne die Stadt Rom zu betreten: »Er wird an einem Abend eintreffen, der für dich, Lucrezia, wunderbar sein wird. Ihr werdet nur wenige Tage für euch haben, nicht einmal eine Woche; aber in dieser Zeit werdet ihr euch den Freuden des September hingeben. Ihr werdet über Land reiten und Ausflüge zum Monteluco machen. Du wirst deine Macht genießen, die nie so groß war wie an der Seite dieses Mannes. Dann wird der Zauber enden ...«

Was endet, ist nicht nur der Zauber des September, sondern das gemeinsame Glück. Der Herzog wird in den finsteren Gassen des nächtlichen Rom überfallen und schwer verletzt. Da ihn die Mordgesellen für tot halten, kann sich Alfonso in die eheliche Wohnung schleppen, wo Lucrezia ihn liebevoll pflegt. Sie kocht eigenhändig für ihn, damit niemand ihn vergiften kann. Als Alfonso allmählich gesundet, schlagen die höchstwahrscheinlich von Lucrezias Bruder Cesare gedungenen Mörder wieder zu. Sie dringen in das Krankenzimmer ein, schicken Lucrezia hinaus und erwürgen den Genesenden in seinem Bett, während Lucrezia Hilfe zu holen versucht. Lucrezia ist außer sich vor Wut und Trauer. Sie verlangt von ihrem Vater die Bestrafung der Täter und zieht sich auf die Burg Nepi im Nordwesten von Rom zurück. Ihre Briefe unterschreibt sie in dieser Zeit mit »Lucrezia la Infelicissima«, »Lucrezia die überaus Unglückliche«.

Als die inzwischen Zwanzigjährige schließlich nach Rom zurückkehrt, ist sie wieder voller Lebenskraft und Heiterkeit. Neu ist aber, daß sie ihr Schicksal nun selbst in die Hand nimmt. Sie betreibt von sich aus die Heirat mit Alfonso, dem Erbherzog von Ferrara. Sie gibt ihre bis dahin eher passive Rolle auf. Es ist, als wolle sie den Vatikan und Rom, diesen ganzen Circus maximus der Eitelkeiten, hinter sich lassen, um in Ferrara ein neues Leben zu beginnen.

Im Januar 1503 zieht Lucrezia Borgia im Triumph in Ferrara ein. Die Hochzeit wird mit allem Pomp und Prunk der Renaissance gefeiert. Rom ist weit, und Lucrezia ist die Ehefrau des Thronfolgers und späteren regierenden Herzogs, die Mutter von acht Kindern, die sie mit Alfonso bekommt. Und die schöne und geistvolle Herzogin, die Dichter und Künstler an den Hof der Este zu binden versteht.

Lucrezias heiteres Gemüt trägt sicher dazu bei, daß sie verehrt und geliebt wird. Vielleicht kommt auch ein gewisses Mitleid hinzu, das die Menschen, vor allem die Frauen, in Ferrara für sie hegen, weil die junge Herzogin belastet ist wie sie alle: die vielen Geburten, die Krankheiten. Und dann die Nachrichten von den Abenteuern des Bruders und – nach dem Tod Alexanders – die Meldungen von seiner Gefangenschaft. Wenn Lucrezia sich wieder einmal ins Kloster Corpus Domini zurückzieht, weiß jeder in der Stadt, daß ein neuer Schlag die Herzogin getroffen hat.

Die Nachricht vom Tod des Bruders erhält Lucrezia, als sie gerade wieder schwanger ist. Die Zeitgenossen berichten, Lucrezia habe die Nachricht gefaßt aufgenommen. Sie ist inzwischen regierende Herzogin von Ferrara und völlig eingebunden in ihre höfischen Pflichten. Der Tod des Vaters hat sie nicht aus der Lebensbahn geworfen wie ihren Bruder, weil der Herzog von Ferrara nicht daran denkt, sich von ihr zu trennen – trotz der Vorgeschichte dieser Ehe, deren Abschluß ja, auch wenn Lucrezia selbst sich sehr bemüht hat, vor allem durch den Einfluß des Papstes zustande gekommen war und die mit dieser Begründung jetzt auch wieder gelöst werden könnte.

86 Das Castello Estense in Ferrara. Hier wohnte Lucrezia Borgia als Herzogin von Ferrara mit ihrem Ehemann Alfonso I.

Es ist längst vergessen, daß Lucrezia einmal das Instrument und wohl auch das Opfer des politischen Ehrgeizes von Vater und Bruder war. Das Prinzip »Macht durch Heiratspolitik« gehörte eben zu allen Zeiten feudaler Herrschaftsstrukturen zum ganz normalen politischen Geschäft und war keinesfalls eine Besonderheit der Borgia. Jetzt aber ist Lucrezia das alles nicht mehr: weder Instrument noch Opfer. Sie ist die selbstbewußte, schöne, begabte Papsttochter aus Rom, die dem Hof von Ferrara Glanz und Wärme gibt.

Im Alter von 39 Jahren stirbt sie am Kindbettfieber. Ein Leben findet sein Ende, das sich kaum unterscheidet vom Leben all der anderen Frauen des italienischen Adels und dem wir allenfalls in den Fußnoten der Geschichtsbücher begegnen würden – abgesehen einmal davon, daß Lucrezia die Tochter eines Papstes ist.

Aber da ist noch etwas, von dem niemand absehen kann, der sich an jenem Grab in Ferrara zu erinnern sucht. Gibt es da nicht auch Geschichten von der blutschänderischen Hure, die durch den Geschlechtsverkehr mit Vater und Bruder den Satan in die Welt bringt? Soll sie nicht mit dem Vater sogar ein Kind gehabt haben? War sie nicht dabei, als bei einer Orgie im Vatikan 50 Kurtisanen der Stadt nackt zwischen Kerzenleuchtern auf dem Boden herumkrochen, um Kastanien aufzulesen?

War sie nicht verwickelt in die Giftmorde, mit denen Vater und Bruder ihre Politik betrieben, um sich die Güter der Opfer anzueignen?

Sind solche Geschichten wahr? Und wenn sie nicht wahr sind, warum wurden sie dann zu Lebzeiten der Borgia und seither immer wieder erzählt? Vielleicht hilft ein Blick auf das Leben Papst Alexanders VI., ihres Vaters, und ihres Bruders Cesare, diese Fragen zu beantworten.

WAS FÜR EIN MENSCH ...

Wenn man die historische Gestalt des Mannes in den Blick nimmt, der von 1492 bis 1503 als Papst Alexander VI. regiert, und seine Amtshandlungen betrachtet, ist eines deutlich erkennbar: Dieser Papst ist ein Renaissancefürst, wie er im Buche steht. Er sieht sich in erster Linie als Fürst und Herrscher des Kirchenstaates und erst in zweiter oder dritter als geistliches Oberhaupt einer Religionsgemeinschaft. Dies aber gilt nicht nur für Alexander, sondern auch für viele seiner Vorgänger seit dem frühen Mittelalter und für seine Nachfolger bis weit in die Neuzeit. Auch andere Päpste sind Kriegsherren, auch andere sind Politiker mit dynastischen, persönlichen und finanziellen Interessen. Wie andere Päpste vor und nach ihm hat Alexander Geliebte, Kinder, Nichten und Neffen, die er begünstigt. Selbst jener Papst, der 1545 das tridentinische Reformkonzil einberuft, Paul III. aus dem Hause Farnese, hat mit seiner Konkubine vier Kinder und macht zwei seiner vier Enkel zu Kardinälen. An ihn, nicht an Alexander, schreibt Martin Luther: »Du hast keinen Glauben und achtest Gott nicht samt deinen Söhnen, Kardinälen und Römischem Hofgesinde. Denn ihr seid eine epikureische Sau.«

Die einzigen Merkmale, durch die sich Alexander von seinen Vorgängern (wenn man einmal von seinem Onkel, Papst Calixt III., absieht) und Nachfolgern in der Renaissance unterscheidet, ist die Tatsache, daß er Spanier ist, und die Tatsache, daß Alexander seine erotischen Abenteuer und seine Kinder nicht verheimlicht, sondern sich recht offen zu ihnen bekennt.

Rodrigo de Borgia wird 1430 oder 1431 in der Nähe von Valencia geboren. Er gehört zu den etwa 300 Familienmitgliedern, die Alonso de Borja, inzwischen Papst Calixt III., ab 1455 von Spanien nach Rom holt und die sich dort wie Konquistadoren aufführen. Bald wird Rodrigo zum Kardinal ernannt und erweist sich als außerordentlich tüchtig. Als der junge Kardinal – er ist gerade 27 Jahre alt – die heißen Sommerwochen

**87   Papst
Alexander VI.,
der Vater
Lucrezia Borgias.
Ausschnitt aus
einem Fresko in
den Borgia-
Gemächern des
Vatikan von
Bernardino
Pinturicchio
(1454 – 1513).**

in den Sabiner Bergen verbringt, erreicht ihn die Nachricht, Papst Calixt
liege im Sterben. Rodrigo eilt sofort in die Stadt, obwohl die Unruhen,
die in jener Zeit beim Tod eines Papstes regelmäßig ausbrechen, für ihn
wie für die anderen Mitglieder der Familie der Borgia lebensgefährlich
werden können. In der Tat: Noch während der spanische Papst auf dem
Sterbebett liegt, beginnen die römischen Adelsfamilien, allen voran die
Colonna und die Orsini, in den Straßen Roms Treibjagden auf alle Angehörigen der verhaßten Sippe zu veranstalten. Rodrigo steht trotzdem
seinem Onkel in der Todesstunde bei und hilft Familienangehörigen bei
der Flucht aus Rom. Sein Kardinalspalast wird geplündert, aber vor ihm,
der ihnen mutig entgegentritt, scheuen die Häscher zurück.

Gewiß gehört zu seinem Auftreten, wie überhaupt zum Profil seiner
Persönlichkeit, daß Rodrigo ein ungewöhnlich gut aussehender Mann

ist. Einer seiner Lehrer, Gaspare da Verona, schreibt über ihn: »Der Vize-kanzler ist ein schöner Mann von fröhlichem Gesicht und heiterem Aussehen. Seine Sprache ist edel und gefällig. Er entzückt herrliche Frauen, wo er sie nur trifft, und übt eine wunderbare Anziehungskraft auf sie aus, stärker als der Magnet das Eisen anzieht. Aber man glaubt, daß er sie alle unberührt wieder fortschickt ...« Dennoch gehört zu den Merkmalen seines Charakters eine gewisse übermütige Wildheit und eine erotische Besessenheit, die Gregorovius als »unerschöpfliche Sinnlichkeit« beschreibt. So sieht sich zum Beispiel Papst Pius II. am 11. Juli 1460 veranlaßt, einen Mahnbrief an den neunundzwanzigjährigen Kardinal zu schreiben. Der hatte in den Gärten eines gewissen Johann de Bichis bei einem Weinfest dafür gesorgt, daß die Schönen der Stadt eingelassen wurden, deren Eltern, Geschwister und Männer aber vor den Toren bleiben mußten. »Dort ist, wie Wir hörten, in aller Ausgelassenheit getanzt worden. Dort wurde keine Liebeslockung gespart, und Du betrugst Dich dabei nicht anders, als wärest Du einer aus dem Schwarm der weltlichen Jugend. Was dort alles getrieben wurde, verbietet die Scham zu sagen ... Unser Mißfallen ist namenlos, denn dies gereicht dem geistlichen Stande und Amt zur Schmach ... Daher verachten uns die Fürsten und Mächte und verhöhnen uns täglich die Laien ... Möge daher Deine Klugheit diesen Eitelkeiten eine Schranke setzen, und Deine Würde im Auge behalten, und nicht wollen, daß man Dir unter Weibern und Jünglingen den Namen eines Galans gebe. Denn sollte sich dergleichen wiederholen, so müßten Wir notgedrungen zeigen, daß solches ohne Unseren Willen und zu Unserem Schmerz geschehen ist, und Unser Tadel würde nicht ohne Dein Erröten über Dich ergehen. Wir haben Dich stets geliebt, und Wir hielten Dich Unserer Protektion wert, als einen Mann, welcher ein ernstes und bescheidenes Wesen zu erkennen gab. Handle demnach also, daß Wir diese Unsere Meinung von Dir festhalten, und nichts kann dazu mehr beitragen, als die Annahme eines gesetzten Lebens.«

Wie immer man jedoch Rodrigo Borgia beurteilen mag, sein Charakter gibt keinen Grund für die Verteufelung seiner Person. Erst die spätere Politik und seine Konkurrenten um die Macht bedienen sich der Dämonisierung ihres Gegners, um Alexander VI. zu schwächen. Selbst in der berüchtigten Auseinandersetzung mit dem fanatischen Savonarola bestätigt Alexander durch sein Vorgehen keineswegs die vernichtenden Urteile, die der eifernde Bußprediger ihm entgegenschleudert.

IM BANN SAVONAROLAS

Viele sehen in dem Dominikanermönch Girolamo Savonarola, der am 21. September 1452 als Sohn eines Hofarztes in Ferrara geboren und 1498 in Florenz gehängt und verbrannt wird, einen der wichtigsten Gegenspieler Alexanders VI. Vom Geburtshaus in Ferrara führt ihn sein Weg 1484 nach Florenz.

Savonarola wird 1491 zum Prior von San Marco in Florenz gewählt. Er ist bereits berühmt als charismatischer Redner und Bußprediger und als Reformer seines Ordens. Seine apokalyptischen Visionen und seine Prophezeiungen geben ihm eine nahezu unheimliche Autorität: Er hatte den Tod des Lorenzo de Medici, des Papstes Innozenz und des Königs von Neapel vorausgesagt, desgleichen den Einfall französischer Heere nach Italien. Die Kirche von Santa Maria del Fiore und später der Dom sind überfüllt, wenn Savonarola spricht. Selbst die Intellektuellen der Stadt erliegen seinem Charisma. Junge Männer treten in Scharen als Novizen in San Marco ein.

Diese Resonanz und Popularität mag den Prior dazu verleitet haben, sich auf die Politik einzulassen: Und eben dies ist der Punkt, an dem der Konflikt mit dem Papst beginnt. Alexander VI., anders als Savonarola ein jovialer und liberaler Mensch, hätte – so ist oft vermutet worden – die frommen, aber auch rigorosen Bußpredigten einschließlich ihrer Angriffe auf die Prälaten in Rom durchaus hingenommen. Mit großer sprachlicher Geste verkündet der Bußprediger aber: »Flieht von der Tochter Babylons, flieht von Rom. Denn Babylon bedeutet Verwirrung, und Rom hat die ganze Heilige Schrift verwirrt, hat alle Laster untereinander verknäuelt ... Tritt her, verruchte Kirche! Höre, was der Herr zu dir spricht ... Schlimmer bist du als Vieh. Du bist ein schreckliches Ungeheuer.« Dem Papst wirft er vor, daß er sich offen zu seinen Kindern bekenne, anstatt sie wenigstens als Nichten und Neffen zu bezeichnen.

All das bringt Papst Alexander nicht aus der kirchenfürstlichen Ruhe. Die Einmischung Savonarolas in die Politik aber wird zum Problem zwischen Rom und Florenz. 1497 werden die Medici aus der Stadt vertrieben, die Republik wird ausgerufen. Da die neuen Herren ihren Herrschaftsanspruch über Pisa erkämpfen müssen, schließen sie sich nicht der vom Papst angestrebten Heiligen Liga zur Abwehr der Franzosen und zur Eini-

88 Das Denkmal für Savonarola vor dem Kastell in Ferrara.

ALPEN

Bergamo

Mailand

Brescia

Verona

Pad

HERZOGTUM
MAILAND

Cremona

Mantua

Turin

Piacenza

HERZOG-
TUM
MODENA

Ferra

Parma

Genua

Modena

HERZOG
FERRA

Bolo

REPUBLIK
GENUA

La Spezia

Lucca

Florenz

REPUBLIK LUCCA

Pisa

REPU
FLOR

Livorno

Siena

REPUBLIK
SIENA

KORSIKA

Tyrrhenisches Mee

NORDITALIEN
ZUR ZEIT DER BORGIA

SARDINIEN

200 km

REPUBLIK VENEDIG

Triest

edig

enna

na

aro

Senigallia

o

Ancona

A d r i a

APENNINEN

ugia

oleto

Pescara

L'Aquila

HEN-
AT

Nepi

Subiaco

KÖNIGREICH NEAPEL

Foggia

Bari

Neapel

Salerno

gung Italiens an und stören so die Politik des Papstes. »Haltet mit Uns, seid gute Italiener! Laßt die Franzosen in Frankreich!« sagt Alexander zum florentinischen Gesandten.

In Florenz ist der Einfluß Savonarolas so groß geworden, daß die Republik sich zu einer theokratischen Diktatur entwickelt. Der Zugriff auf das Privatleben der Bürger wird totalitär. Die Polizei ist allgegenwärtig. Jeder wird zur Verleumdung des anderen angehalten. Die Bürger sollen auf allen weltlichen Tand, auf Feste und auf den Karneval verzichten. Der Mönch läßt jugendliche Schlägertrupps organisieren, die in die Häuser eindringen und herausholen, was auf den Scheiterhaufen, den sogenannten »Opferbrand«, soll. Schließlich wird auf der Piazza della Signoria ein Scheiterhaufen von 22 Metern Höhe aufgeschichtet, auf den alles kommt, was den Florentinern gut und teuer ist: Lauten, Harfen, Spiegel, Schleier, Masken, falsche Bärte, Festkleider, Schachspiele, Spielkarten und Gemälde von weiblichen Schönheiten. Und sogar Bücher, zum Beispiel die von Petrarca und Boccaccio. Auf derselben Stelle des Platzes vor der Signoria wird nur wenige Jahre später der Scheiterhaufen errichtet werden, auf dem der Leib des zuvor gehenkten Savonarola verbrannt wird ...

Bevor die Stimmung jedoch umschlägt und die aufgehetzten Gefühle der Menge sich gegen den fanatischen Bußprediger wenden, feiert die heuchlerische Anpassung und Bigotterie erschreckende Triumphe. Einem Mann wie Alexander sind der rigorose Fanatismus Savonarolas wie dessen politische Auswirkungen zuwider. Den Prior von San Marco fordert er deshalb mehrfach auf, nach Rom zu kommen und seine Prophezeiungen überprüfen zu lassen. Erst als das nichts hilft, folgen ein Predigtverbot und schließlich, im Sommer 1497, die Exkommunikation – die von Savonarola sofort für ungültig erklärt wird.

Als in Florenz die Stimmung umschlägt und sich gegen das rigorose Regiment Savonarolas richtet, fordern die mit den Dominikanern konkurrierenden Franziskaner den Prior auf, sich der Feuerprobe zu unterziehen, um zu demonstrieren, daß er unter dem besonderen Schutz Gottes stehe. Savonarola sagt zunächst zu, durchs Feuer zu gehen. Alle Vorbereitungen werden getroffen, viele Schaulustige haben sich versammelt. Da nimmt Savonarola seine Zusage zurück. Die um den Nervenkitzel betrogene Menge revoltiert und stürmt das Kloster San Marco. Die Signoria muß versprechen, einen Prozeß gegen den Prior zu eröffnen. Savonarola wird inhaftiert. Alexander besteht weiterhin auf der Auslieferung nach Rom. Erst als die Signoria diese verweigert, schickt der Papst Gesandte nach Florenz, um den Prozeß als Ketzerprozeß in seine Hand zu bekommen. Savonarola wird gefoltert und am 23. Mai 1498 gehenkt und verbrannt. Er stirbt im Bewußtsein, den Märtyrertod zu erleiden.

Savonarola und Alexander VI. sind Gegner wider Willen. Der Bußprediger hat auch in seinen schlimmsten Ausfällen gegen die Lebensführung Alexanders nie die Behauptung aufgegriffen, der Papst sei den berüchtigten Teufelspakt eingegangen, um gegen den Verkauf seiner Seele die Papstwahl zu gewinnen. Und umgekehrt hat Alexander nie einen Ketzerprozeß gegen Savonarola führen wollen. Der Prior von San Marco sollte lediglich nach Rom kommen und dann in der Abgeschiedenheit eines Klosters leben – ohne öffentliches Auftreten in Politik oder Predigt. Die Mischung aus Aberglauben und politischem Interessenkonflikt hat dies jedoch unmöglich gemacht.

Für die Einsicht in die Persönlichkeit Alexanders ist sein Verhalten in der Savonarola-Affäre aufschlußreich. Es zeigt sich, wie sehr für ihn die Machtfrage im Vordergrund seines Handelns steht, wie zweitrangig die Fragen des Glaubens und der Moral sind und wie fern ihm jede Art von religiösem und moralischem Fanatismus liegt.

LUCREZIAS BÖSER BRUDER

Lucrezias Bruder Cesare ist fünf Jahre älter als sie. Auch seine ersten Jahre bleiben im dunkel. Wahrscheinlich wird er im September 1475 wie Lucrezia in Subiaco geboren und wächst unter der Obhut seiner Mutter Vanozza de Catanei in Rom auf. Von seinem Vater für die geistliche Laufbahn vorgesehen, erhält er zunächst eine ähnliche Ausbildung wie später seine Schwester. 1492 wird er Bischof von Valencia, 1493 erhebt ihn sein Vater, obwohl er noch nicht zum Priester geweiht ist, zum Kardinal von Santa Maria Nuova. Cesare gilt als heiterer und unpolitischer Kleriker, der sich fast ständig in der Nähe des Papstes aufhält. Er bezieht im Vatikan eine Wohnung direkt über dem Vater. Ganz anders als seinem Vater werden ihm keine Frauengeschichten nachgesagt. Auch von unehelichen Kindern ist nie die Rede. Deshalb ist es für alle, auch für Alexander, eine große Überraschung, als Cesare plötzlich den Wunsch äußert, sein geistliches Amt aufzugeben und als Gonfaloniere, das heißt als oberster Heerführer, in den Dienst des Kirchenstaates zu treten.

89   Lucrezias Bruder Cesare Borgia. Gemälde eines unbekannten Künstlers (um 1500).

Am 17. August 1498 wird Cesare in den Laienstand zurückversetzt. Er gibt dem Papst die Insignien des Kardinalats und seine Benefizien zurück. Das Kardinalskollegium stimmt der Entscheidung zu. Nur der spanische Botschafter Garcilasso de la Vega protestiert. Er weiß, daß Cesare sich dem französischen König anzuschließen gedenkt, sich also mit einem Feind der spanischen Krone verbünden will. Cesare verläßt erhobenen Hauptes die Versammlung und trifft sich noch am gleichen Tag mit dem Kämmerer des französischen Königs, der ihn nach Frankreich einlädt, wo er als Ersatz für das Bistum Valencia, auf dessen Einkünfte Cesare soeben verzichtet hat, die zum Herzogtum erhobene Grafschaft Valence erhält.

Zu diesem Zeitpunkt ist Cesare bereits tief verstrickt in die europäische Politik von Intrigen, Mord und Machtgerangel. Ihm werden der Mord an seinem Bruder Juan, den er eifersüchtig haßt, und die Beteiligung an Verrat und Giftmord angelastet. Wahrscheinlich ist er auch schon durch die ersten Anzeichen der Syphilis gebrandmarkt und wird bald die schwarze Maske tragen, die als sein Markenzeichen in die Geschichte eingeht.

Als der Papst die Eroberung der Romagna in Angriff nimmt, um die zu selbstherrlich gewordenen Lehnsherren, die sich zu Despoten entwickelt haben, zu entmachten und zu verjagen sowie um die Einkünfte dieser Region für sich und den Kirchenstaat verfügbar zu machen, setzt er Cesare als Feldherrn ein, der für sich selbst die Vision eines eigenen Staates mit Urbino als Hauptstadt verfolgt.

In drei schnellen, grausam und erfolgreich geführten Feldzügen erobert Cesare die Herrschaften und Städte der Romagna und der Marken, also die Region um Urbino, Senigaglia, Pesaro, Rimini, Cesena, Forlí, Imola und Faenza, greift Bologna an und bedroht Florenz. Einer Verschwörung seiner Condottieri begegnet er nach allen Regeln der

Staatskunst. Zu seinen Begleitern gehören zeitweilig Niccolò Machiavelli als Gesandter der Signoria von Florenz und, in Cesares Diensten, Leonardo da Vinci, dessen Fähigkeiten in Waffentechnik, Festungsbau und Entwässerungstechnik er in Anspruch nimmt. Das Volk jubelt dem neuen Herrscher zu, weil er die verhaßten Despoten vertreibt oder hinrichtet.

CESARE, MACHIAVELLI UND DIE STAATSRÄSON

Wer sich bei der Suche nach dem Geheimnis der Borgia im Umfeld der Figuren und der Epoche umschaut, wird auch auf Niccolò Machiavelli stoßen. Der Autor des berühmt-berüchtigten Buches »Der Fürst« und der »Discorsi« ist nicht nur politischer Schriftsteller, sondern auch selbst Diplomat und Militärexperte. Geboren am 3. Mai 1469 in Florenz, steht er sein Leben lang im Dienst dieser Stadt. Als Gesandter der Republik Florenz trifft er auch mit Cesare Borgia zusammen, begleitet ihn sogar einige Wochen und setzt seine Bewunderung für den genialen

90 Niccolò Machiavelli, der Verfasser des Buches »Der Fürst«, Beobachter und Gegenspieler von Cesare Borgia. Gemälde von Santi di Tito (1536–1606).

Kriegsherrn und Politiker um in die theoretische Darstellung der Bedingungen von Politik. Cesare wird für ihn zu einem der großen Vorbilder für die Darstellung des neuen Fürsten, der nicht mehr der traditionellen, christlich und metaphysisch begründeten Staatstheorie folgt, sondern die Gewinnung und Erhaltung der Macht als die zentrale Tugend des Politikers begreift.

Die vom Herrscher geschaffene politische Ordnung und die politische Kultur des Gemeinwesens sind, so Machiavelli, auch für das Individuum so entscheidend, daß der Fürst (oder eine demokratische Autorität wie die Signoria in Florenz) im Fall des Staatsnotstandes davon befreit ist, sich an ethische Grundsätze zu halten. Mit dieser Theorie (die oft als Handlungsanweisung für Tyrannen mißverstanden wird) begründet Machiavelli, ohne diesen Begriff zu gebrauchen, die Lehre von der Staatsräson.

Es liegt auf der Hand, daß Machiavelli und Cesare Borgia ebenbürtige und aneinander interessierte Gesprächspartner sind, auch wenn sie bei ihren Begegnungen unterschiedliche Interessen zu vertreten haben. Als sich die beiden am 24. Juni 1502 zum ersten Mal treffen, ist Machiavelli 33, Borgia 27 Jahre alt. Cesare ist keineswegs nur der kriegstüchtige Haudegen und machthungrige Politiker, sondern auch der hochbegabte und gut ausgebildete Fürstensohn, der schon als Kind von zehn und zwölf Jahren Spanisch, Latein, Griechisch und Französisch lernt, im Umgang mit Geschichte und Poesie ausgebildet wird und sich nun, nach seinen Studien der Rechte in Perugia, Pisa und Paris, anschickt, im Auftrag des Papstes den Kirchenstaat neu zu ordnen und sich selbst ein eigenes Fürstentum in Mittelitalien zu schaffen.

In Urbino hat Cesare soeben den regierenden Herzog von Montefeltro vertrieben und dessen Burg zu seinem Hauptquartier gemacht. Hier empfängt er am 24. Juni 1502 abends um 10 Uhr die beiden Gesandten der Republik Florenz, Machiavelli und Soderini. Die Florentiner hatte er bereits das Fürchten gelehrt, als er mit einem Heer vor den Mauern der Stadt auftauchte, dann aber auf eine Eroberung verzichtete.

Machiavelli und Soderini wissen, daß Cesare wenig von den Bankherren und Händlern hält, die sich für Staatsmänner halten, aber die Politik nur als Instrument ihrer finanziellen Interessen begreifen – für Leute wie Cesare Borgia und Machiavelli also gar keine richtigen Politiker sind. Der Gesandte der Republik berichtet nach der ersten Begegnung: »Dieser Mann ist so kühn, daß ihm auch ganz große Dinge klein erscheinen. In seiner Begierde nach Ruhm und einem Staat kennt er weder Mühe noch Gefahr ... Er kommt an einem Orte an, bevor man noch erfährt, daß er einen anderen verlassen hat. Er ist beliebt bei seinen Soldaten und hat die besten Männer Italiens versammelt. All dies macht ihn unbesiegbar und furchtbar, vor allem, wenn sich beständiges Glück dazugesellt.«

Machiavelli bleibt nur wenige Tage in Urbino. Er hat Erfolg. Cesare sieht, zumindest vorerst, davon ab, Florenz anzugreifen. Aber der Diplomat Machiavelli weiß, daß der Borgia gefährlich und unberechenbar bleibt. Er wird ihn wieder treffen müssen. Er wird ihn wieder treffen dürfen. Denn Machiavellis Interesse geht weit hinaus über die offizielle Mission als Beamter der Republik. Der Schriftsteller und Staatstheoretiker ist am Gedankenaustausch mit dem genialen Borgia interessiert.

Im Oktober 1502 ist Machiavelli wieder unterwegs nach Urbino, diesmal allein und nur mit einem Beglaubigungsschreiben der Signoria ausgestattet. Er trifft einen ungeduldigen Fürsten, der nur schwer dazu zu bringen ist, klare Zugeständnisse und Zusicherungen zugunsten von Florenz zu machen. Und der bedroht ist von einer Verschwörung, die seine Condottieri planen und von der jedermann zu wissen scheint. Machiavelli ist gespannt, wie der Borgia damit umgehen wird. Merkwürdigerweise scheint Cesare als Oberbefehlshaber bereit zu sein, den Verschwörern zu verzeihen. Er lädt sie zu einem Treffen nach Senigaglia, die kleine Stadt an der adriatischen Küste, die von den Verschwörern soeben eingenommen und geplündert worden ist. Es scheint, als wolle Cesare sich mit ihren Familien, den Orsinis, Bentivoglios und Baglionis, arrangieren und die jetzt wieder kooperativen Heerführer an sich binden.

Zwei Monate hält sich Machiavelli jetzt schon bei Borgia auf, verhandelt mit ihm, begleitet ihn, diskutiert mit ihm, beobachtet ihn. In fast täglichen Gesprächen dringt Machiavelli immer tiefer ein in die Gedanken und Handlungsweisen des Kriegsherrn, obgleich Cesare auch für ihn letztlich undurchschaubar bleibt. Unerwartet lädt Cesare seinen Gesprächspartner ein, ihn nach Senigaglia zu begleiten.

Machiavelli ahnt, was bevorsteht. Die politisch dummen Haudegen, die nur erobern und plündern können, tappen in die Falle. Cesare begrüßt und umarmt die Condottieri vor der Stadt und bittet sie, ihn auf die Burg zu begleiten. Dort angekommen, läßt er alle vier Verschwörer verhaften und zwei von ihnen, Vitello Vitellozzo und Oliverotto di Fermo, auf der Stelle erwürgen. Die beiden Orsini werden als Gefangene mitgeführt, weil ein Schlag gegen sie erst noch in Rom vorbereitet werden muß: Papst Alexander inhaftiert im Vatikan den Kardinal Orsini und etliche seiner Familienmitglieder. Erst jetzt läßt Cesare auch die beiden gefangenen Orsini, Paolo und Francesco, erdrosseln.

Die Überlistung und Ermordung der Verschwörer wird von den Zeitgenossen nicht verurteilt, sondern bewundert. Selbst seine politischen Gegner feiern die Tat als gelungene Kriegslist. Machiavelli befindet, Verrat müsse eben durch Verrat bestraft werden: »Alle diese Unternehmungen des Herzogs wohl erwogen, sehe ich keinen Anlaß, ihm einen

**91   Die Engels-
burg in Rom. Das
ursprünglich als
Grabmal Kaiser
Hadrians erbaute
Kastell wurde
von den Päpsten
als Festung be-
nutzt und beson-
ders von Alexan-
der VI. ausge-
baut und mit zu-
sätzlichen Ver-
teidigungsan-
lagen versehen.**

Vorwurf zu machen. Ich glaube vielmehr, daß man ihn als Vorbild hin-
stellen muß all jenen, die durch das Glück oder fremde Waffen große
Staaten oder ausgedehnte Herrschaften erlangt haben ... Wer immer
danach strebt, sich in einem neu errichteten Fürstentum seiner Freunde
und Feinde zu versichern ..., der kann sich kein besseres Vorbild wählen
als die Taten des Herzogs.«

18. August 1503. Der plötzliche und mysteriöse Tod Papst Alexanders
VI. zerstört wie ein Erdbeben alle Pläne des Cesare Borgia. Er hatte – am
12. August 1503 – an dem gleichen Essen teilgenommen wie der Papst.
Jetzt kämpft auch er mit dem Tod. Ist es Gift? Ist es eine Infektion, die sich
in der römischen Augusthitze bald zum tödlichen Fieber auswächst? Man

wird die Ursachen beim Tod des Papstes nie ganz klären. Cesare überlebt. Aber der Tod des Papstes ist auch für ihn der Anfang vom Ende.

Die Truppen der Orsini und der Colonna ziehen durch Rom, töten oder vertreiben alle Borgia, derer sie habhaft werden können. Cesare verschanzt sich im Vatikan, kann sich nach Nepi durchschlagen (wohin er auch seine Mutter Vanozza mitnimmt), hält weiterhin Soldaten unter Waffen und versucht, zusammen mit den spanischen Kardinälen die Papstwahl in seinem Sinn zu beeinflussen. Am 22. September wird der Nachfolger Alexanders VI., Francesco Todeschini Piccolomini, als Pius III. gewählt. Cesare macht den Fehler, nach Rom zurückzukehren. Die Orsini und Colonna belagern und bestürmen den Vatikan, Cesare rettet sich in die Engelsburg. Da stirbt Pius III. am 18. Oktober. Man munkelt, er sei von Giuliano della Rovere vergiftet worden, weil dieser nun selbst Papst werden wolle. Rom steht wieder einmal im Zeichen einer Papstwahl. Cesare Borgia kann wegen seiner Verbindungen zur spanischen Fraktion im Kardinalskollegium mitreden.

Der neue Papst ist Julius II. aus dem Hause della Rovere, das immer zu den Feinden der Borgia gehörte. Julius nutzt zwar zunächst den Einfluß Cesares, um die Stimmen der spanischen Kardinäle für sich zu gewinnen und verspricht ihm, ihn wieder als Gonfaloniere zu berufen. Nach der Wahl am 1. November 1503 erklärt Julius jedoch dem Borgia, er dürfe den Kirchenstaat ungehindert verlassen, wenn er zuvor die beiden Festungen in der Romagna, die ihm noch gehörten, an den Kirchenstaat abtrete. Cesare weigert sich zunächst, wird in den Gemächern, in denen Lucrezias Ehemann Alfonso de Aragona ermordet wurde, unter Hausarrest gestellt, dann in der Engelsburg regelrecht eingekerkert.

Schließlich verzichtet Cesare auf die Burgen und darf ausreisen. Er fährt zunächst den Tiber abwärts nach Ostia, dann nach Neapel. Dort sucht er Zuflucht beim Statthalter des spanischen Königs. Der aber läßt ihn auf Befehl Ferdinands des Katholischen gefangennehmen und zu Schiff nach Spanien bringen. In einem Schreiben der Katholischen Majestäten vom 20. März 1504 an den spanischen Gesandten beim Vatikan heißt es: »Mit äußerstem Mißvergnügen haben Wir von der Ankunft des Herzogs in Neapel Kenntnis genommen, und dies nicht nur aus politischen Gründen. Denn wie Ihr wißt, erfüllt Uns die Schwere seiner Verbrechen mit Entsetzen, und Wir wollen in keiner Weise, daß jemand mit seinem Ruf für Unseren Gefolgsmann gehalten werden könnte, auch wenn Uns dies Festungen, Leute und Geld einbringen würde . . . «

Eine bewegende Geschichte spielt sich ab am Rande der Politik: Charlotte d'Albret, seit 1499 Cesares Ehefrau, liebt diesen Mann mit herzlicher Zuneigung, obgleich das Paar nur wenige Wochen gemeinsam verbringen kann. Als Cesare nach dem Tod Alexanders von allen Mächtigen verlassen dasteht – auch der französische König läßt ihn fallen und entzieht ihm alle Besitzungen, Einkünfte und Titel –, hält Charlotte zu ihm und handelt schnell. Sie erwirbt aus eigenen Mitteln eine Burg, auf die der König keinen Zugriff hat, und läßt sie zur Festung ausbauen. Sie will eine Zuflucht für Cesare und ein gemeinsames Leben mit ihm bereitstellen. Sie baut die Gemächer aus, richtet Wohnung und Küche ein, packt die Brautgeschenke aus und stellt Dienstpersonal ein. Aber sie wartet vergebens. Sie sieht ihren Mann nie wieder.

In Spanien wird Cesare unter strengster Bewachung in die Festung von Chinchilla gebracht, von dort aus, nach einem Fluchtversuch, in die Festung von Medina del Campo. Hier gelingt ihm die Flucht, indem er sich an einem Seil vom Turm herabläßt. Er entkommt, obgleich die Wachen seine Flucht bemerken und das Seil kappen. Schwer verwundet, gelingt es ihm trotzdem, nach Pamplona an den Hof seines Schwagers Juan d'Albret zu fliehen. Juan, dessen kleines Königreich zwischen Frankreich und Spanien liegt, ist von der Ankunft seines kriegerischen Schwagers sehr angetan und macht ihn zum Generalkapitän seiner Truppen. Im Februar 1507 reitet Cesare, wieder gesund, an der Spitze von 300 Reitern und 5 000 Mann zur Burg Viana an der spanischen Grenze und belagert sie. Als die Festung kurz vor der Kapitulation steht, gelingt es den Belagerten, 60 vollbepackte Pferde mit Nachschub durch den Belagerungsring zu schleusen. Cesare ist außer sich und nimmt mit einem kleinen Trupp die Verfolgung der Transporteinheit auf. In seinem Zorn reitet er seinen Leuten davon. Es ist, als suche er den Tod. Allein stößt er auf die Gegner, gerät in einen Engpaß, kämpft gegen 20 Berittene und wird getötet: Das ist das Ende des Mannes, den kurze Zeit zuvor noch die Mächtigen Europas gefürchtet hatten.

Ein widersprüchliches Zeitalter

Es ist eine zerrissene Zeit, in der die Geschichte der Borgia spielt. Und diese Geschichte ist nur ein Teil der Zeit, kaum anders als die Geschichte der anderen Familien des italienischen und europäischen Adels auch. Was wir die Epoche der Renaissance und des Humanismus nennen, ist zutiefst eine Zeit, die noch den Gesetzen des Mittelalters folgt. Daß sie gleichzeitig versucht, sich im Schwung eines neuen Lebensgefühls von den Fesseln der Vergangenheit zu befreien und nach einer neuen Zukunft auszustrecken, setzt sie um so größeren Belastungsproben aus.

Was die Menschen zerreißt, ist der Kampf zwischen Aberglauben und Aufklärung, Magie und Wissenschaft, Angst und Anmaßung, Brutalität und Menschlichkeit, Schönheit und Schuld, Lust und Krankheit – und in alledem: die Nähe und Allgegenwart des Todes. In den handelnden Personen rund um die Jahrhundertwende des Jahres 1500 wird dies besonders greifbar. Brutalität und Menschlichkeit zum Beispiel: Der Alltag ist angefüllt mit Diebstahl und Raub, Vergewaltigung und Mord, widerrechtlicher Aneignung von Eigentum und offener Plünderei. »Bei der Plünderung des Palastes eines Kardinals aus der Familie della Rovere wurde ein junger Patrizier, Francesco di Santa Croce, durch ein Mitglied der Familie della Valle verwundet. Der Jüngling rächte sich, indem er della Valles Fußsehne entzweihieb. Della Valles Verwandte rächten sich, indem sie Francescos Schädel zerschmetterten. Prospero di Santa Croce rächte sich, indem er Piero Margani erschlug. Das Morden verbreitete sich durch die ganze Stadt, wobei die Orsini und die Truppen des Papstes die Sache des Santa Croce, die Colonna die der della Valle unterstützten. Lorenzo Oddone Colonna wurde gefangengenommen, verhört, auf der Folter zu einem Geständnis gebracht und in der Engelsburg hingerichtet ...«

Ganze Familien rotten sich binnen weniger Generationen gegenseitig aus. Einen gedungenen Mörder zu bezahlen, kostet nicht mehr als der Kauf eines Ablasses. Selbst die Justiz gerät in private Hände und

wird mit barbarischer Grausamkeit ausgeübt: Foltern, Verbrennen, Sieden, Ertränken, Pfählen, Rädern, öffentliches Verhungern und Verdursten in einem Käfig, Zerreißen mit glühenden Zangen, Einmauern, Eingraben, Vierteilen, Hängen, Erwürgen, Blenden, Zungenabschneiden, Gliederabschneiden – all das gehört zum Alltag einer Gesellschaft, die auf der anderen Seite gerade die Würde des Individuums, die Freiheit des Menschen und die natürlichen Tugenden entdeckt und auch eine beachtliche öffentliche Wohltätigkeit mit Spitälern, Asylen und Suppenküchen entfaltet.

Die Auflösung der mittelalterlichen Normen und Autoritäten führt nicht nur zum Niedergang der privaten Moral, sondern auch zur Zerrüttung der politischen Ethik: Regierungen lassen ihre Gegner, auch in anderen Staaten, durch Mord oder Diffamierung aus dem Weg räumen. Auf Verträge, Bündniszusagen, Schutz- und Geleitbriefe ist kein Verlaß, Verräter können ungehindert ihren Geschäften nachgehen, Militärs verkaufen ihre Dienste und ihre Soldaten an den Meistbietenden und wechseln die Fronten oft genug mitten in der Schlacht.

Ein Legendenmeister aus Deutschland

Doch die reale Geschichte ist nur die eine Sache, eine andere ist, was erzählt wird und was wir aus der Geschichte wirklich wissen. Über die Familie Borgia werden schon zu ihren Lebzeiten Geschichten erzählt, die im eigentlichen Wortsinn unglaublich sind, so daß sich bis heute immer wieder die Frage stellt: Was wird erzählt, obgleich es ganz anders war? Warum werden solche Geschichten auch dann erzählt, wenn sie mit der Wirklichkeit nicht übereinstimmen?

Vielleicht wären die Berichte und Geschichten am Hof und in der Familie Alexanders VI. nicht so wirksam geworden und hätten nicht über Jahrhunderte hinweg immer wieder Anlaß zu neuen Geschichten gegeben, hätte sich nicht ein Geistlicher aus Niederhaslach im Elsaß (von wo er wegen Urkundenfälschung und Diebstahl fliehen mußte) Tag für Tag hingesetzt, um in seinem Tagebuch minutiös festzuhalten, was er hörte und sah. Johannes Burchardus, Päpstlicher Zeremonienmeister, überliefert ziemlich penibel Wahres und Erfundenes über die Borgia. Seine Diarien sind der Schlüssel zur Borgia-Legende. Der Schlüssel zur Wirklichkeit sind sie nicht.

Wie es sich für einen Zeremonienmeister gehört, achtet er auf die Einhaltung der Etikette im Vatikan. Und diese Vorschriften sind aus der Tradition am päpstlichen Hof entstanden. Burchardus muß sich also in der Geschichte des vatikanischen Lebens auskennen. Seit 1483, also schon lange vor Alexander, hat der ehrgeizige und skrupellose Kleriker den Päpsten Sixtus IV. und Innozenz VIII. als Chef der Hofzeremonie gedient. Auch unter Alexanders Nachfolgern Pius III. und Julius II. wird er noch bis zu seinem Tode am 16. Mai 1506 verantwortlich sein für die Choreographie im Vatikan und in St. Peter.

Zur ständigen Lektüre eines Zeremonienmeisters gehört auch der »Liber Pontificalis«. In dieser Chronik des kirchlichen Hofzeremoniells ist möglicherweise das Muster für die Legende zu finden. Es zeigt sich nämlich, daß diese gar nicht originell ist, sondern in der Übernahme alter Schauergeschichten besteht.

Schon über 500 Jahre vor Alexander lebt ein Papst, Johannes XII. (955 – 964), dem exakt die gleichen Verbrechen angelastet werden wie Alexander VI.: Gotteslästerung und Pakt mit dem Teufel, Entweihung heiliger Stätten, Ämterschacher, Giftmorde, sexuelle Ausschweifungen mit Huren und Ehebrecherinnen, die Verwandlung der päpstlichen Resi-

92 (linke Seite, oben) »Saal der Monate« im Palazzo Schifanoia, Ferrara. In den Allegorien der Antike spiegelt sich das prunkvolle höfische Leben der Renaissance.

93 (linke Seite, unten) Neben einem verfeinerten Lebensstil kannte die Renaissance auch gefühllose Grausamkeiten. Während in den Herrschaftsräumen gefeiert wurde, vegetierten in den feuchten Kellerverliesen die Gefangenen dahin, zum Teil lebenslang.

denz in ein Bordell und schließlich Sodomie. Natürlich steckt hinter alledem ein Weib, durch das der Teufel beim blutschänderischen Geschlechtsverkehr seine höllische Herrschaft über den Papst ausübt. Die Lucrezia von damals heißt Marozia, stammt aus dem Hause der Grafen von Tusculum und war, wie Lucrezia, dreimal verheiratet.

Und auch den Chronisten dieser Schauergeschichten gibt es schon damals. Er heißt Liudprand und ist Bischof von Cremona, zugleich Sekretär, Biograph und Botschafter Kaiser Ottos des Großen, für den er zu beweisen hat, daß in Rom alles drunter und drüber geht und die Stadt und die Kirche dringend des Schutzes der Sachsenkaiser bedürfen.

Bis in die Einzelheiten ist ein Muster zu erkennen, nach dem Liudprand und Burchardus ihre Geschichten erzählen und ihre politischen Folgerungen ableiten. Und Burchardus hat die Chronik des Liudprand gekannt – ebenso wie den »Liber Pontificalis«, aus dem Jahr 1000, der ebenfalls erstaunliche Vorbilder für die Borgia-Legende zu bieten hat. Damals ist es, so die Legende, Papst Silvester II. (999 – 1003), der durch einen Pakt mit dem Teufel auf den Papstthron gelangt, sich mit großen Geldsummen an der Macht hält und, da er ein im arabischen Spanien ausgebildeter Gelehrter ist, mit Hilfe seiner Bildung die Dämonen dienstbar zu machen versteht. Seine wissenschaftlichen Kenntnisse sind so außergewöhnlich, daß er noch in seiner Todesstunde den Teufel überlistet, indem er befiehlt, alle die Glieder seines Körpers abzuschneiden, mit denen er dem Satan gedient hat und schließlich seinen ganzen Leib zu zerstückeln, damit seine Seele den Dämonen entkommen könne.

Susanne Schüller-Piroli stellt nicht weniger als zehn Papstlegenden zusammen, die – von Papst Leo III. (795 – 816) bis zu Alexander VI. (1492 – 1503) – wie nach einem Wandermotiv dem jeweils mißliebigen Papst alle Laster und Verbrechen und seinen angeblichen Pakt mit dem Teufel zuschreiben. Es sind also zu einem guten Teil »literarische« Motive, die für die Verleumdung eines Menschen herhalten müssen – womit keineswegs behauptet werden soll, die jeweiligen Opfer wären von vornherein unschuldig an der Entstehung der Gerüchte und Legenden. Während man aber über die frühmittelalterlichen Päpste ziemlich wenig weiß – den »Liber Pontificalis« einmal ausgenommen –, stehen im Fall von Rodrigo Borgia doch eine Menge Quellen und Berichte zur Verfügung, um die kritische Grenze zwischen der tatsächlichen Lebensweise des Kardinals und Papstes und den üblen Nachreden seiner Gegner einigermaßen deutlich zu erkennen.

DER FLUCH DER BORGIA

Anfang der siebziger Jahre des 19. Jahrhunderts sitzt der Historiker und Erzähler Ferdinand Gregorovius nach der Vollendung seiner Arbeiten über die Geschichte der Stadt Rom im Mittelalter vor seinen Dokumenten und kommt nicht los von der Faszination, mit der er auf Lucrezia Borgia blickt. Er kann nicht herausfinden, ob Lucrezia »die unseligste Gestalt der modernen Geschichte ist, weil sie schuldig war oder weil sie einen Fluch tragen muß, mit dem sie die Welt aus Irrtum belegt hat«.

Im Nachwort zur Ausgabe der Studie über Lucrezia Borgia würdigt der Wiener Historiker Heinrich Lutz die Leistung und Bedeutung der Forschungen von Ferdinand Gregorovius (1821–1891). Danach überwindet Gregorovius, der auf der Suche nach den Urkunden über Lucrezia in Rom, Florenz, Mantua, Pesaro, Modena und Ferrara forscht, viele Vorurteile und manche der monströsen Phantasien über Lucrezia Borgia, auch wenn ihm nichts ferner liegt als die »Ehrenrettung historischer Verbrecher«. Immerhin lehnt selbst ein so bedeutender Historiker wie Leopold Ranke jede Überprüfung und Korrektur alter Vorurteile ab und unterstellt Gregorovius unseriösen Neuerungsdrang: »Lucrezia Borgia als Mustergestalt einer Frau ... hinzustellen, oder einen Zweifel zu erheben, ob Alexander VI., der alte Borgia, auch wirklich an Gift gestorben sei, solche Aufstellungen und gebrechlichen Hypothesen entsprängen einem unerlaubten, man möchte beinahe supponieren, ehrgeizigen Neuerungsdrange.«

Die menschliche Teilnahme, die Gregorovius mit der Zeit für die Papsttochter aufbringt, hindert ihn jedoch nie daran, mit dem kühlen Blick des Historikers auf die Zeit der Borgia zu blicken und in Alexander VI. den »Papst ohne Religion« und die tiefste Stufe des Verfalls der römischen Kirche zu sehen: »Diese Gesellschaft, diese Kirche, diese Städte und Staaten, diese gesamte humanistische Kultur taumeln dem Abgrund zu, der sie unrettbar verschlingen wird.«

Heinrich Lutz schildert auch die geschichtlichen Umstände und Bedingungen, unter denen der protestantische und republikanische Historiker Gregorovius seinerseits die Renaissance, die Kirche und den Kirchenstaat betrachtet. Gregorovius schreibt seine »Lucrezia Borgia« in den Jahren, in denen der Kirchenstaat aufgelöst, die weltliche Herrschaft des Papstes beendet und die Italienische Republik begründet wird.

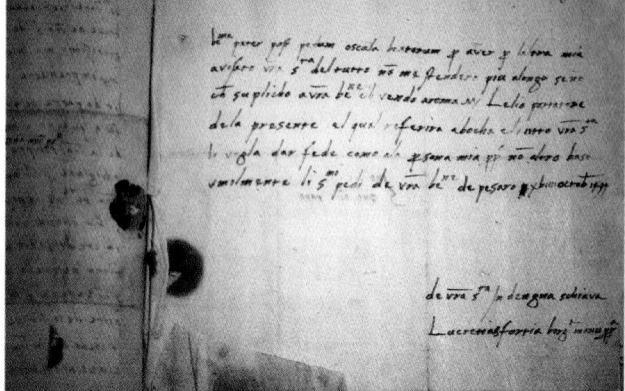

94 Aus den Geheimarchiven des Vatikan: ein handschriftlicher Brief Lucrezia Borgias.

Meine Gedanken, die am Grab der Lucrezia in Ferrara zu Gregorovius schweifen, sehen in ihm und in seiner Wirkungsgeschichte auch den Anlaß zu der alles relativierenden Erkenntnis, daß jede Zeit sich ihr eigenes Bild der Geschichte macht und die objektive Wahrheit gar nicht zu ergründen ist, wenn es sie denn überhaupt gibt. Gedanken, wie sie sich an jedem historischen Platz und gegenüber jedem Zeugnis der Geschichte einstellen. Würde sich überhaupt jemand für die historische Wahrheit interessieren? Wer möchte sich die Schauergeschichten der Legende nehmen lassen? Hat man sich nicht von Anfang an bis ins hohe 19. Jahrhundert schaudernd daran gütlich getan, die Geschichten von einem verbrecherischen und sexbesessenen Papst und seiner ebenbürtigen Kinder nachzuerzählen? Die Stories lassen kein Verbrechen und keine Obszönität aus: Mord und Totschlag, Blutschande und sexuelle Ausschweifung im Vatikan, Verrat und Ausbeutung, Verkauf kirchlicher Ämter und gewaltsame Aneignung fremden Besitzes – es gibt nichts, was den Mitgliedern der Familie Borgia nicht nachgesagt wird.

Muß nicht allein diese Anhäufung des Ungeheuerlichen den Verdacht aufkommen lassen, daß da etwas nicht stimmen kann? Offenbar nicht. Denn die Legende wird zu Lebzeiten Alexanders erfunden und bis ins 20. Jahrhundert weitererzählt. Vor allem im 19. Jahrhundert werden die Geschichten weitergesponnen – ohne jede Rücksicht auf längst bekannte historische Tatsachen. In Romanen, Dramen und Gedichten werden der Lucrezia Borgia von der blutschänderischen Hure bis zur tragikomischen Giftmischerin alle Titel des Lasters und des Verbrechens verliehen, wie sie wohl nur die unselige Verbindung von Frauenhaß und Kirchenverachtung in den Abgründen unaufgeklärter Männerphantasien hervorzubringen imstande ist. Die Literaturwissenschaftlerin Marion Hermann-Röttgen kann deshalb 1992 resümieren: »Die Legende hat, weil sie von kirchlicher und weltlicher Macht, von Reichtum und Schönheit, Verbrechen und Erotik handelt, der Phantasie reichlich Stoff gegeben, unerfüllten Sehnsüchten nachzugehen, sie zu preisen oder zu verdammen. Jedes Jahrhundert machte aus der Borgia-Legende seine eigene Geschichte.«

Am Anfang ist die Erzählung von den schauerlichen Zuständen am päpstlichen Hof weniger das lüsterne Kolportieren pikanter Geschichten, sondern vielmehr ein politisches Instrument, das in letzter Konsequenz die Absetzung des Papstes bewirken soll. Wie immer bei Gerüchten und Legenden machen sich die erzählten Geschichten jedoch bald selbständig und werden auch dann weitererzählt, wenn kein handfestes politisches oder finanzielles Interesse damit verknüpft ist.

Am Anfang mag einfach die Wut gestanden haben; die Wut der römischen Adelsfamilien darüber, daß da mit den Borgia ein ausländisches Geschlecht sich des Papstthrones bemächtigt hat und nun ungeniert die Mitglieder der eigenen Sippe und ihre Günstlinge in Amt und Pfründe setzt. Seit Jahrhunderten schließlich gilt das Papsttum als eine Angelegenheit, die die Römer unter sich ausmachen.

Der »literarische« Charakter der Legenden über Alexanders Teufelspakt und Unmoral mag schließlich auch der Grund dafür sein, daß die Legendenbildung bis ins 19. Jahrhundert nicht aufgehört hat. Wo einmal erfunden wird, wird immer erfunden.

Wie schon zu erkennen war, sind bereits die ersten zeitgenössischen Aufzeichnungen eine Mischung aus historischem Protokoll und literarischer Legende. Das bedeutet, schon die erste Quelle ist getrübt. Alle späteren, die aus dieser Quelle schöpfen, übernehmen getrübtes Material in ihre eigene Betrachtung der Geschehnisse.

Ähnliches gilt auch für den ersten zeitgenössischen Biographen Alexanders VI., den Politiker und Geschichtsschreiber Francesco Guicciardini (1483 – 1540). Marion Hermann-Röttgen weist nach, daß Guicciardini sozusagen mit schöpferischer Phantasie schreibt und die Moralvorstellungen seiner Zeit, also der Reformations- und Gegenreformationszeit, ohne weiteres Nachdenken in die Welt Alexanders hineinschreibt. Wer heute – vom Standard der Geschichtsschreibung aus, wie sie seit dem 19. Jahrhundert üblich ist – die Texte Guicciardinis liest, muß sich allein schon wegen der hemmungslos denunzierenden Sprache auf Propaganda gefaßt machen. Zum Beispiel: »Die Schlange Alexander war gestorben. Mit seiner unmäßigen Ruhmsucht und seiner verpestenden Hinterlist, mit all den Beispielen an schrecklicher Grausamkeit, an monströser Lüsternheit und unerhörtem Geiz, ohne den Unterschied von heiligen und profanen Dingen zu beachten, hat er die ganze Welt vergiftet.«

Man könnte nun diese Propagandasprache Guicciardinis auf sich beruhen lassen und aus dem Geist der Zeit, dem Geist des gegenreformatorischen Konzils von Trient (1545 – 1563) erklären, hätten nicht Jahrhunderte ihr Urteil über die Borgia auf Guicciardini aufgebaut. Der ungeschichtliche Fundamentalismus des ersten Borgia-Biographen kann natürlich gar nicht anders, als auf Sitte und Moral des Tridentiner Konzils zu setzen. Man muß sich aber hüten, heute den gleichen Fehler zu begehen und die Zeit der Renaissance und der Gegenreformation ebenfalls ungeschichtlich zu betrachten. Das heißt nicht, die Verbrechen gegen die Menschlichkeit und gegen die Würde des Menschen zu verharmlosen: Die lodernden Scheiterhaufen der Inquisition, die Greuel des Hexenwahns und die Grausamkeit der Religionskriege sprengen den Rahmen einer Verharmlosung, eines historischen Relativismus, weil sie unmittelbar die Menschenrechte berühren und Eindeutigkeit in der Beurteilung verlangen.

Die in den Worten steckende Gewalttätigkeit der Borgia-Legende erreicht ihren Höhepunkt in der Behauptung, Alexander VI. sei der Antichrist, also die Verkörperung des Bösen, wie sie in der biblischen Apokalypse des Johannes als Vorbote des Weltuntergangs und des Jüngsten Gerichts beschrieben ist – was unter anderem auch die Papsttochter Lucrezia zur Tochter des Bösen macht. Hermann-Röttgen zeigt, welche Rolle der Begriff, genauer: der Topos »Antichrist« spielt in jener Zeit um die Jahrhundertwende zum 16. Jahrhundert, also einer Epoche der Weltuntergangsstimmung, der Angst vor Sünde und Strafgericht, der Ketzerbewegungen, der Astrologie und Horoskope, des »Hexenhammers« und der 1485 erlassenen Hexenbulle Innozenz' VIII. sowie der Hinrichtung und Verbrennung Savonarolas. Dieser Kontext verdeutlicht die Wucht, mit der die Bezeichnung »Antichrist« eine Person treffen und die anschließende Geschichtsschreibung beeinflussen muß. Dies gilt auch, wenn die Verfluchung eines Gegners mit dem Begriff »Antichrist« seit dem Mittelalter durchaus üblich ist und selbst Papst und Kaiser sich seit Friedrich II. immer wieder gegenseitig als Antichrist bezeichnen.

Vor diesem Hintergrund wird verständlich, daß schon bald die frühen Schauerlegenden über die Borgia ein Eigenleben annehmen und in den folgenden Jahrhunderten der Name der Borgia wie ein Zauberwort immer wieder neue literarische Gestaltungen ausgelöst hat.

DER PAPST – OPFER SEINER KINDER?

Fußend auf der Legende, die Burchardus und Guicciardini erzählen und die hauptsächlich Alexander VI. belasten, begibt sich, umgekehrt, der Florentiner Theologe Tomaso Tomasi in seinem Buch »La Vita del Duca Valentino« (1655) daran, den Papst zu entlasten und die moralische Schuldzuweisung auf seine Kinder Cesare und Lucrezia zu richten. Was schon bei Burchardus angedeutet war, wird bei Tomasi klar ausgeführt: Der Papst war das Opfer seiner Kinder. Über die Frau, also Lucrezia, gewinnt der Satan Macht über ihn, weil ja aller Einfluß des Teufels über die Frau ausgeübt wird, und zwar durch Geschlechtsverkehr – weshalb Lucrezia und dem Papst konsequenterweise auch Inzest vorgeworfen werden muß. Niemanden scheint es dabei gestört zu haben, daß Lucrezia erst 12 Jahre alt war, als Alexander Papst wurde.

Und was nicht mit moralischer Verworfenheit erklärt werden kann, also die politischen Fehler und unbequemen Erfolge Alexanders, das wird dem Sohn Cesare zugeschrieben, der ja nun wirklich zu den skrupellosesten Machthabern der Renaissance gehört. Tomasis Buch gibt sich deshalb auch nicht als Papstbiographie, sondern als »Das Leben des Herzogs von Valence«. Woher aber hat dieser seine Bosheit und seine Verbindung zum Teufel? Wer ist die Frau, die diesen Mann in die Arme des Teufels treibt? Entweder man unterstellt auch Cesare eine inzestuöse Verbindung zu seiner Schwester. Oder aber man zieht die Mutter, Rodrigo Borgias Geliebte Vanozza de Catanei, in die Sache hinein. Tomasi entscheidet sich, anders als die meisten, für diese Variante. Die unzüchtige und ungesetzliche Verbindung Alexanders mit Vanozza habe eben Monstren hervorgebracht. Deshalb sei Cesare eine »afrikanische Bestie«, ein »wildes« Tier, »ein Produkt nicht von rein menschlichem Blut, sondern aus unheiligem und giftigem Samen«.

Die Phantasien der Biographen und Berichterstatter steigern sich aber noch. Selbst ein aufgeklärter Geist wie Voltaire bemerkt: »Alex-

95 Das Leben der Borgia beflügelt seit Jahrhunderten die Phantasie der Biographen und Erzähler. So nimmt auch im Film Lucrezia Borgia mit ihren Zofen an einem Gottesdienst ihres Vaters, Papst Alexander VI., teil.

ander VI. hinterließ der europäischen Nachwelt ein schrecklicheres Andenken als die Neros und Caligulas, weil er sich in seiner geheiligten Stellung und seinem Amt schuldiger gemacht hatte. Und dennoch verdankte ihm Rom seine weltliche Größe ... Sein Sohn verlor alle Früchte seiner Verbrechen – Früchte, die die Kirche erntete.« Andere Autoren wählen von vornherein die Form des Romans, um ihre Lüsternheit freier ausleben zu können.

In seinem Roman »Fausts Leben, Thaten und Höllenfahrt« läßt Friedrich Maximilian Klinger 1791 Doktor Faustus nach Rom reisen. In satirischer Zuspitzung schildert Klinger die Zustände am Hof Alexanders VI.: Alexander erscheint als Verkörperung des Bösen, der den Teufel als seinesgleichen begrüßt und ihn anbetet, der zugleich mit Vanozza, deren Mutter und der gemeinsamen Tochter Lucrezia schläft und sogar eine Ziege liebkost, also der Sodomie frönt. Lucrezia erscheint als Lehrerin der Wollust, so daß Faust nicht mehr weiß, ob er sich im Vatikan befindet oder »in einem Tempel der Venus«. Bei Klinger verknäueln sich nahezu alle Mythen des Weibes mit der Figur der Lucrezia zu einem wirren erotischen Traum: Eva, Venus, Helena.

Die erotische Besessenheit, in deren Bann sich die Geschichtenerzähler schlagen lassen, sobald der Name Lucrezia genannt wird, erreicht einen neuen Höhepunkt im 19. Jahrhundert. »Es war die sogenannte Ritter-, Räuber- und Schauerromantik, die der Borgia-Legende zu bisher ungeahnten Triumphen verhalf und sie zu einem der beliebtesten Stoffe für Gedichte, Romane, Dramen und Operntexte aufsteigen ließ« (Schüller-Piroli).

Victor Hugo (1802 – 1885) treibt die Legende weit weg von jeder historischen Wahrscheinlichkeit. In seinem Drama »Lucrezia Borgia« von 1831 macht er die Papsttochter zur Giftmischerin, die eines Tages die von ihr verführten Condottieri ihres Bruders vergiftet. Unglücklicherweise befindet sich auch einer ihrer Bastardsöhne unter den Vergifteten. Sie versucht, ihn mittels eines Gegengiftes zu retten. Er aber will sich nicht von seiner verruchten Mutter retten lassen, worauf sie sich auch selbst den Tod gibt. Hugos Drama wird ein so großer Erfolg, daß Gaetano Donizetti (1797 – 1848) eine Oper schreibt, die diese Vergiftungsgeschichte zum Hauptthema hat. Daß die Geschichte inzwischen nach Venedig verlegt ist, zeigt zusätzlich, wie sehr die Legendenbildung sich freigemacht hat von jedem Bezug zur wirklichen Geschichte.

Alexandre Dumas (père) (1802 – 1870), der Autor der Romane »Die drei Musketiere« und »Der Graf von Monte Christo«, erzählt in seinem Borgia-Roman, Alexander habe sich für seine Morde eines vergifteten Schlüssels bedient: Wenn er jemanden umbringen wollte, habe er ihm befohlen, mit dem Schlüssel ein Kästchen zu öffnen, so daß das Opfer sich die tödliche Vergiftung selbst beibrachte. Von Dumas stammt auch die Legende von der Papstwahl 1492: Einer der Söhne Alexanders, Francesco mit Namen, habe Urkunden über Bestechungsgeschenke des Vaters an die wählenden Kardinäle ausgefertigt und im Innern von gebratenen Hähnchen ins Konklave geschmuggelt. Natürlich läßt Dumas auch die Legende von Lucrezia nicht aus, die mit Vater und Bruder »in teuflischer Dreieinigkeit« eine inzestuöse Beziehung unterhalten habe.

Die Verbreitung der Legende hat bis ins 20. Jahrhundert nicht aufgehört. Man darf die Vermutung wagen, daß den Zuhörern die schaurige Legende allemal lieber ist als die viel langweiligere Geschichte. Genau dies aber war wohl von Anfang an so. Wir kehren deshalb noch einmal an den Anfang der Legendenbildung bei Johannes Burchardus zurück.

Er notiert nicht nur Ereignisse, sondern auch Gerüchte. Und er schreibt die Gerüchte nicht nur auf. Er will mit ihnen auch Politik machen. Viele Fäden der Politik im Vatikan und im Kirchenstaat laufen bei ihm zusammen. Sein privater Palazzo, in der Nähe des Vatikans in der Via del Sudario gelegen, ist eine jederzeit gastfreundliche Herberge für Rom-Reisende aus dem Norden. So kommt Burchardus auch mit den Verfassern des »Hexenhammers«, Heinrich Institoris und Jakob Sprenger, zusammen. In deren Hetzschrift – unter dem Titel »Malleus maleficarum« 1487 zum ersten Mal gedruckt – ist zu lesen, daß alles Unglück der Geschichte von den Frauen ausgehe. Für Burchardus liegt es deshalb nahe, daß der Papst über seine Tochter Lucrezia mit dem Satan in Verbindung steht, jene Frau, die im Vatikan ein und aus geht und 1501 sogar als stellvertretende Regentin die Amtsgeschäfte des abwesenden Papstes führt, der ja als Oberhaupt des Kirchenstaates zugleich der Herrscher einer Weltmacht ist. Burchardus zitiert folgerichtig in seinen Notizen auch den sogenannten Savelli-Brief, der möglicherweise sogar von ihm selbst verfaßt ist und als Zitat in seine Diarien aufgenommen wird.

Dieser Brief ist offensichtlich eine Fälschung. Er wird angeblich von einem deutschen Offizier im spanischen Heerlager von Tarent an den römischen Baron Silvio Savelli gerichtet. Savelli, der sich bei Kaiser Maximilian befindet, wird darin aufgefordert, die Mißstände am Hof des Papstes bekanntzumachen und die Absetzung Alexanders durch ein Konzil zu betreiben. Um den Bericht über die Zustände in Rom für jeden Geschmack zu würzen, verwendet der Verfasser des Briefes das literarische Motiv vom Hurenball. Danach hat im Jahr 1501 der Papst am Vorabend des Allerheiligenfestes 50 römische Huren in den Vatikan geladen. Nach einem verschwenderischen Essen sei man zu unzüchtigen Tänzen übergegangen. Dann habe der Papst den Huren befohlen, sich zu entkleiden. Er habe Kastanien ausstreuen lassen, und die nackten Huren hätten diese, wie Schweine ihr Futter, auf allen vieren auflesen müssen. Anschließend hätten die männlichen Gäste die Huren bestiegen, und wer dazu am häufigsten imstande gewesen sei, habe einen Preis erhalten. Der Papst, sein Sohn Cesare und seine Tochter Lucrezia, damals 21 Jahre alt, hätten dem Treiben zugeschaut.

Interessant an dieser Erzählung ist unter anderem, daß Burchardus die Orgie im Vatikan auf den 31. Oktober legt, ein Datum, das vor allem im deutschen Kaiserreich als Termin für Hexensabbate und Hexentänze gilt. Zugleich wird von Ereignissen berichtet, die erst im August 1502 stattfinden. Man nimmt an, daß dies geschah, um die Anwesenheit der Lucrezia behaupten zu können. Die nämlich reist im Januar 1502 als Braut von Alfonso d'Este nach Ferrara und kehrt nie wieder nach Rom zurück. Daß Lucrezia aber teilgenommen hat, ist ihm wichtig, weil erst

mit Lucrezias Anwesenheit das Personal vollständig ist. Erst mit Lucrezia ist das Muster erfüllt, wonach die Ursache für derartige Orgien nur in einer Frau zu suchen ist. Dieses Muster entspricht den dämonistischen und zugleich frauenfeindlichen Vorurteilen des Hexenwahns und der Inquisition: Nur mittels einer Frau gewinnt der Teufel Macht über den Mann ...

96   Die Borgia-Legende schildert eine Orgie im Vatikan, an der 50 Kurtisanen, der Papst und seine Kinder teilgenommen haben sollen.

Als dem Papst der Savelli-Brief durch den päpstlichen Schatzmeister Kardinal Ferrari vorgelesen wird – der Text ist soeben im Druck erschienen –, lacht Alexander nur. Während Ferrari die Bestrafung der Verfasser fordert – der Brief belastet auch ihn und bezeichnet sein Amt als »Ministerium des Verbrechens« –, geht Alexander zur Tagesordnung über. Ihn interessieren Gerüchte und Beschimpfungen nicht. Ihn interessiert die Macht.

DIE TREIBENDE KRAFT DER LEGENDENBILDUNG

Warum ist die Differenz zwischen Legende und Wirklichkeit so faszinierend? Was können Gregorovius oder Schüller-Piroli oder eine Fernsehsendung daran finden, die Legende zu relativieren und die historische Wirklichkeit und Wahrscheinlichkeit in den Vordergrund zu rücken? Es geht nicht um Beurteilung oder Verurteilung, um Anklage oder Verteidigung, sondern um Einsichten: die Einsicht in historische Zusammenhänge als Einsicht in das Wesen des Menschen.

Wer gewohnt ist, den Menschen als Krone der Schöpfung zu verstehen, muß sich daran gewöhnen, daß man eine solche Standortbestimmung auch ganz anders sehen kann. Ja, man kommt nach den Greueln von Auschwitz, Vietnam, Kambodscha, Argentinien, Afrika oder Jugoslawien nicht umhin, völlig neu über den Menschen nachzudenken. Könnte es sein, daß die Menschwerdung des Menschen noch bevorsteht? Oder muß man gar jede Erwartung in diese Richtung aufgeben und, in einem größeren Zusammenhang denkend, gerade in der ungeheuren Zerstörungswut und Mordlust des Menschen das spezifisch Menschliche erkennen? Ist nicht das, was der Mensch mit dem Menschen macht, so normal für ihn, daß nur ein unerhörter Aufwand von Kultur und Zivilisation, Ethik und Gesetz, Ordnung und Organisation diese Gattung dazu bringen kann, sich zivilisiert und sozial zu benehmen und nicht sich selbst und den Planeten Erde vollends zu zerstören?

Derartige Fragen haben sich auch die besten Geister der Renaissance gestellt. Pico della Mirandola stellt sie in seiner Schrift »Von der Würde des Menschen«, indem er Gott zu Adam sagen läßt: »Weder himmlisch noch irdisch haben wir dich gemacht, damit du gleichsam mit eigenem Verständnis und zu eigener Ehre dein Schöpfer und Bildner seiest, in welcher Form auch immer du dich ausgestaltest. Du kannst zu den niedersten Geschöpfen der Tierwelt entarten. Und du kannst dich aus eigenem Willen in die höheren, die göttlichen Regionen wiedergebären.«

DIE TREIBENDE KRAFT DER DENUNZIATION

Die Borgia-Legende ist nur ein Beispiel dafür, wie weit eine einmal formulierte Verleumdung in die Geschichte hineinreichen kann. Noch zu Lebzeiten der Akteure wird einfach ein literarisches Wandermotiv auf die mißliebigen Personen angewendet und bald mehrfach weitererzählt und immer wieder aufgeschrieben. Es hätte ja genügt, die Dinge beim Namen zu nennen – auch die unmoralischen und verbrecherischen Handlungen der Akteure. Warum aber wird ein Mann wie Rodrigo Borgia auf eine derart spektakuläre Weise verfolgt? Was macht ihn so singulär, daß man behaupten muß, er sei ein Monster und kein Mensch? Warum sind die Mechanismen so, daß ein einzelner Mensch allen Aberglauben, allen Haß und alle Angst einer Epoche auf sich zieht?

Es dauert gewöhnlich nur ein paar Jahrzehnte, bis die erfundenen Geschichten als Geschichte und die Kolportage als historische Quelle genommen werden. Von den politischen und persönlichen Feinden der Borgia wird eine verleumderische, wenn auch keineswegs ganz unwahrscheinliche Schauergeschichte wie die vom Kastanienball mit den römischen Kurtisanen in die Welt gesetzt, von einem Tagebuchschreiber aufgezeichnet und angereichert, in einem gefälschten Brief verarbeitet, bald von einem Historiker mit den Weihen geschichtlicher Quellen versehen und von nun an als Wahrheit ausgegeben. Dann ziehen Jahrhunderte ins Land, und die hemmungslose Phantasie wiederum nicht interesseloser Schreiber fügt den ursprünglichen Schauergeschichten neue hinzu. Erst die beiläufigen Studien eines Historikers, der seine »Geschichte der Stadt Rom« abgeschlossen hat und nun über seinen Urkunden sitzt und der Faszination der Lucrezia Borgia erliegt, rollen die Geschichte neu auf und führen zu einer Entmythisierung der Legende: »Lucrezia Borgia ist die unseligste Frauengestalt der modernen Geschichte. Ist sie das, weil sie auch die schuldigste der Frauen war? Oder ist sie es nur, weil sie einen Fluch tragen muß, mit dem sie die Welt aus Irrtum belegt hat? Denn diese liebt es, die menschlichen Tugenden wie die menschlichen Laster in typischen Persönlichkeiten anzuschauen, mögen solche der Mythe oder der Geschichte angehören.«

DIE TREIBENDE KRAFT DES FREMDENHASSES

Es gehört zu den Kennzeichen der Borgia-Legende, daß sie im Zirkel der römischen Adelsfamilien entsteht und sich gegen die Angehörigen einer fremden Sippe richtet, die aus Spanien kommt und den Papstthron samt aller Macht und aller Pfründen usurpiert. Diese Sippe benimmt sich in der Tat wie die Konquistadoren und liefert manch üblen Grund für den Haß und die Verachtung der Römer, die seit Jahrhunderten bis auf wenige Ausnahmen den Stuhl Petri besetzt hatten und die Pfründen unter sich aufteilen konnten.

Schon Alonso de Borgia, der erste Borgia-Papst, bringt als Calixt III. (1455 – 1458) die Römer gegen sich auf. Obgleich er bei seiner Wahl

97   Innenhof des Palazzo, den Kardinal Rodrigo Borgia bis zu seiner Papstwahl bewohnte und den er 1492 dem Kardinal Ascanio Sforza als Gegenleistung für die Stimme beim Konklave übereignete.

schon 77 Jahre alt ist, läßt er den römischen Adelsfamilien keineswegs freie Hand, ihre räuberischen Fehden auszutragen. Er bemüht sich auch gar nicht, durch Parteinahme oder Bündnisverhandlungen in die Wirren der Stadtpolitik einzugreifen und sich auf die Colonna, die Orsini, die Sforza oder die Trastamara zu verlassen. Statt dessen holt er im großen Stil seine Verwandten nach Rom und sucht mit ihrer Hilfe seine Herrschaft in Stadt und Kirchenstaat zu stützen und seine Bemühungen um einen groß angelegten Kreuzzug gegen die Türken zu verstärken. Die Römer hassen in Calixt III. den »Katalanen«.

Als Rodrigo Borgia Papst wird, also 34 Jahre später wieder ein Spanier den Stuhl Petri besteigt, scheint sich zunächst die Lage völlig geändert zu haben. Rodrigo wird im Konklave nicht nur einstimmig gewählt, obgleich von den 23 Teilnehmern nur zwei Nichtitaliener sind. Auch das Volk von Rom bejubelt ihn mit Fackelzug und Freudenfeuer. Man erwartet von ihm Glanz, Größe und Erfolg. Sein erster Ausritt gerät zum Triumphzug. Die Römer scheinen sogar zu honorieren, daß dieser »Katalane« schon unter vier Päpsten als Kardinal und Vizekanzler in Rom lebt, aber doch offen dazu steht, daß er ein Spanier ist, spanisch spricht, spanische Feste feiert, spanische Kleider einführt und den Römern auf der Piazza Navona sogar das Schauspiel eines Stierkampfes liefert. Dennoch bleibt er ein Ausländer. Und als solcher unterliegt er in der Öffentlichkeit Roms anderen, strengeren Maßstäben als ein eigener Papst.

Die Begeisterung für ihn kühlt sich ab, als die politischen Probleme wider Erwarten nicht sofort und nicht zur Zufriedenheit aller gelöst werden. Bald kursieren die ersten Geschichten über die näheren Umstände der Papstwahl: Rodrigo habe die Kardinäle mit »Silberlingen« bestochen. Die Nähe zur Judasgeschichte ist offensichtlich. Man will nahelegen, daß hier ein Verräter am Werk sei. Von da ist es nicht mehr weit bis zum Pakt mit dem Teufel. Es gelingt den Feinden der Borgia, Stimmung gegen den spanischen Papst zu machen und ihn der Entrüstung und Verachtung preiszugeben. Daß Alexander durch seine arrogante Sorglosigkeit und seine sexuelle Zügellosigkeit alle Verleumdungen zu bestätigen scheint, gehört zur Tragik dieses Mannes.

Zum fremdenfeindlichen Verleumdungsmuster gehört übrigens auch, daß Rodrigo Borgia hinter vorgehaltener Hand als Marrane (wörtlich: Schwein) bezeichnet wird, das heißt als Angehöriger einer jüdischen Familie, die sich in Spanien hat taufen lassen, um der Inquisition zu entgehen. Dadurch wird auch noch die traditionelle Judenfeindlichkeit gegen diesen Spanier mobilisiert.

DIE TREIBENDE KRAFT DES FRAUENHASSES

Die heute kaum noch verständliche Wucht des mittelalterlichen und neuzeitlichen Hexenwahns hat bemerkenswerte Berührungspunkte zur abstrusen Gewalttätigkeit der Borgia-Legende. Die personelle Verknüpfung zwischen den Verfassern des »Hexenhammers« und dem Tagebuchschreiber Burchardus macht einsichtig, wie im Fall des Borgia-Papstes und seiner Familie eine neue Qualität in die verleumderische Legendenbildung gelangt: Der »Hexenhammer« postuliert mit antifeministischer Schlichtheit, daß der Teufel sich immer einer Frau bediene, um mit einem Mann in Verbindung zu kommen. Er erklärt, daß einzig Frauen im scheußlichsten Geschlechtsverkehr mit Dämonen in direkten Kontakt mit der Hölle treten und, einmal zu Hexen geworden, ihre magische Gewalt im Inzest an ihre nächsten männlichen Verwandten weiterleiten können. Der »Hexenhammer« erscheint 1489 und wird zu einem Bestseller mit 29 Auflagen allein bis zum Ende des Jahrhunderts. Das Buch findet nicht nur in der römischen Kirche Verbreitung, sondern auch in den protestantischen Gemeinden. Dieser Erfolg gibt den Geschichten über einen sexbesessenen Papst und seine Kinder den besonderen dämonischen Beigeschmack. Mit dem »Hexenhammer« im Kopf, im Widerschein der Scheiterhaufen von Hexengerichten und Inquisitionsprozessen, ist man noch eher geneigt, die Geschichten von blutschänderischen Orgien zwischen Vater und Tochter und zwischen Bruder und Schwester zu glauben. Lucrezia Borgia wird dadurch zum Opfer der religiös verbrämten Lüsternheit und Gewalttätigkeit in der europäischen Gesellschaft.

Es ist oft erörtert worden, warum nicht Vanozza de Catanei, die Geliebte Rodrigo Borgias und Mutter der vier legitimierten Kinder des Papstes, die Rolle der mit den Dämonen in sexueller Verbindung stehenden Frau übernehmen muß. Die Antwort ist einfach: Lucrezia gibt mehr her für die Phantasie. Sie ist jung und schön, trägt die Züge einer selbstbewußten, in späteren Jahren auch selbständigen Frau, die in der Papstresidenz ein und aus geht, sogar als Stellvertreterin des Papstes agiert und sich im Grunde wenig um die Usancen am päpstlichen Hof kümmert. Die Souveränität des persönlichen Formats und wohl auch die

Arroganz der Macht lösen Haßgefühle und Rachegelüste aus: Wenn schon jemand anders sein will als wir, dann muß er vorgeführt werden, dann ist er selbst verantwortlich für den Schaden, den wir ihm zufügen. Daß für das Selbstverständnis des Denunzianten durch seine üble Nachrede Gerechtigkeit hergestellt wird – »dem soll es auch nicht besser gehen als mir« –, mag die Schamlosigkeit der Legendenbildung erklären.

DIE TREIBENDE KRAFT DES NEIDES

98 (oben) Der Grabstein der Vanozza de Catanei, der Geliebten des Kardinals Rodrigo Borgia. Auf dem Stein sind auch die Namen ihrer Kinder mit Rodrigo aufgeführt: Cesare, Juan, Joffré und Lucrezia Borgia.

Gesellschaftliche Bewegungen und politische Entwicklungen sind nie in all ihren Facetten erklärbar, wenn man nicht die Rolle des Neides als eine grundlegende menschliche Charaktereigenschaft in die Betrachtung einbezieht. Das deutsche Wort Neid bezeichnet ursprünglich Groll und Haß, meint also eine Gesinnung, die dem anderen mit Mißgunst und Zerstörungswillen begegnet, allein weil er über Gaben oder Dinge verfügt, die man selbst nicht hat. Diese Gesinnung ist eine universale Triebkraft im Zusammenleben der Menschen aller Zeiten und aller Kulturen, weshalb die alten Griechen vom Neid der Götter sprachen und die Bibel den Gedanken kennt, daß erst durch den Neid des Teufels der Tod in die Welt gekommen ist (Genesis 3,4 und Buch der Weisheit 2,24).

Wie kaum eine andere Familie des europäischen Adels rufen die Borgia Mißgunst und Neid hervor. Sie sind gewissermaßen besonders dazu geeignet, die Unzufriedenheit der Menschen mit sich selbst wachzurufen. Die Borgia sind auffallend schön und gesund, reich und weltläufig, stolz und unbekümmert – lauter Eigenschaften, die der Durchschnittsmensch als provozierend empfinden kann. Und sie sind skrupellos und nehmen sich, was sie haben und ausleben wollen – ebenfalls Eigenschaften, die viele andere besitzen möchten, sich aber nicht trauen, sie zu aktivieren.

99 Die Lucrezia des Films erscheint in dem Gewand, das dem Gemälde von Pinturicchio in den vatikanischen Wohnräumen des Borgia-Papstes nachgeschneidert ist.

Wenn sich nun dieser allgemeine Neid mit frauenfeindlicher Angst verbindet und sich auch noch des Aberglaubens und des Hexenwahns bedient, richtet sich die ganze Wucht des Neids gegen die Frauen, in diesem Fall gegen Lucrezia.

Lucrezia Borgia wird in ihren römischen Jahren bewundert und gepriesen. Die diplomatischen Vertreter der europäischen Höfe am Vatikan sind entzückt von der Anmut und Intelligenz der Papsttochter und berichten entsprechend nach Hause. Solange Lucrezia diese außergewöhnliche Rolle der Heldin abgibt, können die Neider nicht aufhören, sie kleinzumachen. Die Psychologie des Neides funktioniert so, daß die beneidete Heldin herabgesetzt werden muß, bis sie so klein ist wie der Neider selbst. Dies ist eine der Erklärungen dafür, daß die schlimmsten Angriffe gegen die Integrität der Lucrezia zu dem Zeitpunkt aufhören, als sie von der römischen Bühne abtritt und aus der Sicht der Römer – in die Provinz verschwindet, wo sie eine eher unpolitische Figur ist wie die meisten anderen Landesmütter auch. Als dann Papst Alexander stirbt und auch Cesare als militärische und politische Größe aus dem Gesichtsfeld der römischen Gesellschaft verdrängt ist, muß sich die aggressive Mißgunst der Zeitgenossen andere Opfer suchen.

Was Lucrezia angeht, wird die immerzu nach farbigen Figuren ausschauende Literatur zum Träger der Legendenbildung. Die Motive für die Kolportage und Weiterentwicklung der Legende verändern sich dabei ins Ungefähre: Aus der gezielten Denunziation mit dem Ziel der Vernichtung oder Verkleinerung wird die eher ziellose Lust an der üblen Nachrede zum Zweck der Unterhaltung.

EPILOG AM GRAB IN FERRARA

Als der Film über Lucrezia Borgia abgedreht ist, legt die Darstellerin der Papsttochter und Herzogin ein paar Rosen auf die Steinplatte. Spätes Andenken an die wahre Lucrezia, die vergessen ist unter dem Dickicht wuchernder Legenden. Die Legenden von Aufstieg und Fall, Lebensfülle und Verbrechen der Familie sind bis ins 20. Jahrhundert lebendig geblieben. Mit betretener Scham, aber auch mit lüsterner Faszination werden die schaurigen Geschichten weitererzählt, obzwar einige der Rätsel längst gelöst sind und obgleich in diesem Jahrhundert die Züge der wirklichen Lucrezia blaß, aber bestimmt unter den grellen Farben der Legende erkennbar werden.

Am Grab im Kloster Corpus Domini von Ferrara tauchen meine Gedanken wieder auf aus der Renaissance und kehren zurück in die Gegenwart. Wer sich eine Weile der Faszination der Renaissancefiguren überlassen hat, muß mit den Legenden und ihren Auflösungen zurechtkommen. Das heißt, man muß mit dem Geheimnis der Wahrheit leben – und mit dem Geheimnis der Geschichte.

Literaturverzeichnis

Brambach, Joachim: Die Borgia. Faszination einer machtbesessenen Renaissancefamilie. München 1988.

Burckhardt, Jacob: Die Kultur der Renaissance in Italien. Stuttgart [11]1988.

Cloulas, Ivan: Die Borgias. Paris 1987/Zürich [3]1993.

Cyran, Eberhard: Lucrezia Borgia. Fluch und Befreiung. Heilbronn 1990.

Durant, Will: Kulturgeschichte der Menschheit. Die Renaissance. Lausanne o.J.

Fink, Hubert: Machiavelli. München 1988. TB 1990.

Glaser, Hermann: Europa – Umbruch und Aufbruch. In: Hermann, Ingo: Und dann kam Kolumbus. München 1992.

Gregorovius, Ferdinand: Lucrezia Borgia. Stuttgart 1875. Mit einem

Nachwort von Heinrich Lutz. München 1991.

Grillandi, Massimo: Lucrezia Borgia. Düsseldorf ³1994.

Hermann-Röttgen, Marion: Die Familie Borgia. Geschichte einer Legende. Stuttgart 1992.

Pastor, Ludwig: Geschichte der Päpste im Zeitalter der Renaissance. Freiburg 1924.

Schraut, Elisabeth: Die Renaissancefamilie Borgia. Geschichte und Legende. Katalog des Hällisch-Fränkischen Museums. Schwäbisch Hall. Bd. 6. Sigmaringen 1992.

Schüller-Piroli, Susanne: Die Borgia Dynastie. Legende und Geschichte. Wien 1982.

Schüller-Piroli, Susanne: Die Borgiapäpste Kalixt III. und Alexander VI. Wien 1979.

Sprenger, Jakob und Heinrich Institoris: Der Hexenhammer. München ¹¹1993.

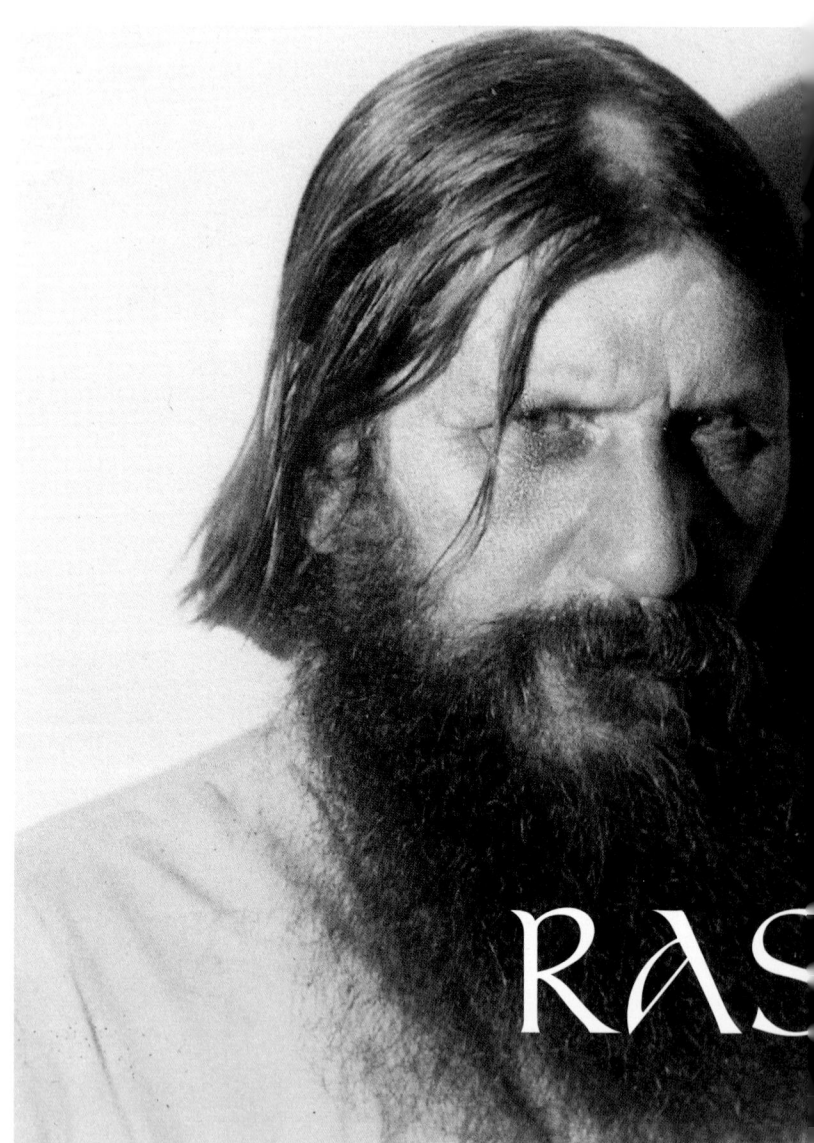

RAS

Ulrich Lenze
und Nina
Steinhauser

OUTIN

HEILIGER DÄMON AM ZARENHOF

EINE LEICHE IM EIS

St. Petersburg, nahe der Petrowskij-Brücke. Es ist der 19. Dezember 1916. Ein frostiger Morgen. Polizisten, die in ihrer Kopfhaltung irgendwie an Pilzsucher erinnern, ziehen über den zugefrorenen Nebenarm der Newa. Von einem Ufer zum anderen. Dann seitlich versetzt wieder zurück. Eine Vermutung treibt sie an. Plötzlich halten sie inne, glauben, unter der Eisdecke die Umrisse eines menschlichen Körpers zu erkennen. Man schafft Werkzeuge heran, Eispickel, Schaufeln, Enterhaken. Ein Loch wird freigehackt. Nur mit Mühe können die Polizisten ihren grausigen Fund aus dem Wasser ziehen. Die Leiche ist männlich, ungewöhnlich groß und schwer. Zu identifizieren aber ist sie leicht. Seit zwei Tagen wird in St. Petersburg ein Prominenter vermißt. Aus dem Zarenpalast selbst kam der Auftrag, nach ihm zu suchen, denn er gilt als naher Freund der Herrscherfamilie. Der Vermißte wird im vorrevolutionären Rußland, das sich mitten im Ersten Weltkrieg befindet, geliebt und gehaßt. Die einen sagen ihm überirdische Heilkräfte nach, verehren ihn als einen Gesandten Gottes. Andere, und das sind in der russischen Hauptstadt die meisten, halten ihn für einen sexbesessenen Unhold. Man hat ihn als Wunderdoktor, Wahrsager und Hypnotiseur apostrophiert, aber auch als Scharlatan, Hochstapler und Dämon – und er ist alles zugleich. Er ist ein Mann, über den man sich noch heute das Maul zerreißt. Sein Name: Grigorij Jefimowitsch Rasputin.

Der von der klirrenden Winterkälte konservierte Leichnam wird in das Tschesma-Militärhospital gebracht und dort obduziert. Im offiziellen Abschlußbericht steht, daß der Körper mehrere Schußwunden aufweist. Rasputin ist offensichtlich Opfer eines Mordanschlages geworden. Abscheulich, aber nicht völlig unerwartet. Immer wieder hatte es Attentatsversuche gegen ihn gegeben.

In seinen Lungen finden die Pathologen zudem Wasser und Spuren von Algen, die darauf schließen lassen, daß Rasputin noch lebte, als man ihn ins Wasser warf. Ist er ertrunken? Und wenn ja, wieso ist er nicht an den schweren Schußverletzungen gestorben? Immerhin hatte eine Kugel die Stirn und das Gehirn durchschlagen. Was war gesche-

100 Rasputin – in seinen Augen wurde magische Kraft vermutet.

hen? Und warum mußte ein zugegebenermaßen umstrittener, aber doch einflußreicher Schützling von Zar und Zarin als gemeine Wasserleiche enden?

Viele Geheimnisse um einen Toten. Aber das größte Rätsel hat Rasputin selbst in Form einer mysteriösen Weissagung hinterlassen. Zar Nikolaj II. hat er kurz vor seinem Tod mit den Worten erschreckt: »Wenn mir etwas zustößt, wirst du deine Krone verlieren, und furchtbares Unglück wird über Euch kommen.« Frömmelnde Arroganz eines Kraftmenschen, der sich für unsterblich hält? Nein, Rasputin soll recht behalten.

EIN JUNGE AUS SIBIRIEN

»Ra-, Ra-, Rasputin, Russias greatest love machine.« Ein billiger Disco-Song geriet im Westeuropa der siebziger Jahre des 20. Jahrhunderts zum Hit. Da wußte kaum noch jemand um das unrühmliche Ende Rasputins, von seiner wahren Geschichte ganz zu schweigen. Hemmungsloser Sex, womöglich wie von einer Maschine, war einfach gut verkäuflich.

Kolportagegeschichten und Softpornofilme über Rasputin gibt es seit den dreißiger Jahren, mit Titeln, die ihn zumeist eintönig als zügellosen Triebmenschen schildern: »Orgien am Zarenhof«, »Dämon der Frauen«, »Gott und Satan«.

Seine wahre Geschichte hat zweifellos mit Sex zu tun. Aber außerdem spielt sie zu einer Zeit, in der das große Russische Reich in einer tiefen gesellschaftlichen Krise steckt. Sie markiert – Zufall oder nicht – das dramatische Ende einer Jahrhunderte währenden Monarchie und eine historische Wende mit weltweiten Konsequenzen.

Seinen Anfang nimmt das Drama weit weg: Hinter dem Ural, da, wo sich die sibirische Steppe endlos nach Osten hin öffnet, liegt am Fluß Tura das Dorf Pokrowskoje. Eingeschossige Holzhäuser, in denen die Familien in zwei Zimmern rechts und links der Eingangstür leben, bestimmen das Dorfbild. Reichere Bauern leisten sich ein Haus mit zwei Etagen. Die Wärme kommt aus einem einzigen Ofen, um den sich während des Winters die Familie versammelt. Wasser gibt es draußen am Brunnen.

In Pokrowskoje wird am 10. Januar 1869 dem Bauern Jefim Jakowitsch Rasputin und seiner Frau Anna ein Sohn geboren, dem sie

Oslo ○

Stockholm ○

Helsingfors
(Helsinki) ○

St. Petersburg ○

Zarskoje Selo ○

Reval ○

Riga ○

Wilna ○

Moskau ○

Kopenhagen ○

O s t s e e

N o r d s e e

Berlin ○

DEUTSCHES REICH

Warschau ○

Char•

Prag ○

Kiew ○

Dnjepr

Donau

KARPATEN

Wien ○
Budapest ○

ALPEN

ÖSTERREICH - UNGARN

Schwarz

Rom ○

M i t t e l m e e r

Istanbul ○

Athos ○

RUSSLAND UM 1900

800 km

Athen ○

Ob

Irtysch

URAL

Tobolsk ○○ Abalak

Werchoturije ○   Tjumen ○ ○ Pokrowskoje

○ Jekaterinburg   Omsk ○

○ Kazan

hnij Nowgorod

○ Samara

*Aral-
see*

Don

Wolga

Kaspisches Meer

KAUKASUS

er

Teheran ○

OSMANISCHES REICH   PERSIEN

den Namen Grigorij Jefimowitsch geben. »Rasputin« bedeutet »Wüstling«. Jahre später vermutet die russische Geheimpolizei hinter dem Namen eine Charakterisierung des berüchtigten Mannes, muß sich aber in seinem Heimatdorf davon überzeugen, daß der Name dort weit verbreitet ist.

Rasputins Eltern geht es vergleichsweise gut. Außer ihrem Acker und dem Vieh besitzen sie Pferde, die sie hin und wieder für Post- oder Fuhrdienste in die nächstgrößeren Städte vermieten: nach Tjumen, 100 Kilometer westlich gelegen, wo bäuerliche Produkte auf einem Markt feilgeboten werden, oder Tobolsk, die ebenso weit nach Osten gelegene Hauptstadt des Gouvernements.

Der junge Grigorij ist faul, lernt wie die meisten seiner Altersgenossen weder lesen noch schreiben, dämmert am liebsten in den Tag hinein. Der Arbeit auf dem Felde geht er aus dem Wege, nur ab und zu beschäftigt er sich als Aushilfsfuhrmann mit den Pferden seines Vaters. Seine jüngeren Geschwister sterben schon als Kinder. Am liebsten sitzt der junge »Grischa«, wie ihn die Dorfbewohner despektierlich nennen, in der Kneipe und schlägt die Zeit mit Wodka tot. Er randaliert, steigt den Frauen nach, nimmt sie, wie sie kommen, grapscht nach ihnen und öffnet ihnen die Bluse, plump und direkt. Die schlechten Manieren provozieren Anzeigen, immer wieder gibt es polizeiliche Untersuchungen. Einem der Dossiers verdanken wir eine Beschreibung des jungen Rasputin: »1,82 groß. Haare hell und strähnig. Längliches Gesicht. Nase: durchschnittlich. Vollbart. Typ: russisch. Blasses Gesicht. Tiefliegende, große, wäßrige Augen.«

Schon damals sind es die Augen, die an Grigorij faszinieren. Sein Blick ist fesselnd und durchdringend. Doch sieht er auch in die Zukunft? Fast scheint es so, denn nur in einer, in eben dieser Hinsicht zollen ihm die Pokrowskojer Respekt: Rasputin scheint das Zweite Gesicht zu haben. Die Dorfgeschichte überliefert, daß Rasputin kurz nach dem Tod der Mutter mit einem Sprung ins kalte Wasser der Tura seinen älteren Bruder Mischa vor dem Ertrinken rettet, auch wenn der dann an einem Schädelbruch stirbt. Rasputin selbst erkältet sich dabei und liegt lange Zeit fiebernd im Bett. Eines Tages, als wieder einmal Männer aus dem Dorfe tröstend an Rasputins Bett sitzen, wird darüber geredet, daß dem ärmsten Bauern in Pokrowskoje das einzige Pferd gestohlen wurde. In diesem Moment nennt Rasputin im Fieberwahn den Namen des Diebes. Da es sich dabei um den reichsten Bauern des

*101 Ein typi-
sches Haus in
Pokrowskoje,
Rasputins Hei-
matdorf. Nicht
viel hat sich
verändert. Die
Zeit scheint
stehengeblieben
zu sein.*

Dorfes handelt, schenkt niemand dem phantasierenden Jungen Glauben. Neugierig geht man dann aber doch in den Stall des Genannten – und findet das gestohlene Pferd. Von da an und bis zu seinem Ende steht Rasputin im geheimnisvollen Ruf, Dinge zu erraten und vorherzusehen.

Aber »Grischa« gilt im Dorf selbst als Dieb. Die Beule, die er ein Leben lang auf der Stirne trägt und hinter den langen Haaren zu verstecken sucht, stammt von einem Pokrowskojer, der den stehlenden Rasputin in flagranti erwischt und mit einem Schlag auf den Kopf bestraft. Auf Gesuch dieses Bauern wird darüber verhandelt, ob man Rasputin in den Osten Sibiriens verbannen soll. Der Antrag wird abgelehnt. Dennoch hält es Rasputin für opportun, das Weite zu suchen. Er geht auf »Pilgerschaft«, wie es heißt. Seine Familie erzählt später, er sei damals aufgebrochen, um die wahre Erkenntnis zu finden. Und noch eine Legende rankt sich um diesen Aufbruch aus Pokrowskoje: Als Rasputin über ein Feld marschierte, habe er in die Sonne geschaut und im blendenden Licht ihrer Strahlen sei ihm die Jungfrau Maria erschienen.

Rasputins Wanderschaft dauert Monate. Zu Fuß pilgert er von Kloster zu Kloster, viele hundert Kilometer weit. Das ist in der damaligen Zeit ein weitverbreiteter Brauch. Viele Russen glauben, durch Pilgerfahrten ihre Sünden abbüßen und Gott näherkommen zu können. Rasputin ist meist allein und auf sich selbst gestellt. Er hungert, dürstet und erlebt die Natur, die ihn umgibt, in schwärmerischen, fast religiösen Empfindungen: »Ich ging Flüsse entlang, und in der Natur fand ich Trost und Ruhe und dachte dabei an den Erlöser, wie er gewandert ist. Die Natur lehrte mich, Gott zu lieben und mit ihm zu sprechen. Viel kann die Natur lehren in ihrer Weisheit. Und erst der Frühling! Der Frühling bedeutet ein großes Fest für den religiösen Menschen. Wie sich alles auf dem Feld öffnet und der helle Mai sich schmückt, so ergeht es auch dem Menschen, der Gott folgt, denn auch seine Seele entfaltet sich ähnlich der Natur im Mai.«

Rasputin fühlt sich Gott ganz nah. Die goldenen Dächer der orthodoxen Klöster, die ihm auf der Wanderschaft aus der Ferne entgegenleuchten, erscheinen ihm wie Zeugen einer frohen, direkt an ihn gerichteten Botschaft. Eines dieser Klöster ist Abalak, hoch über dem Fluß Irtysch gelegen. Ursprünglich will Rasputin nur eine als wundertätig geltende Ikone anbeten. Als er im Abendlicht die Dächer Abalaks erblickt, spürt er endgültig seine Berufung, ein »heiliger Mann« zu werden.

Rasputin lernt durch seine Gespräche mit Mönchen und Eremiten weise Sprüche und Zitate aus der Bibel. Lesen kann er noch immer nicht. Starez will er werden, ein Mann Gottes. Derer gibt es damals viele in ganz Rußland. Sie wandern umher, predigen, haben keine feste Bleibe, leben von der Gastfreundschaft der Bauern, die sie aufnehmen. Es ist ein Leben in Armut, Enthaltsamkeit und Einsamkeit, die nur von den Besuchen in den Klöstern unterbrochen wird. Da Rasputin aber seine religiöse Schulung nicht mit einem Lehrer, sondern im mystischen Ringen mit sich selbst sucht, zimmert er sich sein eigenes Glaubensgebäude. Im Rußland des ausgehenden 19. Jahrhunderts, dessen Krise nicht nur den Staat, sondern auch die Kirche erfaßt, ist das kein Einzelschicksal. Überall bilden sich obskure Glaubensgemeinschaften. Eine dieser Sekten lernt Rasputin bei einer Familie kennen, die ihm für eine Nacht Unterkunft gewährt. In der Nacht stellt sich heraus, daß er bei Mitgliedern der Chlysten Quartier gefunden hat. Die Chlysten predigen fromme Zucht, Leidenschaftslosigkeit und Reinheit, aber jede Gemeinde soll ihren eigenen Christus und ihre eigene Gottesmutter haben. Rasputin erfährt von seinen Gastgebern, daß der Mensch nur durch die Sünde, durch sündiges »Handgemenge« – konkret durch sexuelle Exzesse – zur wahren Buße und damit zu Gott finde. Die Gottesdienste der Sekte werden als ekstatischer Tanz zelebriert, in dessen

Verlauf sich die Gläubigen in Trance steigern, schließlich nach und nach die Hüllen fallen lassen und sich einander hingeben. Rasputin fasziniert der Gruppensex als Teil der Praxis besonders, heißt es. Sie verschafft ihm die Möglichkeit, seine Begierden mit seinem Auftreten als heiliger Mann zu versöhnen. Er nimmt diese Überzeugung mit, wo

immer er in Zukunft hingeht. Mitglieder der feinen, gelangweilten Petersburger Gesellschaft werden ihm später genau deshalb reihenweise erliegen. Sie sehen in Rasputin das ungewöhnliche Exemplar eines Menschen, der sich über alle gängigen Moralvorstellungen hinwegsetzt.

102   Das berühmte Kloster Abalak in der Nähe von Tobolsk, Wallfahrtsort für Rasputin.

Eine amtliche Untersuchung, die 1908 anberaumt wird, um über Rasputins Leben Auskunft zu geben, kann nicht eindeutig klären, ob Rasputin eine Zeitlang aktives Mitglied der verfemten Chlysten war. Wären tatsächlich Beweise gefunden worden, wäre sein Leben bestimmt anders verlaufen. Doch es werden nur Übereinstimmungen zwischen seinem »Evangelium der Sünden« und der Lehre der Chlysten festgestellt, Übereinstimmungen, die freilich unübersehbar sind.

Nach langer Wanderschaft kehrt Rasputin in sein Heimatdorf Pokrowskoje zurück. Er ist inzwischen 18 Jahre alt. Auf einem Fest lernt er ein einfaches und geduldiges Mädchen aus der Nachbarschaft kennen, das er schon bald heiratet – Paraskjewa Fjodorowa Dubrowina. Sie haben zusammen drei Kinder: Dimitrij, Matronja und Warwara. Das Ende der Sturm- und Drangjahre Rasputins ist das nicht.

EIN JUNGE AUS ST. PETERSBURG

Pokrowskoje, jenseits des Urals, liegt schon weit in Asien. Sibirien ist zwar Teil des riesigen Zarenreiches, gilt im Bewußtsein der europäisch orientierten Russen jedoch als jenseits der Zivilisation und ist Verbannungsgebiet. Im westlichen Teil der Großmacht, mehr als zweitausend Kilometer westwärts von Rasputins Heimat entfernt, liegt

103 Zar Nikolaj II.

die damalige Hauptstadt, St. Petersburg. Unter dem Zeichen des goldenen Doppeladlers herrscht hier seit Jahrzehnten die Dynastie der Romanows auf bewährte Art – autokratisch, schrankenlos und von Gottes Gnaden.

Die prächtigen Gebäude und Fassaden, an denen Generationen italienischer, französischer und deutscher Baumeister gearbeitet haben, weisen St. Petersburg als eine Weltmetropole aus. Eine wachsende Industrie und ausländische Investitionen tragen dazu bei, der Stadt an der Newa einen verführerischen Glanz zu verleihen. Doch der Schein trügt. Die von all der Pracht geblendete glanzvolle höfische Gesellschaft des ausgehenden 19. Jahrhunderts weiß offenbar nicht, daß sie auf einem Vulkan tanzt.

Zar Alexej III. regiert das Land mit eiserner Knute. Seine Herrschaft gründet sich auf drei Säulen: Autokratie, Orthodoxie und »narodnosti«, Nationalbewußtsein, und nichts scheint sie zu erschüttern. Am 6. Mai 1868 bringt die Zarin Maria Fjodorowna ihr erstes Kind zur Welt: den Thronfolger Nikolaj. Seine Geburt fällt auf den Gedenktag des Hiob. Ein böses Omen für den zukünftigen Zaren?

Zu diesem Zeitpunkt ahnt niemand, daß sich der Weg des Zarensprosses Jahrzehnte später mit dem des sibirischen Bauernsohns Rasputin kreuzen wird. Viel mehr als das – ihr Schicksal wird sich auf tragische Weise verflechten, bis zum bitteren Ende.

Nikolaj wächst auf, wie es sich für einen Thronfolger gebührt. Doch bald zeigt sich, daß er anders ist als der robuste Vater: Nikolaj ist liebenswürdig, ein wenig unsicher, ja, er gilt als schüchtern. Auf diese mangelnde Selbstsicherheit und seine vergleichsweise zarte Statur gründen sich anfangs manche, doch wie sich später zeigen wird, falsche Hoffnungen der Untertanen auf Reformen.

Als Nikolaj 16 Jahre alt ist, beginnt für ihn eine Romanze, die sein ganzes Leben dauern wird. Er verliebt sich unsterblich in eine Deutsche: Prinzessin Alice Viktoria Elena Luise Beatrice von Hessen-Darmstadt. Sie ist eine Nichte des deutschen Kaisers und Enkelin der englischen Königin Viktoria, an deren Hof sie nach dem frühen Tod ihrer Mutter zeitweilig großgezogen wird. Alice kommt 1884 als Hochzeitsgast nach Rußland, als ihre Schwester Elisabeth, genannt Ella, Großfürst Sergej von Rußland heiratet, einen Onkel Nikolajs. Die schöne Deutsche (»Prinzessin Sonnenschein«) ist gerade zwölf Jahre alt – und dennoch fällt das Auge des jungen Russen auf sie. Eine zarte Liebe flackert auf, aber erst fünf Jahre später sehen sich die beiden wieder. Nikolaj hat in der Zwischenzeit seinen Eltern von den geheimen Gefühlen erzählt. Doch seine Mutter mag die kühle Deutsche nicht, und außerdem soll Nikolaj aus Staatsräson, genau-genommen aus außenpolitischen Gründen, eine französische Prinzessin heiraten. Der Ge-sellschaft am Hof ist Alice zu schlecht gekleidet, zu nervös, unbeholfen und linkisch. Selbst ihre schlechte französische Aussprache kreidet man ihr an.

Alice findet den jungen Russen attraktiv und lie-benswert, aber an Heirat will sie selbst nicht denken, sie ist eine strenggläubige Protestantin, und der Zarensohn gehört dem orthodoxen Glauben an. Doch letztlich können alle Staatsinteressen und Religionen zusammen dem Liebespaar nicht widerstehen. Am 8. April 1094 feiert man Verlobung. »Gott, was für ein Stein ist mir vom Herzen genommen worden. Den ganzen Tag über bewege ich mich wie in Trance, nicht wirklich wahrnehmend, was mir wirklich geschehen ist«, schreibt Nikolaj überschwenglich in sein Tagebuch.

Die Brautzeit währt nicht lang. Nikolajs Vater, erst 59 Jahre alt, ist an einem Nierenleiden erkrankt, man muß mit allem rechnen. Nikolaj bittet seine junge Verlobte, schnell zu ihm nach Rußland zu kommen, um ihm in den schweren Stunden beizustehen. Alice kommt gerade zur rechten Zeit. Einen Tag nach ihrer Ankunft, am 20. Oktober, stirbt der

104 *Alice von Hessen-Darm-stadt, die spätere Zarin Alexandra Fjodorowna.*

105 Das Alex-anderpalais in Zarskoje Selo, außerhalb von St. Petersburg. Hier lebten die letzten Romanows.

Zar – es lebe der neue Zar, Nikolaj II. So geschieht es, daß die zukünftige Zarin bei ihrem ersten offiziellen Auftritt in St. Petersburg Trauer trägt. Wieder ein böses Omen?

Am 14. November wird die Staatstrauer kurz entschlossen für einen Tag unterbrochen, und Alice tauscht ihr schwarzes gegen ein silberbesticktes weißes Kleid: Das junge Paar heiratet. Zuvor ist die Braut zum orthodoxen Glauben konvertiert und nennt sich fortan Alexandra Fjodorowna. Die Krönungszeremonie wird aus Pietätsgründen erst eineinhalb Jahre später gefeiert, am 14. Mai 1896, der Tradition entsprechend in Moskau, der alten Hauptstadt, wo Iwan der Schreckliche 350 Jahre zuvor den Titel »Zar von ganz Rußland« angenommen hatte. Überall im Lande läuten an diesem Tag die Glocken. Endlich wieder zeigt das Reich Pomp und Glanz. Fünf Stunden dauert allein die Zeremonie in der Kathedrale. Nikolaj trägt eine Krone, geformt wie eine Mitra, die 1762 für Katharina die Große angefertigt worden war. In der

106 (rechte Seite, oben) Das Katharinenpalais in Zarskoje Selo, offizielle Sommerresidenz der Zaren.

108 (rechte Seite, unten) Die Kloster-anlage von Werchoturije. Heute erinnert nichts mehr an seine einstige Pracht.

Mitte der mehrere Kilogramm schweren Krone ist ein Diamantkreuz eingefaßt, mit 44 großen und noch mehr kleinen Diamanten, 38 rosa Perlen und einem großen Rubin in der Mitte. Indem Nikolaj II. sich die Krone aufs Haupt setzt, macht er sich gleichzeitig zum geistlichen Oberhirten seines Reiches. Als das Herrscherpaar auf den mit roten Läufern ausgelegten Stufen die Uspenski-Kathedrale verläßt, wird es mit Salutschüssen begrüßt. Für 7000 Gäste – Klerus, Hofstaat und Besucher aus ganz Europa – ist ein festliches Krönungsessen arrangiert.

Aber auch die einfachen Leute sollen sich dieser Tage freuen. Der Zar hat ein Volksfest spendiert, vor den Toren Moskaus auf dem Chodynka-Feld, einem Übungsplatz der Pioniere. Die Gräben und Löcher hat man mit Holzplanken abgedeckt. 150 Baracken sind aufgebaut, Imbiß und Getränke werden kostenlos gereicht. Es gibt Theater, Konzerte, Zirkuszelte. Schon seit Mitternacht wartet eine Menge vor dem abgesperrten Platz, um Einlaß zu erhalten. Als das Fest am Morgen eröffnet wird, stürmt die Menge auf die Buden los. Irgend jemand hat verbreitet, es gäbe nicht genug zu essen. Die Holzplanken halten dem Druck nicht stand. Panik bricht aus. Einige stürzen, andere laufen über die am Boden Liegenden hinweg, Schreie und Hilferufe überall – am Abend zählt man 2000 Tote und noch mehr Verletzte. Nikolaj ist geschockt und will die Krönungsfeierlichkeiten beenden. Die Staatsräson aber zwingt ihn weiterzufeiern. Mit roten, verweinten Augen tanzt Alexandra den Krönungswalzer. Wie eine dunkle Wolke hängt die Katastrophe über dem neuen Zaren. Ein Gerücht nimmt seinen Lauf. Seine Frau, die Deutsche, bringe Unglück, erzählt man sich. Alexandra aus Hessen ist den Russen von Anfang an suspekt.

Die jungen Eheleute ziehen in das Alexanderpalais in Zarskoje Selo, dem Sommerrefugium vor den Toren von St. Petersburg. Eine eher bescheidene Residenz angesichts des Prunks, den das Zarenreich sonst kennt. Nur wenige Schritte davon entfernt steht das Katharinenpalais, das dem Herrscherpaar als offizieller Sommersitz dient. Für die sensible Ehefrau ist das Alexanderpalais der richtige Ort. Ein trautes Heim für ihre Familie und auf Distanz zur Schwiegermutter in St. Petersburg, der Zarenwitwe Maria Fjodorowna, die die angeheiratete Deutsche noch immer nicht akzeptieren und ihre Verachtung kaum verhehlen mag.

In schneller Folge hat das Zarenpaar vier Töchter – Olga, Tatjana, Maria und Anastasija, anrührend für den Betrachter und wunderschön anzusehen, aber nutzlos für die Erbmonarchie. Bei der Geburt der vierten Tochter wandert Nikolaj, so schildern es Augenzeugen, einsam und verzweifelt durch den Park, bevor er mit einem aufgesetzten Lächeln an das Wochenbett eilt, um Mutter und Kind zu küssen. Die Monarchie braucht einen männlichen Erben.

Rasputin, der Mann aus dem fernen Sibirien, hat zu dieser Zeit seine junge Frau mit Kindern, Haus und Acker schon wieder allein gelassen und ist erneut auf Wanderschaft. Mehr als 3000 Kilometer legt er zurück, von Kloster zu Kloster. Einer der Höhepunkte in Rasputins Leben wird eine längere Einkehr in der Klosteranlage Werchoturije, in jenen Tagen Refugium für viele Gläubige, die harte Arbeit und harte Exerzitien suchen. Rasputin, der Wüstling in Mönchskutte, unterzieht sich den Ritualen mit erstaunlicher Disziplin. Er erweitert sein Wissen und erlernt die Kunst, mit stimulierenden Kräutern umzugehen.

Das alles scheint lange her. Wir sind auch nach Werchoturije gefahren, um Filmaufnahmen zu machen. Von Jekaterinburg aus eine Busfahrt, die nicht enden wollte. Sechs Stunden über Straßen, deren Schlaglöcher uns ständig durcheinanderschüttelten. Endlich fanden wir das kleine Dorf und sein Kloster. Von der einstigen Pracht ist kaum noch etwas zu sehen. Verfallene Gebäude, eine kleine Gemeinde von rund 15 Mönchen, deren Abt uns als erstes fragt, was wir von Rasputin halten. Unsere Antwort, wir seien mit unserem Urteil nicht fertig, noch auf der Suche, scheint ihn zufriedenzustellen. Plötzlich bringt er einen alten Karton mit Fotos von Rasputin – es zeigt sich, er ist ein stiller Fan. Rasputin habe Gutes für das Kloster getan, selbst das russische Zarenpaar sei einmal auf einer Pilgerfahrt nach Werchoturije gereist. Als wir ihn um ein Interview vor der Kamera bitten, zieht er sich zurück – er habe genug geredet, nun sei er müde.

In der Nähe des Klosters Werchoturije lebt um die Jahrhundertwende ein bekannter und einflußreicher Einsiedler, Makarij, den Rasputin in jener Zeit aufsucht. Makarij glaubt, in Rasputin eine Berufung zu erkennen: »Gott hat dir eine besondere Aufgabe vorbehalten«, prophezeit er dem beglückten Rasputin und gibt ihm den Rat, zunächst die wirklich großen, wahren heiligen Stätten aufzusuchen: Jerusalem und den Berg Athos in Griechenland. Der Berg Athos, Spitze einer Halbinsel im Norden Griechenlands, schwer zugänglich, umschlossen von unwegsamen Klippen und dem Ägäischen Meer, ist ein Zentrum des orthodoxen Glaubens. Auch Rasputin sucht hier Arbeit, Kontemplation und Gebet in enger Lebensgemeinschaft. Er lernt noch mehr Weisheiten und feilt an seiner rhetorischen Ausdrucksweise. Doch die starken Eindrücke, die Athos bei ihm hinterläßt, können nichts mehr an dem Entschluß ändern, der in seinem Inneren gereift ist: Das ganze Mönchsleben geht ihm, dem Schrankenlosen, gegen den Strich. Seine Erfahrungen in den Klöstern, die er besuchte, faßt er zusammen: »Wenn du draußen im Leben ein guter Mensch warst, geh ins Kloster – und man wird dich verderben. Das Klosterleben ist nicht nach meinem Geschmack – man praktiziert Gewalt gegeneinander; die Mönche werden dick und können sich kaum rühren – die Faulheit bringt sie um.« Und weiter: »Ich rate niemandem, in ein Kloster zu gehen, um ein geistliches Leben zu führen. Dort habe ich mancherlei Sorten von Menschen gesehen; sie leben keineswegs wie Mönche, sondern tun, was ihnen beliebt.« Intrigen, Prügeleien und homosexuelle Angebote, die er in Klöstern erlebt haben will, schrecken ihn ab. Kurz vor seiner Aufnahme in den Priesterstand beschließt der Sibirier, Athos zu verlassen und seine Berufung im weltlichen Leben zu suchen – das vorzeitige Ende einer Eremiten-Karriere. Aber eine noch größere Aufgabe wartet auf ihn.

Erst einmal kehrt er wieder zurück zu Frau und Kindern. Ganz offensichtlich hat sich in seinem Leben etwas verändert. Der wilde Rasputin lebt plötzlich konsequent gesund. Er ernährt sich vegetarisch, raucht und – man mag es kaum glauben – trinkt nicht mehr. Darüber hinaus verbreitet sich der Ruf, er verfüge über heilende Kräfte. Seine Kenntnisse im Umgang mit medizinischen Kräutern mögen dazu beigetragen haben. Erzählt wird, daß er eines Tages einem wertvollen, aber sehr störrischen Hengst, den niemand zu bändigen wußte, die Hand auf die Stirn legte, und prompt beruhigte sich das Tier. Nun kommen die Menschen aus dem Dorf und der Umgebung, um Rasputins Hilfe und Rat zu erbitten – und die Befreiung von ihren Sünden. Unter der Scheune neben seinem Haus gräbt sich Grigorij einen Raum in die Erde hinein. Ein Bade- oder Bethaus nennt er es, in dem er sich mit »Brüdern« und »Schwestern«, die ihm folgen, zurückzieht, um zu meditieren. Und zu schwitzen. Oder aber sie in die einheitliche Lehre von der Buße durch Sünde einzuweisen. Was wirklich geschieht im Badehaus Rasputins, darüber munkelt das ganze Dorf. Verbürgt ist, daß seine brave Frau, die die »Pilger« mit Essen versorgen muß, seine weiblichen Jünger manchmal mit einem Besen vertreibt.

EIN UNSICHTBARES BAND

»Geh nur, ich weiß, du bist zu Höherem bestimmt« – mit diesen Worten seiner Frau Paraskjewa, in denen unüberhörbar Resignation mitschwingt, macht sich Rasputin im Jahre 1903 auf den Weg in die Hauptstadt. Er ist jetzt 34 Jahre alt. Geld für die Renovierung seiner Dorfkirche wolle er sammeln und den heiligen Johannes von Kronstadt treffen, sagt er, doch im Grunde will er einfach wieder fort. In St. Petersburg stürzt auf den sibirischen Bauern ein buntes, weltstädtisches Treiben ein. Aber es ist nicht nur das schnelle Vergnügen, das Grigorij Rasputin sucht. Ein geheimnisvoller Magnetismus scheint ihn zum Zarenpalast und seinen Bewohnern zu ziehen. Als er im Mai 1904 vor dem Winterpalais steht, hat er das tiefe Empfinden, angekommen zu sein im Leben. Zwei Monate später, am 30. Juli 1904, schreibt Zar Nikolaj II. voller Glück in sein Tagebuch: »Ein unvergeßlicher großer Tag für uns, an dem uns so augenscheinlich Gottes Gnade heimgesucht hat. Um 1¼ Uhr gebar Alix einen Sohn, dem wir beim Gebet den Namen Alexej gaben.« Der langersehnte Thronfolger, auf dem die ganze Hoffnung von Zar und Zarin ruht, ist endlich geboren. Für Rasputin ist das ein Wink des Schicksals.

108 Der langersehnte Thronfolger: Alexej.

Der Junge ist ein schönes, bezauberndes Kind, das von allen geliebt wird. Doch kaum einige Monate alt, gibt der Kleine Anlaß zur Sorge. Es ist ein harmloser Stoß, eine kleine Wunde, die blutet und sich nicht stillen läßt. Der Thronfolger hat große Schmerzen, Fieber, und die Wunde schwillt heftig an. Zwei Tage dauert die Attacke, dann scheint alles wieder in Ordnung. Erst einige Zeit später müssen die entsetzten Eltern der Wahrheit ins Auge sehen: Ihr Sohn leidet unter einer unheilbaren Krankheit, der Hämophilie. Und im selben Moment, in dem über die Bluterkrankheit Alexejs Gewißheit herrscht, ist für viele klar, wem sie anzulasten ist: der Zarin selbst. »Ein unschuldiges Kind mußte wegen jener Unvorsichtigkeit leiden, die der russische Hof in der Wahl

109 Die Zarin und ihre Töchter, ein Foto aus dem Familienalbum.

der Braut an den Tag gelegt hatte. In dieser Nacht alterte der Herrscher um zehn Jahre«, berichtet der Schwager des Monarchen, Großfürst Alexander Michailowitsch.

Alexandras Großmutter, Königin Viktoria von England, gilt im untereinander versippten europäischen Hochadel des 19. und 20. Jahrhunderts als Ausgangspunkt der Bluterkrankheit. Dabei sind die Frauen Überträgerinnen der Krankheit, von der aber nur die Männer befallen werden. Zu Viktorias Nachkommen zählen zum Beispiel die heutige englische Königsfamilie, aber eben auch die junge Zarin Alexandra und ihr Sohn Alexej. Eine kleine Verletzung kann tödlich sein. Aussicht auf Heilung gibt es nicht. Von klein auf ist der Zarewitsch ein Sorgenkind. Der schnauzbärtige, besonders starke Matrose Derewenko wird ausgewählt, um fortan den zarten Thronfolger als Leibwächter auf Schritt und Tritt zu beschützen.

Gezeichnet ist fortan auch die Zarin selbst. Auf ihr lastet die Verantwortung für das tragische Geschick. Immer traurigere Züge graben sich in ihr Gesicht ein. Sie ist nervös, leidet zunehmend unter Kopfschmerzen, fühlt sich schwach und wird hysterisch. Nach außen kehrt sich ihre innere Verzweiflung in ein noch kühleres und steiferes Auftreten, was sie im russischen Adel noch unbeliebter macht. Schwermütig zieht sich Alexandra mit ihrer Familie immer häufiger ins Privatleben zurück, am liebsten in eines der ruhigen ländlichen Refugien. Das gesellschaftliche Leben, für das das Zarenpaar ohnehin nie große Begeisterung entwickelte, verkümmert zusehends. Nur noch bei unvermeidlichen Anlässen läßt sich die Zarin blicken. Ihr Leben ist geprägt von der ständigen Angst, dem kleinen Sohn könne etwas zustoßen. Die Ärzte sind zum Stillschweigen verurteilt, die Krankheit wird zum Staatsgeheimnis erklärt. Darin liegt vielleicht eine besondere Tragik der Romanows. Hätten die kinderlieben Russen von der Krankheit des Zarensohnes gewußt, hätten sie möglicherweise vieles von dem, was am Zarenhof vor sich ging, eher verstanden und auch, warum Alexandra für die Rettung ihres Sohnes nunmehr nach jedem Strohhalm greift. So aber kommt zu den wirklichen Mauern eine Mauer des Schweigens, die das Volk von der Herrscherfamilie in ihren Palästen trennt. Nur Gerüchte dringen noch nach draußen.

Rasputin hat sich in St. Petersburg eingelebt. Er besucht Kirchen und Messen, die für die durch den rapiden sozialen und wirtschaftlichen Verfall gezeichnete Bevölkerung zu den letzten Orientierungspunkten gehören. Über den Abt des Alexander-Newskij-Klosters, Bischof Sergej, der zu seinen alten Bekannten aus den Wanderjahren zählt, lernt Rasputin auch die sogenannte bessere Gesellschaft in St. Petersburg kennen, die sich in Dekadenz und krisenhafter Auflösung befindet. Es ist die vornehme Dame Olga Lochtina, die auf Sergejs Bitten dem ungehobelten Bauern Lesen und Schreiben beibringen soll. Ganz nebenbei wird sie für viele Jahre seine Geliebte. Olga Lochtina ist es auch, die ihn immer wieder mit anderen Damen und Herren der Gesellschaft bekannt macht. Grigorij findet deren Aufmerksamkeit, weil er anders aussieht als sie selbst: zerzauster Bart, Kaftan, Pluderhose, Stiefel. So tritt Rasputin ein Leben lang auf, wenn er nicht die Mönchskutte trägt.

Rasputin findet schnell viele Gönner. Als Gast ist er überall gern gesehen und findet jederzeit Unterkunft. Eine eigene Wohnung hat er noch nicht. An fehlendem Geld liegt das nicht. Häufig steckt man ihm aus Dankbarkeit für seine Hilfe kleine und größere Beträge zu. Noch immer tritt er als Starez auf, doch von freiwilliger Armut, Enthaltsamkeit und Einsamkeit hält er nichts mehr. Rasputin wird bald gerufen, wo Handauflegen, Heilung und Tröstung gefragt sind. Vor allem bei gelangweilten Frauen aus der feinen Gesellschaft ist er en vogue. Sein jeweiliger Aufenthaltsort wird als Geheimtip gehandelt. Für den priesterlichen Autodidakten vom Lande ist die Beichte solcher Frauen ein besonderer Leckerbissen, und die körperliche Begegnung mag er ohnehin. Was die Damen an dem meist übelriechenden und ungepflegten Bauern finden, ist nicht leicht nachvollziehbar. Vermutlich ist es einfach eine Abwechslung von all den parfümierten und gepuderten Herren, die man sonst so um sich hat. Und Abscheu, den man anfänglich empfindet, kann sich zum Nervenkitzel steigern. Nicht zuletzt steht Rasputin im Ruf, über unerschöpfliche sexuelle Kraft zu verfügen. Die wohlbehüteten Frauen der Petersburger Gesellschaft jener Tage mögen ihre Begegnungen mit dem ungehemmten Naturburschen wohl als so etwas wie heimliche Emanzipation empfunden haben.

Rasputin selbst scheint besondere Erregung dann zu empfinden, wenn jemand ganz unschuldig nur seinen geistlichen Beistand sucht. Ein Zeitgenosse und früher Biograph Rasputins beschreibt, was einem jungen Mädchen widerfuhr, das aus der Provinz nach St. Petersburg gereist war, um den Heiligen aufzusuchen. »Er setzte sich ihr gegenüber, rückte ganz nahe heran, seine hellblauen Augen wechselten die Farbe und wurden tief und dunkel. Ein scharfer bohrender Blick traf sie aus seinem Augenwinkel und hielt sie in Bann. Bleierne Schwere überfiel ihre Glieder, als sein großes, faltiges, vom Verlangen verzerrtes Gesicht sich dem ihren näherte. Sie spürte seinen heißen Atem auf ihrer Wange und sah, wie seine Augen, die in der Tiefe ihrer Höhlen brannten, über ihren hilflosen Körper wanderten, bis er mit einem sinnlichen Ausdruck die Lider sinken ließ. Seine Stimme war zu einem leidenschaftlichen Flüstern geworden, und er murmelte ihr eigenartige, wollüstige Worte ins Ohr. Gerade als sie im Begriff war, sich ihrem Verführer hinzugeben, regte sich ganz leise in ihr eine Erinnerung ... sie erwachte allmählich ... sie begann zu kämpfen. Er spürte ihren zunehmenden inneren Widerstand, beugte sich über sie und drückte ihr einen leidenschaftslosen, zarten, väterlichen Kuß auf die Stirn. Sein von der Begierde verzerrtes Gesicht glättete sich wieder; sein Blick war wieder sanft und liebenswürdig, fast demütig, und nur in den Tiefen der Augen lauerte noch, fast unsichtbar, der andere Mann, das sinnliche Tier,« Es gibt nicht viele, die Rasputin so erfolgreich widerstehen wie dieses junge Mädchen.

Rasputins Erfolg liegt auch in der Kunstfertigkeit seiner Rede. Mit kräftiger Stimme zitiert er unentwegt Bibelstellen und heilige Sprüche. Das hervorstechendste Merkmal aber sind seine Augen, die faszinieren und wie hypnotisch wirken. »Am stärksten schien sich seine Persönlichkeit in den Augen auszudrücken. Sie waren hellblau, von außergewöhnlicher Helligkeit, Tiefe und Anziehungskraft. Sein Blick war zugleich durchdringend und zärtlich, naiv und verschlagen, abwesend und hellwach. Wenn er in ein ernstes Gespräch vertieft war, schienen seine Pupillen magnetisch zu wirken«, schreibt Maurice Paléologue, zu dieser Zeit französischer Botschafter in Rußland.

Am 1. November 1905, einem Dienstag, kommt es zu einer schicksalhaften Begegnung: »Ein kalter stürmischer Tag«, schreibt Nikolaj in sein Tagebuch. »Vom Ufer her ist der Kanal zu einer ebenen Eisfläche gefroren. War den ganzen Morgen sehr beschäftigt. . . . Tranken Tee mit Milizia und Stana. Wir lernten einen Mann Gottes kennen – Grigorij aus dem Gouvernement Tobolsk.« Rasputins Zeit ist gekommen.

Nikolaj II. hat moralischen Zuspruch dringend nötig, er ist kein glücklicher Zar. Schon bei seinem Regierungsantritt hat er Hoffnungen, mit dem jungen Monarchen kehre eine neue, liberalere Zeit in Rußland ein, enttäuscht. Verhängnisvollerweise setzt Nikolaj statt auf Reformen auf die Reaktion und läßt von Anfang an keinen Zweifel daran, daß er weiterhin absolut regieren will, ohne Beteiligung von wem auch immer. In den aufgeklärteren Gesellschaften im Westen gilt er als Tyrann, zahlreiche Höflinge seiner engeren Umgebung jedoch sehen in ihm einen Schwächling und Pantoffelhelden. Der Krieg mit Japan, im Februar 1904 begonnen, endet eineinhalb Jahre später für Rußland in einem glimpflichen Frieden, aber mit einer Niederlage. Die Opposition im Inneren wächst, denn die Not des Volkes wird immer drückender. In den Städten, in die die hungernde Landbevölkerung strömt, werden die Lebensmittel besonders knapp. Es kommt schließlich zu Unruhen, Streiks und zu einem Eklat, der als »Blutsonntag« in die Geschichte eingeht. Am 22. Januar 1905 ziehen 150 000 Demonstranten in Richtung Winterpalais, um dem Zaren eine Bittschrift zu übergeben. Der Herrscher ist nicht in der Hauptstadt, sondern auf Drängen seiner Berater aus Sicherheitsgründen nach Zarskoje Selo gereist. Dennoch sehen die Gardetruppen in dem Protestmarsch eine Bedrohung, zumindest eine unerträgliche Provokation, und schießen auf die unbewaffneten Demonstranten. Mehrere hundert Tote werden an diesem Sonntag gezählt. Aber die bürgerliche Revolution ist nicht mehr zu verhindern. Auf dem Panzerkreuzer Potemkin meutern die Soldaten, in den Fabriken bilden sich Arbeiterräte, Sowjets, es kommt zum Generalstreik. Der Zar ist zum Nachgeben gezwungen, verspricht eine Verfassung, die Grundrechte und ein Parlament, die Duma, was einer Beschränkung der eigenen Macht gleichkommt und die Thronfolge des kleinen Alexej gefährdet.

Aus diesen schweren Tagen geht die Zarin als die Stärkere hervor, die fortan nicht nur um das Leben, sondern auch um die Macht ihres Sohnes kämpft. Von nun an greift sie als Ratgeberin ihres Mannes immer häufiger in die politischen Geschäfte ein. Nikolaj versteht die stets wieder aufflackernden Unruhen im Volk nicht recht, glaubt er doch, alles für seine Untertanen getan zu haben. Enttäuscht und verbittert flüchtet auch er jetzt so oft wie möglich in die Idylle seiner ländlichen Residenzen. Dort ist alles kleiner und familiärer als in den repräsentativen Stadtpalästen. Nikolaj, der nicht nur ein eifriger Tagebuchschreiber ist, sondern auch ein begeisterter Hobbyfotograf und -filmer, hinterläßt der Nachwelt Privataufnahmen, die nach der bolschewistischen Revolution jahrzehntelang unter Verschluß gehalten werden. Der russische Geheimdienst wollte diese Fotos und Schmalfilmstreifen, die sicher Gefühle und Sympathien geweckt hätten, nicht der Öffentlichkeit präsentieren. Erst der Zusammenbruch der Sowjetunion hat auch diesen Schatz an die Öffentlichkeit gebracht. Er zeigt das Bild einer glücklichen Familie mit fünf anmutigen Kindern und treusorgenden Eltern. Die Idylle wird allerdings von schwerem Kummer überschattet – der Angst um den Thronfolger.

110   22. Januar 1905. Eine friedliche Demonstration in St. Petersburg endet mit vielen hundert Toten. Soldaten schießen und richten einen »Blutsonntag« an.

RASPUTIN AM ZARENHOF

Im Sommer 1907 herrscht große Aufregung im Alexanderpalais. Der kleine Alexej stürzt beim Spielen im Park und droht zu verbluten. Nichts will helfen, die Ärzte sind machtlos. In ihrer Verzweiflung läßt die Zarin Rasputin rufen. Grigorij aus Sibirien könne Wunder tun, hat man ihr zugeflüstert. Rasputin kommt.

Mit dem Zug reist er nach Zarskoje Selo, eilt im Alexanderpalais in das Kinderzimmer des Zarewitsch, wo man ihn mit dem Kranken allein läßt. Er nimmt Alexej in seine Arme, betet und sagt: »Mein Sohn, schlag die Augen auf und lächle. Du leidest nicht mehr und bist jetzt glücklich.« Alexej schaut ihm in die Augen, wird ruhig und träumt, irgendwie erlöst. Kurze Zeit später hören die Blutungen auf.

Was damals wirklich geschah, darüber läßt sich heute nur spekulieren. Was war Rasputin tatsächlich – Wunderheiler oder schlicht Quacksalber? Kann er wirklich dem Zarensohn geholfen haben? Kritik wurde erst später laut, als Rasputin schon längst tot war. Da hieß es, er sei immer erst dann erschienen, wenn die Attacke des Thronfolgers bereits ihren Höhepunkt überschritten, die Blutung von selbst zum Stillstand gekommen sei. Das setzt voraus, daß Rasputin einen Vertrauten oder eine Vertraute in der näheren Umgebung des Zaren gehabt hätte, der oder die medizinisch vorgebildet war, um einschätzen zu können, wann eine Attacke ihren Höhepunkt überschritten hatte. Ein eher dürftiger Erklärungsversuch. Was aber vermochte der Mann aus Sibirien zu leisten? Rasputin verfügte über ein großes Wissen um die Wirkung von Heilkräutern. Außerdem war er fähig, Menschen zu hypnotisieren. Moderne Untersuchungen haben ergeben, daß sich Arterien unter Hypnose verengen können, was zu einer Verminderung der Blutung führt. Außerdem weiß man heute, daß positive Emotionen den Wundfluß hemmen. Rasputin hat es bestimmt verstanden, den kleinen Zarensohn suggestiv in eine gute Stimmung zu versetzen, Krämpfe und Ängste zu lösen.

Was auch immer damals geschieht: Die Zarin ist beeindruckt. Sie glaubt, ihren Erlöser gefunden zu haben, und gibt sich in seine Hand. Ihre ständige Angst um den Sohn und ihre Schuldgefühle, die Krankheit in die Familie geschleppt zu haben, verbindet sie fortan mit der Hoffnung auf eine wundersame Heilung, die sie aus der nun beginnenden Freundschaft mit dem Starez bezieht. Ihre mystische Religiosität steigert sich ins Extreme, bekommt nahezu pathologische Züge. Den höfischen Günstlingen und Ministern ist die sonderbare Freundschaft indes suspekt, sie wittern Konkurrenz. So wird das Gerücht in Umlauf gesetzt, ein ungehobelter Bauer aus Sibirien sei die graue Eminenz hinter der unglückseligen Monarchin. Sicher ist diese Einschätzung zu einem solch frühen Zeitpunkt übertrieben. Aber tatsächlich braucht die Zarin einen Freund. Sie fühlt sich in ihrer neuen russischen Heimat oft allein. Hier, wo man ihr nach wie vor mit größten Vorbehalten begegnet, hat sie nur ihre Familie, und so kann sich Rasputin mit Zuspruch verdient machen, den Alexandra so dringend braucht.

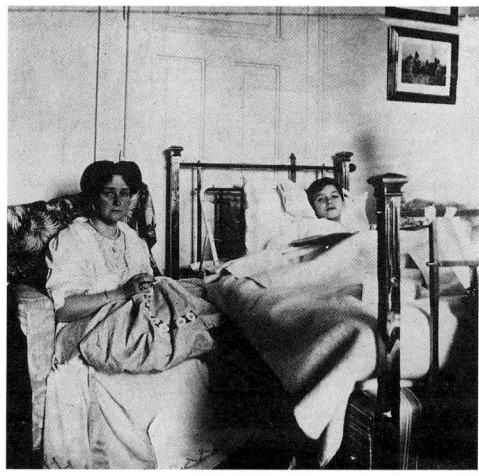

111 *Die Zarin am Krankenbett des Sohnes, nach einer der zahlreichen Bluterattacken.*

Aber auch der Zar beginnt, an Rasputins Aufwartungen Gefallen zu finden und an seine Wunderkräfte zu glauben. Nikolaj ist seit langem für Aberglauben anfällig, vor allem aber, seitdem ihm auf einer Ostasienreise kurz vor der Thronbesteigung ein buddhistischer Mönch geweissagt hat, er werde direkt vom Totenbett seines Vaters zum Traualtar schreiten. Dieser Mönch hat bekanntlich recht behalten.

Immer häufiger kommt Rasputin nun zu Besuch, meist kurz vor dem Abendessen. In den offiziellen Büchern findet sich allerdings kein Eintrag über diese Besuche. Rasputin wird stets diskret in die Privatgemächer eingeschmuggelt. Oder man trifft sich im kleinen Häuschen von Anja Wyrubowa, der engsten Vertrauten Alexandras am Hofe, nur ein paar Schritte von den beiden Zarenresidenzen in Zarskoje Selo entfernt. Diese unscheinbare, einfache Frau ist alles andere als der Typ, den man sich als Freundin einer Herrscherin vorstellt. Und doch besitzt sie Alexandras uneingeschränktes Vertrauen. Die Tochter eines Beamten der Hofkanzlei ist selbst nur kurz verheiratet. Ihr Mann, der Schiffsleutnant Wyrubow, verfällt dem Säuferwahnsinn. Die Ehe wird nach nur einem Monat und ohne daß sie vollzogen wird wieder geschieden. Anja Wyrubowa ist eine glühende Verehrerin und leidenschaftliche

Fürsprecherin Rasputins. Als verkommenes Weibsbild gilt sie in höfischen Kreisen, die eifersüchtig ihren Einfluß beargwöhnen und ihr auch ein Verhältnis mit dem Starez unterstellen. Eine Untersuchungskommission attestiert ihr allerdings Jahre später, daß sie noch immer Jungfrau ist.

Nikolaj und Alexandra sind dankbar für die Gespräche mit Rasputin, den sie als »Stimme der Erde« betrachten und der ihnen von Dingen aus dem wirklichen Leben in ihrem Reich erzählt, von denen das Monarchenpaar keine Ahnung hat. »Er ist einfach ein braver, religiöser, schlicht denkender Russe«, erzählt der Zar einem seiner Offiziere. »Wenn ich in Schwierigkeiten bin oder von Zweifeln angefallen werde, unterhalte ich mich gern mit ihm, und nachher finde ich jedesmal meinen inneren Frieden wieder.«

»Väterchen« und »Mütterchen« darf der Starez das Herrscherpaar jetzt nennen. Den Zarenkindern, wird Rasputin zum treuen Freund und Spielkameraden. Er unterhält sie mit Abenteuergeschichten von seinen Reisen und mit altrussischen Märchen. Außerdem hat er beruhigenden Einfluß auf Alexej, der für seine Umgebung ein kleiner Quälgeist sein kann und seine Familie häufig tyrannisiert, ohne daß diese – wie er sehr wohl weiß – ihm wirklich böse zu sein wagt.

Auch am Zarenhof erbringt Rasputin Beweise für sein Zweites Gesicht. Eines Tages, so wird erzählt, stürzt er in das Zimmer Alexejs, reißt den Jungen an sich und wirft sich zu Boden. Im selben Augenblick fällt ein schlecht befestigter Kronleuchter genau auf die Stelle, wo Alexej eben noch saß und spielte.

Immer wichtiger wird der neue Heilige am Hofe und verdrängt damit diejenigen, die bislang in religiösen Fragen das Sagen hatten – Theophan, Rektor der theologischen Akademie, zugleich Beichtvater der Zarin und Religionslehrer ihrer Kinder, Hermogen, den Bischof von Saratow, sowie Iliodor, den redegewandten Mönchspriester von Zarizyin. Auch diese Männer zeigen sich anfänglich beeindruckt von der Art, wie Rasputin auftritt, inbrünstig redet und predigt. Später macht er sie sich zu Feinden, aus vielerlei Gründen. Als Rasputin versucht, eine Nonne zu verführen, und als das nicht funktioniert, sie zu vergewaltigen, streckt Bischof Hermogen persönlich Rasputin mit einem Schlag ins Gesicht nieder. Nie mehr, so schimpft er, wolle er diesen Muschik sehen. Doch nicht Rasputin gereicht der Vorfall zum Schaden: Der Bischof wird auf Befehl des Zaren versetzt. Ähnlich erfolglos sind Theophan und Iliodor bei Versuchen, Rasputin beim Zaren zu diskreditieren. Iliodor versucht sich zu rächen, indem er Briefe publiziert, die Rasputin ihm angeblich überlassen hat – Liebesbriefe der Zarin an den heiligen Mann: »Mein geliebter, unvergeßlicher Lehrer, Erlöser, Ratgeber. Wie langweilig ist es ohne Dich! Meine Seele ist still, und ich bin nur ruhig, wenn Du, mein Lehrer, neben mir sitzt. Ich küsse Deine Hände und lege meinen Kopf an Deine gesegnete Schulter. O wie leicht, wie leicht fühle ich mich dann ... Wirst Du bald wieder bei mir sein? Komm rasch, ich warte auf

112 Rasputin beim Tee mit der Zarenfamilie. Ein einzigartiges Dokument. Rasputin lehnte es strikt ab, sich mit der Zarenfamilie fotografieren zu lassen.

Dich und verzehre mich nach Dir. Ich bitte um Deinen heiligen Segen und küsse Deine gesegneten Hände. Ich liebe Dich für immer und ewig. Deine M. [Mama, d. Verf.]« Endlich hat die Hofmischpoke den Beweis für die Untreue der Monarchin. Doch es wird nie geklärt, ob diese Briefe tatsächlich existieren, nur Iliodor hat sie gesehen. Und wenn es tatsächlich Originale sind, läßt der Inhalt noch immer kein Liebesverhältnis vermuten – die Zarin schreibt immer in seltsam schwülstigem Stil, auch an gute Freundinnen.

Daß Rasputin seine Karriere am Hofe sonderlich zielstrebig betreibt, kann man nicht sagen. Sie fällt ihm eher zu. Sicher, Rasputin ist eitel – und es befriedigt seinen Ehrgeiz, daß er mehr und mehr an Einfluß gewinnt. Dabei gibt es nur wenige Beweise für sein genaues Verhältnis zur Zarenfamilie. Zar und Zarin sind vorsichtig und diskret. Aber auch Rasputin hält sich mit ostentativen Bekenntnissen zu seinem Einfluß zurück. Zwei Fotos existieren, ursprünglich eingeklebt in das Album einer der Großfürstinnen, die Rasputin inmitten der Familie zeigen. Im Historischen Staatsarchiv in St. Petersburg findet sich zudem ein früher Beleg für die Gönnerschaft des Zaren. Irgendwann nämlich will Rasputin seinen Namen ändern lassen, »Rasputin Novyi« heißen, also »Rasputin der Neue«. Vielleicht will er sich abgrenzen von den anderen mit diesem Namen. Also stellt er einen Antrag, der schließlich genehmigt wird. Eigens dafür bestimmt der Zar selbst, was der Standesbeamte zu tun hat, wie dessen Notiz über den Vorgang belegt.

Von Rasputins ausschweifendem Leben darf der Zarenhof natürlich offiziell nichts wissen. Rasputin empfängt nur am Tage Ratsuchende und Kranke. Doch Nacht für Nacht zieht ihn eine schier unstillbare Gier hinaus. Er greift sich die Frauen, wie er sie braucht. Hin und wieder sind Damen der feinen Gesellschaft dabei, doch meist nimmt er sich Prostituierte mit nach Hause.

Plötzlich, im Jahre 1910, sammeln sich Rasputins Gegner: Geistliche, die ihn für einen Häretiker halten, Aristokraten und konservative Abgeordnete, die das Ansehen des Zarenhofes durch die seltsame Beziehung zu dem kuriosen Mönch gefährdet sehen. Eine öffentliche Kampagne wird eingeläutet, in Zeitungsartikeln wetteifern die Schreiber mit empörenden Geschichten über den selbsternannten Messias mit dem zweifelhaften Ruf. Die Zarenfamilie ignoriert zunächst die Petersburger Stadtgespräche über den wilden Mann. Als das nicht mehr geht, verbietet das Herrscherpaar unter Androhung einer Geldstrafe, den Namen Rasputin in der Duma oder in Zeitungen zu nennen, um ihn der öffentlichen Diskussion zu entziehen. Ohne Erfolg. Einerseits zahlen die Verantwortlichen gerne, wenn sie nur weiter die pikanten Geschichten drucken können, und zum anderen kann man einfach von »dunklen Mächten« sprechen oder schreiben, wobei jedermann in St. Petersburg weiß, wer gemeint ist. Als auch Innenminister Stolypin den Zaren vor der Freundschaft mit dem Starez warnt, gibt Nikolaj ihm, so wird überliefert, zur Antwort: »Besser zehn Rasputins als ein hysterischer Anfall der Zarin.«

Dann läuft das Faß über. In einer schwer erkämpften Audienz erzählt der Duma-Präsident dem Monarchen Details aus Rasputins unmoralischem Lebenswandel und zitiert aus dem bereits bekannten Brief der Zarin. Auch wenn Alexandras schwärmerische Ausdrucksweise Nikolaj allzu gut bekannt ist und zumindest keinen Grund zur Eifersucht gibt, so können solche Briefe doch, öffentlich bekannt wie sie jetzt sind, durchaus einen Skandal provozieren. Der Zar geht auf Distanz – für Rasputin heißt es: ab nach Sibirien, zurück in die Heimat.

IM ZENIT DER MACHT

Rasputin ist in Pokrowskoje inzwischen ein angesehener Mann. Er baut sich ein neues, zweistöckiges Haus, steht jedem mit Rat zur Seite und hilft den Nachbarn, wo er kann. Eine alte, gebückte Frau, Anfisa Motorina, die erst vor kurzem starb, war die letzte in Pokrowskoje, die Rasputin noch persönlich gekannt hat. Mit Freuden erinnerte sie sich in einem Gespräch 1993 daran, was für ein guter Mensch er war. Ihre Eltern waren sehr arm, hatten nur das Nötigste zum Überleben, da gab ihr Rasputin Geld für ein neues Paar Schuhe.

Auf der Suche nach den Wurzeln Rasputins brachte uns eine Maschine der sibirischen Fluggesellschaft zunächst nach Jekaterinburg, das die Kommunisten zwischenzeitlich in Swerdlowsk umbenannt hatten. Von da aus ging es weiter mit der Transsibirischen Eisenbahn bis nach Tjumen. Es war eine Nebenstrecke, fünfundzwanzigmal sollten wir laut Fahrplan halten, tatsächlich zählten wir 59 Stops auf unserer siebenstündigen Fahrt, die wir gemeinsam mit vielen sonntäglichen Datscha-Ausflüglern auf harten Holzbänken überstanden. Die 20 Kisten mit unserer Filmausrüstung erregten allgemeine Aufmerksamkeit und nahmen in dem restlos überfüllten Zug außerdem viel Platz weg. Eine zusteigende Frau sah die Kisten und stöhnte unter dem Gelächter der anderen Reisenden, die inzwischen wußten, woher wir kamen: »Ach nein, schon wieder Aussiedler!«

Am nächsten Morgen ging es von Tjumen aus weiter mit einem Lieferwagen nach Pokrowskoje. Der Wandel der Zeit scheint um die Gegend einen weiten Bogen gemacht zu haben. Noch heute leben die Menschen in Pokrowskoje am Rande des Existenzminimums, seit Generationen geübt in Leiden und Geduld. Beispielhaft ist das an Viktor Fjodorowitsch zu beobachten. Er nennt sich stellvertretender Kulturbeauftragter des Ortes, aber was er an Kultur vermitteln kann, wurde uns nur schwer klar. Viktor schien es eigentlich geschafft zu haben im Leben. Er kam in den siebziger Jahren raus aus seinem Dorf, konnte im nahe gelegenen Tobolsk Literatur- und Theaterwissenschaften studieren. Dann aber wurde er von den Sowjetbehörden auserkoren, als Lehrer zurück in sein Heimatdorf zu gehen. Damit war Viktors Schicksal besiegelt. Denn hier lebt er nun, zusammen mit seiner uralten Mutter und einer Tante in einem Holzhaus mit zwei Zimmern. Er verkauft an die Vorbeireisenden auf der Hauptstraße Kartoffeln, und ab und zu verdient er ein paar Rubel dazu: Immer dann, wenn Fremde sein Dorf besuchen, tritt Viktor Fjodorowitsch als Rasputin-Epigone auf. Er glaubt, dem prominenten Starez ähnlich zu sehen und ebenso heilen zu können. Er wirft sich in Pluderhose, Stiefel und Hemd und wandert im Dorf umher. Unterstützt wird Viktor von einem Privatmann aus Tjumen, der im ehemaligen Haus von Rasputins Onkel dem berühmten Sohn des Dorfes zu Ehren ein kleines Museum

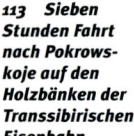

113 Sieben Stunden Fahrt nach Pokrowskoje auf den Holzbänken der Transsibirischen Eisenbahn.

eröffnet hat. »Die Meinung über Rasputin lautet hier im allgemeinen so, daß er ein guter Mensch war und den armen Leuten geholfen hat. Sie haben sich in Pokrowskoje ein gutes Andenken an ihn bewahrt«, erklärt uns Vladimir L. Smirnov voller Stolz. »Wenn Filme gezeigt werden, die ihn tendenziell negativ darstellen, dann stehen die Leute auf und gehen hinaus. Wir möchten unser Möglichstes tun, um dieses Bild von Rasputin, das vom schmutzigen, lasterhaften Menschen, zu zerschmettern.« Dafür hat Vladimir Smirnov alles gesammelt, was er an Fotos, Dokumenten und Gegenständen zusammentragen konnte. Seine Frau Marina, an der, vollbusig und wasserstoffblond, Rasputin seine Freude gehabt hätte, fungiert als Assistentin und stellvertretende Museumsdirektorin. Immer wenn Fremde nach Pokrowskoje kommen und nach Rasputin fragen, schließt Marina das Museum auf und führt mit Zeigestock und erklärenden Worten durch die Räume mit den Exponaten. Dann gibt es einen Wodka, Marke »Rasputin«, importiert aus Flensburg. Den Höhepunkt des Museumslebens bekommen wir auf Video vorgeführt: Die Popgruppe Boney M., deren großer Hit »Ra-, Ra-, Rasputin« hieß, hat das Museum auch schon einmal besucht.

Im Herbst 1912, während Rasputin in Pokrowskoje festsitzt, weilen die Romanows zur Erholung auf ihrem Jagdsitz im polnischen Spala, das damals als Teil »Kongreßpolens« zu Rußland gehört. Bei einem Ruderausflug fällt Alexej auf eine scharfe Bootskante, die sich in seinen Oberschenkel gräbt. Er trägt Prellungen davon, hat große Schmerzen, aber ansonsten ist der kleine Unfall bald vergessen. Zwei Wochen später fahren Zarin Alexandra, Anja Wyrubowa und Alexej in einer Kutsche aus. Es geht über unebene Wege, und plötzlich beginnt der kleine Zarewitsch bei jeder heftigeren Bewegung vor Schmerz aufzuschreien. Bei der Rückkehr nach Hause ist der Kleine bewußtlos. Eine erste Untersuchung ergibt, daß Alexej im Oberschenkel und in der Leistengegend innere Blutungen davongetragen hat. Aus St. Petersburg werden Ärzte herbeigerufen, doch die sind ratlos. Das Blut dringt tiefer ins Gewebe ein, bildet dicke Geschwulste an Bein und Unterleib. Durch alle Räume des Hauses hallen Alexejs Schmerzensschreie, der mit hohem Fieber darnieder liegt. Zur Linderung der Pein wird er in Moorschlamm gepackt, aber auch das hilft nicht. Die Lage scheint aussichtslos. Die Zarin weicht keine Sekunde von der Seite

114 Das Haus Gorochowaja 64 in St. Petersburg. Hier lebte Rasputin ab 1912.

ihres Sohnes. Zum ersten Mal erfährt auch die Öffentlichkeit von der Krankheit des Thronfolgers, deren wirkliches Ausmaß aber verschwiegen wird. Schon elf Tage dauert das Martyrium, dann läßt die Zarin in ihrer Not Anna Wyrubowa an Rasputin telegrafieren. Der kann zwar nicht so schnell aus Sibirien kommen, aber eilt in Pokrowskoje zur Post und schickt ein Telegramm an die Zarin zurück: »Gott hat deine Tränen gesehen und deinen Gebeten Gehör geschenkt. Sei nicht traurig. Dein Sohn wird leben. Die Ärzte sollen ihn nicht weiter quälen.« Kaum hat Alexandra ihrem Sohn das Telegramm gezeigt, schläft dieser ein. Das hohe Fieber fällt, Alexej kommt wieder zu Kräften.

Die mysteriöse Genesung erregt in der Zarin eine Gläubigkeit und blindes Vertrauen in Rasputin wie nie zuvor. Vielleicht hat dessen Telegramm einfach die angespannte und hysterische Atmosphäre, die Alexej unterbewußt in permanenter Aufregung gehalten hat, beruhigt. Zudem verordnete es den Ärzten eine Zwangspause in ihren ohnehin fruchtlosen, aber anstrengenden Therapieversuchen. Was auch immer es war, für die Zarin gibt es keinen Zweifel: Rasputin hat das Wunder vollbracht. Das Leben ihre Sohnes liegt vollends in seinen Händen.

Die Sorgen um ihren Sohn lassen die Zarin rapide altern. Nicht einmal dreißig Jahre alt, wird ihr Haar grau, und ihr Gesicht trägt fortan greise Züge. Sie kränkelt mehr denn je, leidet zunehmend unter

115 Rasputin inmitten einer Damengesellschaft beim Tee.

Ischias, muß die meiste Zeit in einem Rollstuhl gefahren werden, da sie sich zu schwach zum Gehen fühlt. Noch hermetischer kapselt sich die Familie ab. Nur einer hat einen Passierschein – Rasputin. Er muß, so will es die Zarin, in ihrer Nähe und ab jetzt immer verfügbar sein. Rasputin kehrt wieder nach St. Petersburg zurück. In einem fünfgeschossigen Haus in der Gorochowaja 64 mietet er sich ein, in einer Wohnung im dritten Stock mit Telefonanschluß – damals ein enormes Privileg –, Rufnummer 6 46 46. Er soll erreichbar sein, zu jeder Tages- und Nachtzeit. Mit großer Regelmäßigkeit fragt die Zarin morgens um 10.00 Uhr fernmündlich nach dem Befinden ihres Meisters. Immer häufiger klingelt nun das Telefon in der Gorochowaja, und die Zarenresidenz meldet, Alexej wolle nicht schlafen, Alexej habe Ohrenschmerzen, Alexej sei wieder einmal quengelig. Ein kurzes Telefonat mit Rasputin, und Alexej ist beruhigt.

Rasputins Haushalt führen die Töchter Warija und Maria, die jahrelang bei ihm leben, und im Winter kommt auch seine Frau Paraskjewa manchmal zu Besuch. Darüber hinaus beschäftigt Rasputin eine ihm treuergebene Magd, die er in jungen Jahren in Tobolsk kennengelernt und an sich gebunden hat.

In Rasputins Wohnung geben sich seine Anhänger die Klinke in die Hand. Bis zu 500 Bittsteller und Besucher werden an manchen Tagen gezählt. Einige wollen nur plaudern, andere haben ein kleines Leiden, für das sie Heilung erhoffen, wieder andere brauchen ihn als Fürspre-

cher. Nie verlangt er Geld – und erhält
es dennoch in Hülle und Fülle. Viel
davon verteilt er an Bedürftige. Das
fördert seinen Ruf als Wohltäter. Den
ganzen Tag über sitzen mehrere Damen in seinem Vorzimmer. Er trinkt
mit ihnen Kaffee, plaudert, scherzt,
grapscht, wenn es ihm paßt, nach
einem Bein oder Busen, dann nimmt
er sich ungeniert eine und zieht sich
mit ihr ins Schlafzimmer zurück. Die

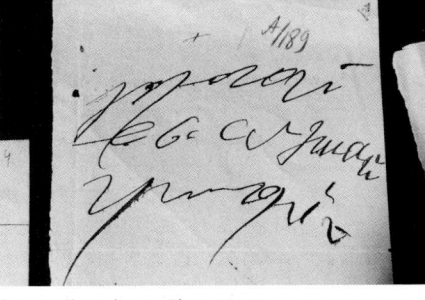

meisten fühlen sich glücklich und geehrt. Selbst deren Ehemänner
wagen in der Regel nichts einzuwenden, erst später, als Rasputin in
Ungnade fällt und sein Stern zu sinken droht.

116 Eines der wenigen schriftlichen Dokumente Rasputins. Ein Empfehlungsschreiben für einen Bittsteller: »Sprich mit ihm und hör ihn an.«

    Schreiben und lesen kann er trotz der Bemühungen seiner schönen
Lehrerin Olga Lochtina noch immer nur mühsam. Deshalb sind nicht
viele Schriftstücke von ihm überliefert. Im Historischen Staatsarchiv in
St. Petersburg zeigt uns der Kustos David Raskin eine kleine Mappe,
die Originalschriften Rasputins enthält. Dr. Raskin ist einer der wenigen, die die bizarre Handschrift überhaupt noch entziffern können.
Simple Sinnsprüche gibt es da – »In der Kraft liegt die Wahrheit« – oder
Empfehlungsschreiben für Bittsteller bei höhergestellten Persönlichkeiten – »Sprich mit ihm.« Außerdem ist ein Tagebuch Rasputins erhalten, das erst vor kurzem der Öffentlichkeit präsentiert wurde. Ein
gerade einmal 20 Seiten starkes Schulheft, das jahrelang in einem
Archivkarton vor sich hin gilbte. Aber niemanden sollte es auch interessieren. Über Rasputin wie über die ganze Zarenfamilie durfte in den
Jahren des Sowjetkommunismus nicht geforscht werden. Das Heft
beinhaltet flüchtig hingekritzelte Sätze aus den Jahren 1911 bis 1914,
zumeist ungelenke Lobpreisungen an die Schlichtheit und das Natürliche im Menschen. »Jeder einfache Mensch ist weiser als Salomon,
man kann ihn sehr einfach an seinen Taten schätzen.« Viele Recht-
schreibfehler, kein Punkt oder Komma – Rasputins Stärke liegt nicht im
Schreiben. Richtige Schriftsteller haben in ihm keine literarische Konkurrenz gefunden, aber daß er etwas hat, können auch sie nicht
bestreiten. »Rasputin, der stundenlang konnte, ohne daß es ihm kam.
Daher die überfüllten Vorzimmer bei ihm mit Hofdamen und Großfürstinnen«, schreibt der Dichter Gottfried Benn.

119 Fürst Jussupow, in seinem Haus und mit seiner Hilfe wurde Rasputin am 16. Dezember 1916 ermordet.

Rasputin kleidet sich in seinen späten Petersburger Jahren teuer und vornehm, mit schwarzen Samthosen und hellen Seidenhemden. Im auffälligen Kontrast dazu stehen sein noch immer mangelhaft gepflegter Körper, lange schmierige Haare, ein verfilzter Bart, die groben Manieren vor allem. Der persönliche Sekretär, den Rasputin vorübergehend beschäftigt, hat seinen Eindruck zu Papier gebracht. »Auf der Stirn hatte Rasputin eine Beule, die er sorgsam mit seinem langen Haar verdeckte. Bei Tisch benahm er sich unkultiviert. Er benutzte nur selten Messer und Gabel und nahm das Essen mit seinen knochigen, dürren Fingern von den Tellern. Große Stücke riß er wie ein Raubtier auseinander. Nur wenige konnten ihm dabei ohne Ekel zusehen ... Im übrigen war er ziemlich reinlich und badete oft.« Baden? Rasputin sucht in den Badehäusern von St. Petersburg vor allem sexuelles Vergnügen. »Unsere Seele gehört Gott, aber unser Körper gehört uns«, predigt der fromme Lebemann.

Ein anderer Lebemann in St. Petersburg, Fürst Felix Jussupow, zweifellos mondäner als Rasputin, sucht unter dem Vorwand, erkrankt zu sein, Rasputin eines Tages mit dem festen Vorsatz auf, ihn endgültig als Kurpfuscher bloßzustellen. Jussupow ist ein Gesellschaftslöwe und beiden Geschlechtern gleichermaßen zugetan. Als Sohn einer der reichsten Familien des Landes und verheiratet mit einer äußerst attraktiven Nichte des Zaren, ist sein Leben ein einziges Fest. In seinen Erinnerungen, in denen er später seine Aufwartung bei Rasputin beschreibt, gesteht sich der Fürst ebenso überraschende wie unverhohlene Bewunderung ein. »Der ›Wundermönch‹ legte mich auf das Sofa nieder und blieb eine Weile neben mir stehen. Dann begann er mir durchdringend in die Augen zu schauen und mich am ganzen Körper, an Kopf, Hals und Brust zu streicheln ... Die Macht der Rasputinschen Hypnose war eine ungeheure. Ich fühlte, wie mein Wesen ganz von ihr ergriffen wurde und wie sie meinen ganzen Körper in ein wohliges Gefühl der Wärme einhüllte. Zugleich aber fühlte ich auch meine Glieder gänzlich erstarren, und mein Körper schien langsam abzusterben. Ich versuchte zu sprechen, aber meine Zunge wollte mir nicht gehorchen. Allmählich versank ich in einen schweren Schlaf. Nur noch die Augen Rasputins blieben mir sichtbar. Sie strahlten ein merkwürdig phosphoreszierendes Licht aus, das sich immer mehr ausbreitete und sich schließlich zu einem großen brennenden Kreis zusammenschloß ... Ich fühlte deutlich, wie ich immer mehr der Macht dieses rätselhaften und schrecklichen Menschen verfiel.«

UNGLÜCK ÜBER RUSSLAND

Ungeachtet seines ausschweifenden Lebens, das dem Zaren nicht verborgen geblieben sein kann, wächst Rasputins Einfluß am Hof. Häufig legt er dem Monarchen Personen ans Herz, wenn es um die Besetzung von Beamten- und Ministerposten geht. In den meisten Fällen bespricht er dies zuvor sorgsam mit den Anwärtern selbst und mit den Leuten, von denen sie protegiert werden. Zur wichtigsten Lobby wird die Wohnung des Fürsten Andronnikow, der seine Räume gern für die geheimnisvollen Konferenzen des Wundermönches zur Verfügung stellt. Meist erhält der Zar dann kurze Zeit später von seiner Gemahlin eine Liste mit »von unserem Freund akzeptierten Kandidaten«. Umgekehrt verlieren diejenigen, die Vorwürfe gegenüber Rasputin erheben, schon bald ihren Posten. Dafür sorgt die Zarin persönlich. Seit sie den Starez kennt, beurteilt sie die Menschen nach deren Verhältnis zu ihm – gute Menschen sind die, die Rasputin schätzen wie sie, schlechte Menschen diejenigen, die üblen Leumund über ihn verbreiten.

Trotz seiner immer noch inoffiziellen Stellung am Zarenhof steht Rasputin schon bald im Visier der Geheimpolizei, die ihn in ihren Akten unter der Codenummer 4146 führt. Die Überwachung hat Innenminister Pjotr Arkadjewitsch Stolypin angeordnet, ein vehementer Feind des sibirischen Bauern. »Bewachung zum eigenen Schutz« lautet die offizielle Begründung, da der Observierte ein naher Freund der Zarenfamilie ist. Tatsächlich gerät Rasputin, ohne daß er etwas dagegen tun kann, immer mehr in die Machtkämpfe unter den Günstlingen und politischen Drahtziehern am Hofe, die in ihm einen unkontrollierbaren Rivalen wittern. Spitzel folgen dem Laienprediger auf seinen nächtlichen Streifzügen, beobachten sein Haus rund um die Uhr. Der tägliche Rapport bietet empörendes Einerlei: »14. Oktober: Rasputin ist um ein Uhr nachts betrunken nach Hause gekommen, hat die Portiersfrau beschimpft ...; 6. November: Während er zu seiner Wohnung hinaufsteigt, erkundigt er sich, ob Besuche auf ihn warteten. Als man ihm antwortete, es seien zwei Damen da, fragte er: Sind sie hübsch?; 14. November: Rasputin ist in berauschtem Zustande mit Tatjana Schachowskaja nach Hause gekommen; 8. Januar: Rasputin ist gegen drei Uhr morgens in Begleitung dreier Damen zurückgekommen. Die Damen blieben noch zwei Stunden...; 18. Januar: Rasputin ist um halb acht Uhr morgens zurückgekehrt, er war total betrunken und sang Lieder.« Die Denunziantenberichte aus dem Treppenhaus wandern als prickelnde Nachtlektüre unter der Hand von Ministern zu Großfürsten, von Prinzessinnen zu Hofdamen.

Mindestens einmal im Jahr kehrt Rasputin nach Pokrowskoje zurück. Auch hier wird jeder Schritt und Tritt beobachtet. Und doch kann das Unfaßbare geschehen. Schon häufig hatten Widersacher versucht, ihn beiseite zu schaffen. Ausgerechnet hier in Pokrowskoje gelingt es um ein Haar. Eine junge Frau, China Gusjewa, von Rasputin wie so viele andere eine Zeitlang benutzt und dann verschmäht, hat sich einer Gruppe von Frauen angeschlossen, deren erklärtes Ziel es ist, den erfolgreichen Erotomanen zu kastrieren. Der Predigermönch Iliodor unterstützt diese Frauen. Am 27. Juni 1914 schleicht sich China Gusjewa auf der Dorfstraße an Rasputin heran und stößt ihm ein Messer in den Unterleib – so tief, daß die Gedärme aus der Wunde heraushängen. Zwei Wochen lang ringt Rasputin mit dem Tod. Die Zarin ist außer sich und schickt ihm täglich Telegramme. Doch wie immer hat der heilige Dämon Glück: »Hab keine Sorgen«, telegrafiert er an die Zarin zurück, »ich bin schon wieder gesund.«

Während Rasputin darniederliegt, bricht der Erste Weltkrieg aus. Einen Monat später, im August 1914, erklärt Deutschland Rußland den Krieg. »Wenn dieses Weibsbild nur nicht mit dem Messer auf mich losgegangen wäre, dann hätte es überhaupt keinen Krieg gegeben«, äußert Rasputin später. An Selbstüberschätzung hat es ihm nie gefehlt. Als überzeugter Pazifist im christlichen Sinne ist Rasputin von Anfang an gegen diesen Krieg. Schon zuvor hatte er in immer eindringlicher werdenden Noten von Pokrowskoje aus den Zaren von der Unsinnigkeit des verlustreichen Waffenganges zu überzeugen versucht. »Väterchen soll nicht zum Krieg rüsten, denn mit dem Krieg wird das Ende Rußlands und von euch allen kommen, und ihr werdet eine völlige Niederlage erleiden.« Doch Botschaften wie diese zerreißt der Zar. »Lieber Freund«, versucht es Rasputin aufs Neue, »ich werde es wieder sagen, daß eine riesige Wolke voller Leiden und Trauer über Rußland schwebt; sie ist dunkel, und kein Licht ist dahinter zu sehen. Ein Meer von unermeßlichen Tränen und ebensoviel Blut wird fließen. Es gibt keine Worte für den unbeschreiblichen Schrecken ... Schrecklich ist der Untergang, und der Kummer wird kein Ende nehmen. Grigorij.«

Nach verheerenden Verlusten im Kriegsjahr 1915 übernimmt der Monarch selbst den Oberbefehl über seine Armee. Nun muß er an die Front, den kleinen Sohn im Schlepptau, viele hundert Kilometer entfernt von der Hauptstadt. Frau und Töchter bleiben derweil in Zarskoje Selo, die Zarin führt die Staatsgeschäfte. In einer telegrafischen Standleitung zwischen Heereshauptquartier und Residenz werden die politischen Geschäfte besprochen. Nun versucht Rasputin, über die Zarin auf den Regenten an der Front einzuwirken. Selbst vor militärischen Vorschlägen, die ihm, so sagt er der Monarchin, nachts im Traum als Idee geboren wurden, schreckt er nicht zurück. Ungezählte Telegramme schickt er Nikolaj direkt ins Hauptquartier, gemeint als Ratschlag oder einfache Aufmunterung: »Herrn Kaiser im Stab. Der Herr sprach, Sonne wird verblassen, Mond gibt kein Licht, aber die orthodoxe Kirche niemals; wir sind in ihr, wie der Gott hilft. Es ist seine Tat, das Wort Gottes. Erde und Himmel vergehen, das Wort Gottes niemals. Siegt.«

Auch öffentlich hält Rasputin sich mit seiner Meinung über den Krieg nicht zurück. Das deutsche Volk wolle den Krieg genausowenig wie das russische, zitiert man ihn. Rußland müsse einen Sonderfrieden mit Deutschland schließen. Auf diese Weise erhält das alte Gerücht neue Nahrung, Rasputin sei deutscher Spion. Doch kann man das glauben? Trinkt Rasputin dafür nicht viel zuviel und viel zu häufig und gibt in Gesellschaft alles, was er weiß und denkt, lauthals preis? Ein Agent müßte nur in seiner Nähe sitzen, um Rasputins Meinung zu hören. Eines aber läßt sich nicht leugnen. Durch seine Ratschläge, die die Zarin sogleich ihrem Mann an die Front weiter reicht, spielt er den Deutschen unbewußt in die Hände.

Je verlustreicher der Krieg für Rußland wird und je mehr sich die innenpolitische Lage zuspitzt, desto größer wird die Schar von Rasputins Gegnern. Rasputin, der Zar über dem Zaren, heißt es wütend in einer Karikatur. Alte Verdächtigungen über eine angeblich sexuelle Beziehung zwischen Monarchin und dem die Moral und Wehrkraft des russischen Volkes zersetzenden Lustmönch werden aufgewärmt. Jetzt

118 *Der Sit-
zungssaal der
Duma, des
russische Parla-
ments, im Tau-
rischen Palast in
St. Petersburg.
Hier wurde am
2. Dezember 1916
über Rasputins
Zukunft disku-
tiert.*

wird sogar die böse Frage lanciert, was dieser Unhold mit den schönen
Zarentöchtern treibe.

Ein paar Jahre zuvor, in Friedenszeiten, konnte das Zarenpaar noch
seine schützenden Hände über Rasputin halten. Jetzt, im Winter 1916,
wendet sich das Schicksal gegen ihn. Rußlands Lage ist angespannt
wie selten zuvor. Der Krieg droht verlorenzugehen, Hungersnöte und
Streiks schwächen das Land zusätzlich. Lenins Vorbereitungen für die
Revolution sind fast abgeschlossen, und die Zarin ist in diesen Tagen
als gebürtige Deutsche den Beschimpfungen der Opposition als

»Vaterlandsverräterin« ausgesetzt. Doch die Wurzel allen Übels beginnt man jetzt immer mehr auf eine Person zu schieben: auf Rasputin. Selbst in der Duma wird der zwielichtige Mönch am 2. Dezember zum Tagesordnungspunkt. »Wie lange noch?« ruft der Abgeordnete Purischkjewitsch in einer zweistündigen Rede erregt ins Plenum und fordert die Minister auf: »Wenn Sie wirklich loyal sind, wenn der Ruhm Rußlands, seine Zukunft, die eng verbunden ist mit der Leuchtkraft des Namens des Zaren, Ihnen auch nur irgend etwas bedeuten, dann stehen Sie auf, meine Herren Minister. Fahren Sie ins Hauptquartier und werfen Sie sich dem Zaren zu Füßen. Haben Sie den Mut, ihm zu sagen, daß die Menge vor Zorn kocht. Es droht eine Revolution, und ein obskurer Muschik soll Rußland nicht länger regieren.«

Wenn dieser Mensch verschwindet, so kalkulieren konservative Monarchisten und Kriegsbefürworter, dann könne auch die Dynastie und damit das Zarentum gerettet werden. Auf der Zuschauerbank sitzt an diesem Tag Fürst Jussupow. Bei den Worten des Abgeordneten Purischkjewitsch wird er blaß und schweißnaß. Am nächsten Tag macht er dem konservativen Politiker seine Aufwartung und vertraut ihm an, daß auch er davon überzeugt sei, daß Rasputin vernichtet werden müsse. Der Mönch habe ihm nämlich im Suff erzählt, behauptet Jussupow auch später noch in seinen Memoiren, der Zar müsse verbannt und Alexandra als Vormund des minderjährigen Zarewitsch als Herrscherin ausgerufen werden. Dies würde selbstverständlich den endgültigen Durchbruch Rasputins selbst bedeuten.

Purischkjewitsch und Jussupow beschließen ein Komplott und finden Gleichgesinnte, die sich ihrem Plan anschließen: Stanislaw Lasowert, ein Arzt; Alexander Suchotin, Leutnant; und Großfürst Dimitrij Pawlowitsch, ein Lieblingsneffe des Zaren. Sie alle verbindet eines: der Haß auf den Sibirier, der Neid auf seine unerklärliche Karriere am Hof. Ein Termin wird gefunden, der 16. Dezember 1916. In den nun folgenden Wochen besucht Fürst Jussupow den Heilpraktiker fast täglich, um sein Vertrauen zu gewinnen. Schließlich lädt er Rasputin zu einer nächtlichen Privatfeier in sein Stadtpalais. Vielleicht, so deutet er an, könne er ihm die eigene Frau zuführen. Das nun ist eine Chance, die sich Rasputin ungern entgehen lassen möchte, gilt doch Irina als eine der schönsten Frauen in St. Petersburg. Warum ist er nicht wachsamer? Wo bleibt in dem Moment, als er es selbst am meisten braucht, seine Gabe, Dinge vorauszusehen?

Was am Abend des 16. Dezember geschieht, darüber hat Fürst Jussupow später in seinen Memoiren selbst Zeugnis abgelegt. Persönlich fährt er in der Gorochowaja 64 vor, um Rasputin abzuholen. Tief verhüllt in seinen Mantel, betritt er das Haus. Niemand soll ihn erkennen, niemand soll am nächsten Tag als Zeuge aussagen können, er habe sich mit dem Mönch getroffen. Rasputin erwartet den schönen Fürsten bereits. Auch er hat sich für diese Nacht fein gemacht, sorgfältig gekämmt und mit Seife gewaschen. Zusammen fahren sie zum Jussupow-Palais, an der Mojka gelegen, einem kleinen Nebenfluß der Newa. Es gilt bis heute als eines der schönsten und prächtigsten Palais in St. Petersburg. Die Familie Jussupow ist damals reicher als die Zarenfamilie selbst und zeigt ihren Besitz mit entsprechendem Stolz. 120 Zimmer beherbergt das Palais, 18 große Säle und ein eigenes Rokokotheater mit 200 Sitzplätzen. Als Rasputin arglos und in freudiger Erwartung durch das Eingangstor tritt, klingt ihm Musik entgegen, der »Yankee Doodle« auf einem Grammophon. Noch habe seine Frau Besuch, erklärt ihm der Fürst, man müsse unten warten, in einem kleinen Kabinett im Gewölbe. In Wahrheit ist Irina Alexandrowna gar nicht im Hause, sie weilt zur Kur auf der Krim. Durch einen kleinen achteckigen, auf allen Seiten verspiegelten Vorraum begibt sich Rasputin eine Wendeltreppe hinab. Dort hat der Hausherr alles vorbereitet: Wein, Gebäck und Madeira – Rasputins Lieblingsgetränk. Alles ist präpariert mit Zyankali, einem hochwirksamen Gift. Von oben her klingen weiterhin Musik und Schritte. Partygäste? Es sind Jussupows Mitverschwörer, die auf ihren Einsatz warten.

Rasputin greift herzhaft zu. Der Madeira schmeckt etwas streng, doch der Jahrgang scheint gut. Rasputin ist harte Sachen gewohnt. Jussupow muß verstört feststellen, daß das Gift nicht zu wirken scheint. Ist Rasputin womöglich doch ein Überirdischer? Am ganzen Körper zitternd, läuft der Fürst nach oben, um sich mit seinen feigen Mitverschwörern zu beraten. Purischkjewitsch drückt ihm einen Revolver in die Hand. Jussupow kehrt zurück – und schießt. Rasputin fällt zu Boden und bleibt liegen. Jetzt eilen die Attentäter nach unten, betrachten den Toten und verschließen den Raum. Als Jussupow später aus unerklärlichen Gründen noch einmal ins Gewölbe hinabsteigt, um einen Blick auf die Leiche zu werfen, bleibt ihm fast das Herz stehen. Rasputins Körper zuckt – erst um die Augen, dann im ganzen Gesicht. Entgeistert rast Jussupow wieder nach oben und schreit: »Er lebt!«

Der Todwunde rafft sich unterdessen auf und schleppt sich kriechend die Treppe hoch, öffnet eine Tür zum Hof und flieht. Ungläubig registrieren die Verschwörer, was geschehen ist. Purischkjewitsch ist der erste, der reagiert. Er nimmt den Revolver selbst in die Hand und läuft dem vermeintlichen Teufel hinterher. Jussupow will ihm von der Straße her den Weg abschneiden und ihn, wenn es sein muß, erschlagen. Purischkjewitsch schießt, einmal, zweimal, aber erst beim dritten Mal trifft er, dann endlich bricht Rasputin zusammen. Noch einmal richtet Purischkjewitsch die Waffe auf den Sterbenden und schießt aus unmittelbarer Nähe in den Kopf. Ein in der Nähe patrouillierender Polizist, der, aufgeschreckt von den Schüssen, zum Tatort eilt, wird von Purischkjewitsch in das Geschehen eingeweiht: »Ich habe Grischa Rasputin getötet, den Feind Rußlands und des Zaren.« Der Polizist behält die Information für sich.

Die Mörder hüllen die Leiche in einen Mantel ein, laden sie in einen Wagen und fahren durch das nächtliche Petersburg, weg vom Tatort. Unter der Petrowskij-Brücke finden sie in der zufrierenden Kleinen Newa ein Eisloch. Sie werfen die Leiche über die Brüstung und lassen sie verschwinden. Dann fahren sie zurück, erschießen einen Hund, um am nächsten Tag eine Erklärung für das Blut im Garten des Palais liefern zu können. Rasputin ist 47 Jahre alt geworden.

WENN MIR ETWAS ZUSTÖSST ...

Als Rasputin am nächsten Tag nicht zu Hause auftaucht und auch die Zarin bei ihrem täglichen Anruf in Sorge gerät, wird die Fahndungsmaschinerie in Gang gesetzt. »Du kannst dir unsere Gefühle nicht vorstellen«, kabelt die Zarin an ihren Mann im Heereshauptquartier. »Rasputin ist verschwunden ... Ich kann und will nicht glauben, daß Rasputin wirklich ermordet worden ist! Gott erbarme dich unser! Meine Stimmung ist verzweifelt, aber ich kann doch nicht glauben, daß er tot ist!«

Es dauert zwei Tage, bis Blutspuren und ein einsamer Schuh auf der Petrowskij-Brücke vermuten lassen, daß Rasputin als Leiche im Wasser zu finden sein könnte. Das Eis wird aufgehackt, und Taucher suchen den Fluß ab. Ohne Erfolg. Doch dann entdeckt man die Leiche.

Im alten Tschesma-Militärhospital wird sie auf höchste Anordnung hin obduziert. Aus dem Obduktionsbericht: »Drei Schußwunden. Die

*119 An der
Petrowskij-
Brücke wurde
Rasputins
Leiche in ein
Eisloch
geworfen.*

erste Kugel war in die linke Brustseite eingedrungen und durch Magen
und Leber gegangen. Die zweite war rechts in den Rücken eingedrungen und hat die Rippen durchgeschlagen, die dritte hat Rasputin
an der Stirn getroffen und war ins Gehirn eingedrungen. Die Gehirn-
masse strömte Alkoholgeruch aus. Im Magen eine bräunliche Flüssigkeit, die ebenfalls nach Alkohol roch. Gift konnte nicht festgestellt
werden.« Statt dessen aber Wasser und Kleinstalgen in der Lunge.
Rasputin ist ertrunken. Keine Spur von Gift, das erscheint bei der
Menge Zyankali, die die Verschwörer Rasputin zugeführt hatten, mehr
als ein Wunder. Aber das tödliche Gift zeigte bei dem Mann aus Sibirien
keine Wirkung, weil es mit dem Alkohol und dem Zucker der Törtchen
seine Wirkung verlor. Das offizielle Album mit Fotos des Tatorts,
Fundorts und des Leichnams liegt heute als Museumsstück in einer
historischen Ausstellung, die früher einmal vornehmlich der glorrei-
chen Oktoberrevolution gewidmet war.

   Die Mörder Rasputins werden schnell ausgemacht, doch es läßt
sich kaum etwas gegen sie unternehmen. Großfürst Dimitrij Pawlowitsch, der Mitverschwörer, ist ein Verwandter der Zarenfamilie und
damit vor Verfolgung geschützt. Immerhin wird er zu den Truppen an
die persische Front versetzt, Jussupow in die Verbannung nach Sibirien

ВИДЪ труп ? Распутина при наружномъ осмотрѣ.

120   **Ein Original Polizeifoto von 1916: Rasputins Leiche, nachdem sie aus dem Fluß geborgen wurde.**

geschickt. Später gelingen ihm und seiner Frau die Flucht nach Paris. Purischkjewitsch bleibt von jeglicher Verfolgung verschont.

Die Zarenfamilie ist anwesend, als Rasputins Leichnam in einem Ehrengrab im kaiserlichen Park von Zarskoje Selo beigesetzt wird.

Kurze Zeit später bricht die Revolution in Rußland aus. Der Zar muß abdanken, auch im Namen von Alexej. Er wird mit seiner Familie im eigenen Palast, im Alexanderpalais, unter Hausarrest gestellt.

Am 8. März 1917 beobachtet die Zarin aus einem Fenster des Palais, wie sich Soldaten am Grabe Rasputins zu schaffen machen. Sie graben nach dem Sarg, verfrachten ihn auf einen Lastwagen und transportieren ihn ab. Als der Wagen unter dem Fenster vorbeifährt, aus dem Alexandra Fjodorowna die Szene verfolgt, soll, so will es die Legende, der Sargdeckel aufgegangen und weggeflogen sein. So hat die Zarin noch einmal Rasputin gesehen. Aufgeregt ruft sie Kerenski, den Minister der provisorischen Regierung an, um ihm zu schildern, was da gerade geschieht. Kerenski verspricht, Hilfe zu schicken. Er verschweigt, daß er selbst befohlen hat, die Leiche zu holen.

Rasputin, das Symbol der alten Zeit, der Mann, der angeblich Unglück über das Russische Reich brachte, soll endgültig beseitigt werden. Auf dem Weg nach St. Petersburg, das bereits Petrograd heißt, hat der Wagen eine Panne. Schnell versammeln sich neugierige Passanten. Als man erkennt, wer dort im Sarg liegt, trägt man eilig Reisig zusammen und entfacht ein Feuer, in dem die Leiche verbrannt wird. Im Morgengrauen ist nur noch ein Haufen Asche im weißen Schnee zu sehen. Damit ist Rasputins Geschichte zu Ende.

Fünf Monate später erhält die Zarenfamilie den Befehl, zur Abreise zu rüsten. Man möge warme Kleidung einpacken, heißt es. Wohin die Reise geht, wird nicht mitgeteilt. Ziel ist zunächst Tobolsk, am 13. April 1918 geht es weiter nach Jekaterinburg in Sibirien. Dort wird die Familie Romanow 87 Tage lang im Jepatjew-Haus gefangengehalten. Dann, in der Nacht vom 16. auf den 17. Juli 1918 wird sie plötzlich geweckt und aufgefordert, sich anzuziehen. Die Lage in der Stadt sei zu unsicher geworden, die oberen Stockwerke seien gefährdet, es sei notwendig, daß man sich in die unteren Kellerräume zurückziehe. Ganze 40 Minuten hat die Familie Zeit. Nikolaj und sein dreizehnjähriger Sohn Alexej ziehen sich Uniformhemden an, Hose, Stiefel und eine Schirmmütze. Alexandra und ihre vier Töchter tragen einfache Kleider. Nikolaj geht als erster, den Sohn auf dem Arm, der durch die vielen Bluterattacken so geschwächt ist, daß er nicht selbst laufen kann. Es folgen die Kaiserin, dann die vier Mädchen. Den Schluß bilden der Leibarzt, Nikolajs Diener, Alexandras Zofe und der Koch. Die Zofe umklammert ein kleines Kissen, in das tief verborgen ein Kästchen mit Alexandras Juwelen eingenäht ist. Die Gefangenen werden in ein Zimmer im Souterrain geführt, das man vorher völlig ausgeräumt hatte. Auf Alexandras Bitte werden zwei Stühle gebracht, einer für die ehemalige Zarin, der andere für den kranken Zarewitsch. Alle anderen stellen sich auf Befehl der Wachen hinter ihnen auf, gerade so, als erwarte man den Fotografen für ein Gruppenbild. Der Anführer des Kommandos erklärt statt dessen lapidar, es sei beschlossen, sie zu erschießen. Er nimmt seine Pistole und zielt dem Zaren mitten ins Herz. Dann feuern auch die anderen Männer. Wer nicht sofort tot ist, dem stoßen sie Bajonette in den Leib. Die Leichen werden in einen Wald gebracht. Sie werden entkleidet, in eine Grube geworfen und zugeschüttet. Neben ihren ins Korsett eingenähten Diamanten finden die Mörder bei jeder der schönen Zarentöchter ein Amulett mit einem Foto Rasputins.

»Wenn mir etwas zustößt, wirst du deine Krone verlieren und furchtbares Unglück wird über euch kommen«, hatte der seltsame Sibirier geweissagt. Rasputin als unfreiwilliger Totengräber einer alten und Geburtshelfer einer neuen Welt? Der Teufel am Zarenhof, der eine Herrscherfamilie ins Verderben stürzte und der Geschichte Rußlands ins Rad griff? Wohl übertrieben. Als Rasputin nach St. Petersburg kam, waren Monarchie, feudale Gesellschaft und der alte Staat schon im Verfall begriffen.

Literaturverzeichnis

Bokhanov, A. u.a.: The Romanovs. Love, Power and Tragedy. London 1993.

Carmichael, Joel: Die Russische Revolution. Von der Volkserhebung zum bolschewistischen Sieg Februar-Oktober 1917. Hamburg 1967.

Fülöp-Miller, René: Der heilige Teufel. Die Wahrheit über Rasputin. Leipzig 1994.

Heresch, Elisabeth: Rasputin. Das Geheimnis seiner Macht. München 1995.

Iroschnikow, M. L. Prozaj/Ju. Schelajew: Nikolaus II. Der letzte russische Kaiser. Moskau 1993.

Jussupoff, Fürst Felix: Rasputins Ende. Erinnerungen. München 1985.

Massie, Robert K.: Die Romanows. Das letzte Kapitel. Berlin 1995.

Massie, Robert K.: Nikolaus und Alexandra. Die letzten Romanows und das Ende des zaristischen Rußlands. Frankfurt/M. 1968.

Michael, Prinz von Griechenland: Nikolaus und Alexandra. Die letzte Zarenfamilie – ganz privat. München 1992.

Pearson, Raymond: The Russian Moderates and the Crisis of Tsarism 1914-1917. London 1977.

Radzinsky, Edvard: The Last Tsar. The Life and Death of Nicholas II. New York 1993.

Radzinsky, Edvard: Nikolaus II. Der letzte Zar und seine Zeit. München 1992.

Scheck, Werner: Geschichte Rußlands. Von der Frühgeschichte bis zur Sowjetunion. München 1977.

Stökl, Günther: Russische Geschichte. Stuttgart 1973.

Wyrobowa, Anna: Glanz und Untergang der Romanows. o. O. 1962.

Die Autoren

Jens-Peter Behrend. Geboren 1945, Studium der Soziologie,
Amerikanistik und Theaterwissenschaft. Von 1974 bis 1980
Redakteur beim Sender Freies Berlin, danach freiberuflich als
Autor und Regisseur zahlreicher Fernsehdokumentationen und
Fernsehspiele.

Michael Gregor. Geboren 1951, Studium an der Film- und
Fernsehakademie in Berlin. Seit 1977 freiberuflich tätig als Autor,
Kameramann und Regisseur von Fernsehdokumentationen mit
dem Spezialgebiet Lateinamerika und Kokosnüsse.

Ingo Hermann. Geboren 1932, Studium der Theologie und Philosophie
(Dr. theol. 1958). Seit 1963 Rundfunkautor und Redakteur. Ab 1969
Redaktionsleiter beim ZDF, Moderator und Autor. Deutscher
Journalistenpreis. Adolf-Grimme-Preise.

Hans-Christian Huf. Geboren 1956, Studium der Geschichte und
Germanistik in München und Bordeaux. Ab 1984 Mitarbeiter des
ZDF, seit 1987 in der Redaktion "Kultur und Gesellschaft".
Leitender Redakteur der Fernsehserie "SPHINX- Geheimnisse der
Geschichte".

Günther Klein. Geboren 1956, Studium der evangelischen Theologie,
Kunstgeschichte und Journalistik. Seit 1984 bei verschiedenen
Fernsehsendern, darunter für vier Jahre beim Südwestfunk. Seit
1991 Redaktionsleiter bei der Ifage-Filmproduktion in Wiesbaden.

Ulrich Lenze. Geboren 1947, Studium der Rechtswissenschaft und
Politik in Hamburg und Bonn. Arbeitete als Verlagslektor und freier
Journalist für Rundfunk und Zeitschriften. Seit 1982 Autor und
Regisseur zahlreicher Fernsehfilme, Produzent bei der Multimedia-
Gruppe, Hamburg.

Eike Schmitz. Geboren 1944, Studium der Klassischen Philologie und
    der Anglistik. Lehrtätigkeit an der Cornell University, USA, und an
    der Technischen Universität Berlin bis 1981. Seither freiberuflich
    tätig als Autor und Regisseur von Fernsehdokumentationen.

Nina Steinhauser. Geboren 1958, Studium der Geschichte,
    Germanistik und Erziehungswissenschaften in Mainz. Nach dem
    zweiten Staatsexamen ständige freie Mitarbeiterin der Redaktion
    "Zeitgeschichte" des ZDF, seit 1990 für verschiedene
    Fernsehanstalten als Autorin und Regisseurin tätig.

Bildnachweis

Archiv für Kunst und Geschichte, Berlin: 29, 35, 36, 57, 62, 84, 87, 89,
   90, 100, 103, 104, 108, 109, 110, 111, 112, 115, 117
Atlantis-Film, Berlin: 1, 2, 3, 4, 5, 6, 7, 8, 9, 10, 11, 12, 13, 14, 15, 16, 17,
   18, 19, 20, 21, 22, 23, 24
Behrend, Jens-Peter, Berlin: 88, 94
Faksimile Verlag, Luzern: 66, 67, 69, 70, 71, 74, 75, 76, 80
Giraudon, Vanves: 68, 81
Gregor, Michael: 48, 49, 50, 52, 53, 54, 55, 56, 58, 59, 60, 61, 63
Haedecke, Matthias, Mainz: 101, 102
Hermann, Ingo, Berlin: 82, 83, 85, 86, 91, 92, 93, 95, 96, 97, 98, 99
Hofrath, Hans-Dieter, Mainz: 107, 118
Huf, Hans-Christian, Mainz: 64, 65, 73, 77, 78, 79
Klein, Günther, Wiesbaden: 25, 26, 27, 28, 30, 31, 32, 33, 34, 37, 39,
   40, 41, 42, 43, 44, 45, 46, 47
KOMBO KommunikationsDesign, Köln: 38, 51
Lenze, Ulrich, Hamburg: 105, 106, 113, 114, 116, 119, 120
Radke-Gerlach, Tina, Nieder-Olm: 72

Register

Band 64151

Hans-Christian Huf

Sphinx I – Geheimnisse der Geschichte

Das Reich des Königs Minos, der Feldzug Hannibals, Kleopatra, das Volk der Hunnen und das Bernsteinzimmer – sie alle werfen bis heute ungeklärte Fragen auf.
War der minotaurische Palast Höhepunkt einer hochentwickelten Kultur oder Totentempel? Warum verstand es Hannibal nach seinem erfolgreichen Feldzug über die Alpen nicht, seinen Sieg über Rom richtig zu nutzen? Aus welchem Grund konnte Kleopatra ihren Traum von einem Großreich trotz ihrer Beziehung zu den zwei größten Machthabern ihrer Zeit – Caesar und Marcus Antonius – nicht verwirklichen? Waren die Hunnen wirklich nur eine brutale, plündernde Horde oder ein hochentwickeltes Volk? Auch das mysteriöse Verschwinden des Bernsteinzimmers im Zweiten Weltkrieg ist bis heute noch ungeklärt.
Begleitend zur erfolgreichen Fernsehserie »Sphinx – Geheimnisse der Geschichte« hat Hans-Christian Huf dieses gleichnamige Buch herausgegeben, in dem die namhaften Autoren der einzelnen Sendungen die Hintergründe der Rätsel ausführlich beleuchten.